my city baby
münchen

Der München-Guide für junge Eltern –
von der Schwangerschaft bis zum Kleinkindalter

inhalt

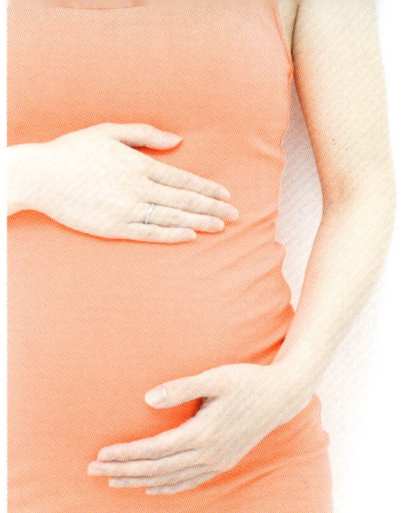

vorwort

Du bist schwanger oder stolze Mama in München? Herzlichen Glückwunsch! Das ist eine spannende Zeit für dich und deinen Partner. Wir geben dir mit my city baby münchen lokale Tipps, wie du die Schwangerschaft und die ersten Jahre mit Kind in München gut überstehst und jede Menge Spaß mit den Kleinen hast. my city baby münchen zeigt auf einen Blick relevante Informationen von der Schwangerschaft bis zum Kleinkindalter. Das Besondere ist, dass wir unsere persönlichen Erfahrungen, genauso wie die Meinungen anderer Mütter und Väter in München, einbringen. Außerdem haben wir eine Reihe von Experteninterviews geführt, um dir den Weg durch den Babydschungel zu erleichtern.

Für die Zeit der Schwangerschaft geben wir dir Tipps, in welchen Geschäften du geschmackvolle Umstandsmode und die notwendige Kinderausstattung findest. Außerdem bekommst du einen Überblick, welche Geburtskliniken es in München gibt und was du bei der Hebammensuche beachten solltest. Auch Möglichkeiten, es sich in der Schwangerschaft gut gehen zu lassen, werden ausführlich beschrieben. Denn schließlich bedeutet eine Schwangerschaft eine ganze Reihe an Veränderungen und da darf der Wohlfühlfaktor nicht zu kurz kommen.

Schon kurz nach Geburt wird dich die „Eltern-Baby-Kinderwelt" wahrscheinlich völlig in ihren Bann ziehen. Das winzige Lebewesen macht viel Spaß, hält einen aber auch den ganzen Tag auf Trab. In dieser ersten Zeit möchte dir my city baby münchen helfen, die richtigen Entscheidungen für dich und dein Baby zu treffen. Das Buch unterstützt beispielsweise, wenn es um das Stillen oder die Rückbildung geht. Da die Frage nach der richtigen Kinderbetreuung für viele Eltern in München ein wichtiges Thema ist, gehen wir es in unserem Hot Topic KINDERBETREUUNG detailliert darauf ein.

Sobald die ersten turbulenten Tage vorüber sind, heißt es genießen. Denn München bietet tolle Aktivitäten, die speziell auf junge Familien ausgelegt sind. PEKiP, FenKid, Babyschwimmen oder Buggy Fit sind nur einige der vielen Kurse, die in München für Eltern und Babys angeboten werden. Für den Kaffee nach der Babymassage oder einen gemütlichen Sonntagsbrunch, haben wir außerdem die kinderfreundlichsten Restaurants Münchens ausfindig gemacht. Es sind inzwischen glücklicherweise eine ganze Reihe!

Zudem bietet München zu jeder Jahreszeit attraktive Freizeitaktivitäten für Eltern mit Kindern. Im Sommer locken Kleinkind-Spielplätze, auf denen du wunderbar die Sonne genießen und mit anderen Eltern plaudern kannst. Relaxte Stunden im Park oder ein Ausflug in die Berge mit dem Kinderwagen machen bei gutem Wetter besonders Spaß. Aber auch bei schlechtem Wetter muss es in München nicht langweilig werden. Wir haben alle Schwimmbäder Münchens ausprobiert und die kinderfreundlichsten unter ihnen ermittelt. Außerdem gibt es **Indoor-Aktivitäten**, die bei jedem Wetter Spaß machen. Im Winter steht auch bei kleinen Kindern das Rodeln schon hoch im Kurs, daher verraten wir dir die besten **Familien-Rodelhügel** Münchens.

Auch die Väter kommen in **my city baby münchen** nicht zu kurz. Einerseits sind viele der vorgeschlagenen Aktivitäten für die ganze Familie gedacht, andererseits gibt es immer wieder auch spezielle Anregungen für Väter. Diese zeigen, welche Unternehmungen Männern mit ihren Kindern Spaß machen und wo sie am liebsten in München „Kinderzeit" verbringen.

Mit **my city baby münchen** halten Mütter und Väter ein praktisches Werkzeug in der Hand, das mit **lokalen Tipps und Ideen** für Aktivitäten hilft, die Schwangerschaft und die ersten Jahre mit Kind gut zu meistern. Wichtig für das Wohlbefinden ist, das Leben mit Kind so zu gestalten, wie du es für richtig hältst und dabei die eigenen Wünsche und die der Kinder bestmöglich zu vereinen. Dazu gehört auch, sich andere Familien zu suchen, die ein ähnliches Lebenskonzept verfolgen und mit denen du und deine Kinder viel Spaß am gemeinsamen „groß und alt werden" haben können.

my city baby münchen spiegelt unsere eigenen Erfahrungen und Vorlieben wider. Unsere Tipps sind subjektiv und zeigen nur die Aktivitäten, Plätze und Geschäfte, die uns und unseren Kindern Spaß machen. Da Geschmäcker verschieden sind, erheben wir keinen Anspruch auf Richtigkeit oder Vollständigkeit. Gerade in den letzten Jahren haben viele stationäre oder Internet-Shops für Kinder aufgemacht, es kommen neue Zeitschriften auf den Markt, es entstehen innovative Betreuungsformate und Sportangebote. Dieses Buch ist eine Momentaufnahme – wir wünschen viel Spaß beim Lesen ...

Sonja – Autorin aus Spaß am Schreiben ♥

Irena – Fotografin aus Freude am Augenblick ♥

Sarah – Grafikerin aus Begeisterung fürs Gestalten ♥

teil 1

· · · · · · · · · · · · ·

SCHWANGERSCHAFT ♥

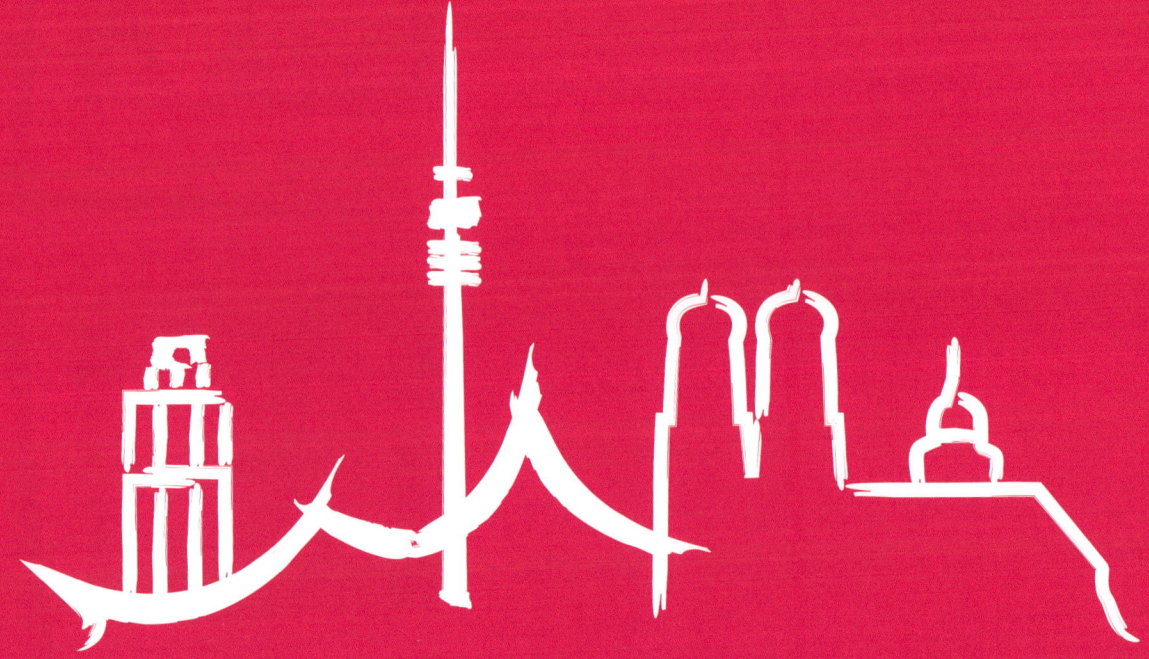

Juhu, Schwanger!

Mein Top-Guide ♥

Zeit für mich

Hebammen in München

Geburts- vorbereitung

Klinikkoffer

Papierkram

Perfekter Tag in München

BABY

SCHWANGERSCHAFT BIS GEBURT

Du bekommst ein Baby und bist himmelhoch jauchzend, fassungslos, freudestrahlend oder kannst es kaum glauben? Alles ganz normale Reaktionen und wir garantieren dir, spätestens, wenn sich das erste zarte Flattern im Bauch bemerkbar macht, begreifst du es endgültig: ja, dein Partner und du werden Eltern, mit allem was dazu gehört.

Wahrscheinlich wirst du dir jetzt 1000 Fragen stellen: Wie wird die Schwangerschaft verlaufen? Wie ist es, ein Baby zu haben? Werde ich eine gute Mutter und mein Partner ein guter Vater sein? Wie reagiert mein Arbeitgeber? Wen kenne ich, der das alles schon durchgemacht hat? Wo kann ich mir gute Tipps holen?

Keine Panik, diese und mehr Dinge gehen allen zukünftigen Mamas und Papas durch den Kopf. Wir geben dir in diesem Kapitel Antworten auf deine brennendsten Fragen und versorgen dich einerseits mit münchen-spezifischen Tipps und andererseits mit allgemeinen Informationen zur Schwangerschaft. Von knackigen Checklisten bis hin zu Informationen zu Krankenhäusern, Vorbereitungskursen oder Hebammen. Auch praktische Tipps rund um die Themen Arbeitgeberinformation, Elterngeld oder Elternzeit kommen nicht zu kurz, alles also, um dir deine Schwangerschaft und die Geburtsvorbereitung zu erleichtern.

CHECKLISTE

WELCHE VORBEREITUNGEN STEHEN AN?

○ Welche schwangerenverträglichen Sportarten oder Kurse gibt es, die Spaß machen und mich fit halten? (ab S. 45)

....

○ Möchte ich mein Kind im Krankenhaus, Geburtshaus oder zu Hause gebären (S. 22)?

....

○ Wo finde ich eine Hebamme (S. 15)?

....

○ Welcher Geburtsvorbereitungskurs (S. 28) ist der richtige für mich?

....

○ Wo kann ich die Babyerstausstattung und weitere Accessoires kaufen (ab S. 84) bzw. gibt es jemanden, der sie mir leihen kann?

....

○ Was gehört in den Klinikkoffer (S. 33)?

....

○ Wie lange möchte ich in Elternzeit gehen und was muss ich beachten? (S. 36)

....

○ Welchen notwendigen Papierkram (Elterngeldanträge & Co.) kann ich schon in der Schwangerschaft erledigen (ab S. 36)?

....

Schwangerenvorsorge und Pränataldiagnostikzentren

Jede Schwangere hat einen Anspruch auf Schwangerschaftsvorsorge, deren Kosten von den Krankenkassen getragen wird. Die Vorsorgeuntersuchungen sollen sicherstellen, dass es dir und deinem Baby gut geht und du zu allen Themen rund um die Schwangerschaft beraten wirst. Die Schwangerenvorsorge machst du entweder bei einem Frauenarzt oder bei einer Hebamme. Wenn du dich dazu entschließt, die Vorsorge bei einer Hebamme zu machen, solltest du die drei Standard-Ultraschalluntersuchungen im ersten, zweiten und dritten Trimester trotzdem bei einem Frauenarzt durchführen lassen. Neben der Wichtigkeit aus medizinischen Aspekten ist es ein besonderes Erlebnis, das Baby während des Ultraschalls im Bauch zu beobachten und zu sehen, wie es sich bewegt, mit den Händchen schlägt oder sich die Faust in den Mund steckt.

Wenn du spezielle Untersuchungen wie das Erstsemesterscreening von Fachärzten machen lassen möchtest, bietet sich ein so genanntes Pränataldiagnostikzentrum an. Dort arbeiten Ärzte, die den ganzen Tag Ultraschalluntersuchungen durchführen und absolute Experten auf ihrem Gebiet sind. Die verwendeten Untersuchungsgeräte sind hochmodern und zeigen selbst kleinste Veränderungen auf. Die Experten dort setzen detaillierte Ultraschall-Methoden wie den Doppler-Ultraschall oder das Organscreening für die Untersuchungen ein. Nettes Beiwerk in den Münchner Pränataldiagnostikzentren: Oft werden die Bilder des Ultraschalls auf großen Leinwänden per Beamer den werdenden Eltern gezeigt. Für viele ist es ein echtes Erlebnis, das ungeborene Kind in dieser Dimension zu sehen.

Pränatale Diagnostik München (Giesing) ❶ **TOP TIPP**

praenatalschall.de
089 / 45 22 05 0
Tegernseer Platz 5 * 81541 München

TEAM PRAXIS DR. SCHELLING

Diese moderne Praxis zur Schwangerenvorsorge bietet ein breites Spektrum pränataler Diagnostik. Ihr Ziel ist es, Schwangere kompetent zu beraten und Störungen der kindlichen Entwicklung auszuschließen bzw. frühzeitig zu erkennen. Neben einer besonderen Expertise und Qualifikation im Bereich der Pränataldiagnostik, verfügt die Praxis über modernste Ultraschallgeräte inklusive 3D-/4D- Sonographie sowie ein großes Netzwerk von Kooperationspartnern für eine umfassende Betreuung. Die Praxis bietet u.a. die folgenden Leistungen: Pränatale Diagnostik inklusive Organschall, Fetale Echokardiographie, Dopplersonographie, Ersttrimesterscreening, Invasive Diagnostik (Amniozentese, Chorionzottenbiopsie).

Aus Papa-Erfahrung kann ich diese Praxis wärmstens empfehlen. Die Ärzte sind kompetent, das Team freundlich, die Praxisräume und die

UNSER TIPP — ULTRASCHALLUNTERSUCHUNGEN

* Es ist schön, den Partner oder eine Freundin bei den Ultraschalluntersuchungen dabei zu haben, um die Freude über das Ungeborene zu teilen.

* Für das ungeübte Auge sind Ultraschallbilder schwierig zu interpretieren. Wenn auf den Bildern etwas unklar ist oder man etwas nicht richtig erkennen kann, lohnt es genauer nachzufragen.

* Viele Ärzte geben den Eltern ein schönes Ultraschallbild als Erinnerung mit.

Geräte modern und es wird alles getan, dass man sich wohl fühlt. Das Ungeborene in der Größe und Schärfe mit Beamer an die Wand gestrahlt zu sehen, war für mich ein ganz besonderes Erlebnis. (Björn mit J. und M.)

Pränatalpraxis Tschürtz (Altstadt) ❷
prenatal-tschuertz.de
089 / 21 02 35 90
Weinstr. 11 * 80333 München

Die Besonderheit dieser Gemeinschaftspraxis für Frauenheilkunde liegt in den vielfältigen Untersuchungen, die dort ambulant im Rahmen einer modernen Pränatalmedizin angeboten werden. Die Praxis betreut seit vielen Jahren Patientinnen bei der gynäkologischen und geburtshilflichen Versorgung. Außerdem gibt es hochmoderne Geräte, die mit Beamer die Bilder des Babys während der Termine an die Wand schmeißen – faszinierend. Bei Risikoschwangerschaften hat man die Möglichkeit, sich mit einem Genetiker zu beraten, der an bestimmten Tagen in der Praxis eine Sprechstunde hält.

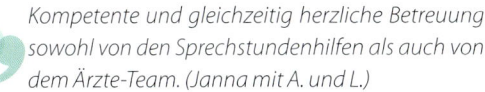

Kompetente und gleichzeitig herzliche Betreuung sowohl von den Sprechstundenhilfen als auch von dem Ärzte-Team. (Janna mit A. und L.)

Praxis für Pränatalmedizin (Lehel) ❸
praenatal-muc.de
089 / 22 22 54
Widenmayerstr. 17 * 80538 München

Diese erfahrene, sympathische Ärztin führt in ihrer 2011 eröffneten Praxis alle Arten von Ultraschall und invasiver Diagnostik durch. Durch ihre langjährige Erfahrung als Oberärztin im Klinikum Maistraße mit Leitung der Abteilung Pränataldiagnostik, ist Prof. Dr. Schiessl eine Expertin auf ihrem Gebiet. Auch Risikoschwangerschaften werden von ihr kompetent und gut betreut.

Frau Dr. Schiessl ist Expertin in der Betreuung von Diabetikerinnen in der Schwangerschaft, die gerade im dritten Trimester eine engmaschige Kontrolle benötigen. (Sonja mit J. und M.)

Pränatal-Medizin München (Neuhausen) ❹
praenatal-medizin.de
089 / 13 07 44 0
Lachnerstr. 20 * 80639 München

Im Pränatalzentrum PRÄNATAL-MEDIZIN MÜNCHEN arbeiten Frauenärzte und Genetiker aus der Praxis mit externen Laboratorien und einer Klinik zusammen. Die angebotene pränatale Diagnostik ist auf dem neuesten Stand der Technik und hilft Eltern, objektive Sicherheit über den Zustand ihres Ungeborenen zu gewinnen.

Praxis für Pränatalmedizin (Pasing) ❺
praenat.de
089 / 18 91 66 70
Lortzingstr. 26 * 81241 München

Seit den 90er Jahren besteht die PRAXIS FÜR PRÄNATAL-MEDIZIN in Pasing. Es ist ihr Anliegen, neben der sonographischen Abklärung, vor allem eine umfassende Beratung und Betreuung anzubieten. Dabei steht für die zwei Ärztinnen der Wunsch der werdenden Eltern nach Sicherheit im Mittelpunkt.

Ich war aufgrund eines negativen Ultraschall-Befundes eines anderen Arztes sehr verunsichert. Mein Mann und ich gingen daraufhin zu Frau Dr. Schießer, die sich viel Zeit genommen hat, uns alles zu erklären und einen weiteren Schall zu machen. Wir fühlten uns in dieser Praxis sofort wohl und die Ärztin hat es geschafft, durch ihre ruhige Art, Dinge „richtig" zu rücken. (Tina mit L. und T.)

Forum für Pränataldiagnostik bei Eltern.de

Das Forum für Pränataldiagnostik bei **Eltern.de** hilft, offene Fragen zu einer Pränatal-Diagnose zu klären. Experten beantworten sachlich die User-Fragen und lindern die erste Angst.

Das Eltern.de Pränataldiagnostikforum spiegelt die Erfahrung vieler Frauen wider, die sich in einer ähnlichen Situation befinden, wie man selbst. (Tina mit L. und T.)

ADRESSÜBERSICHT: PRÄNATALDIAGNOSTIK & HEBAMMEN IN MÜNCHEN ♥

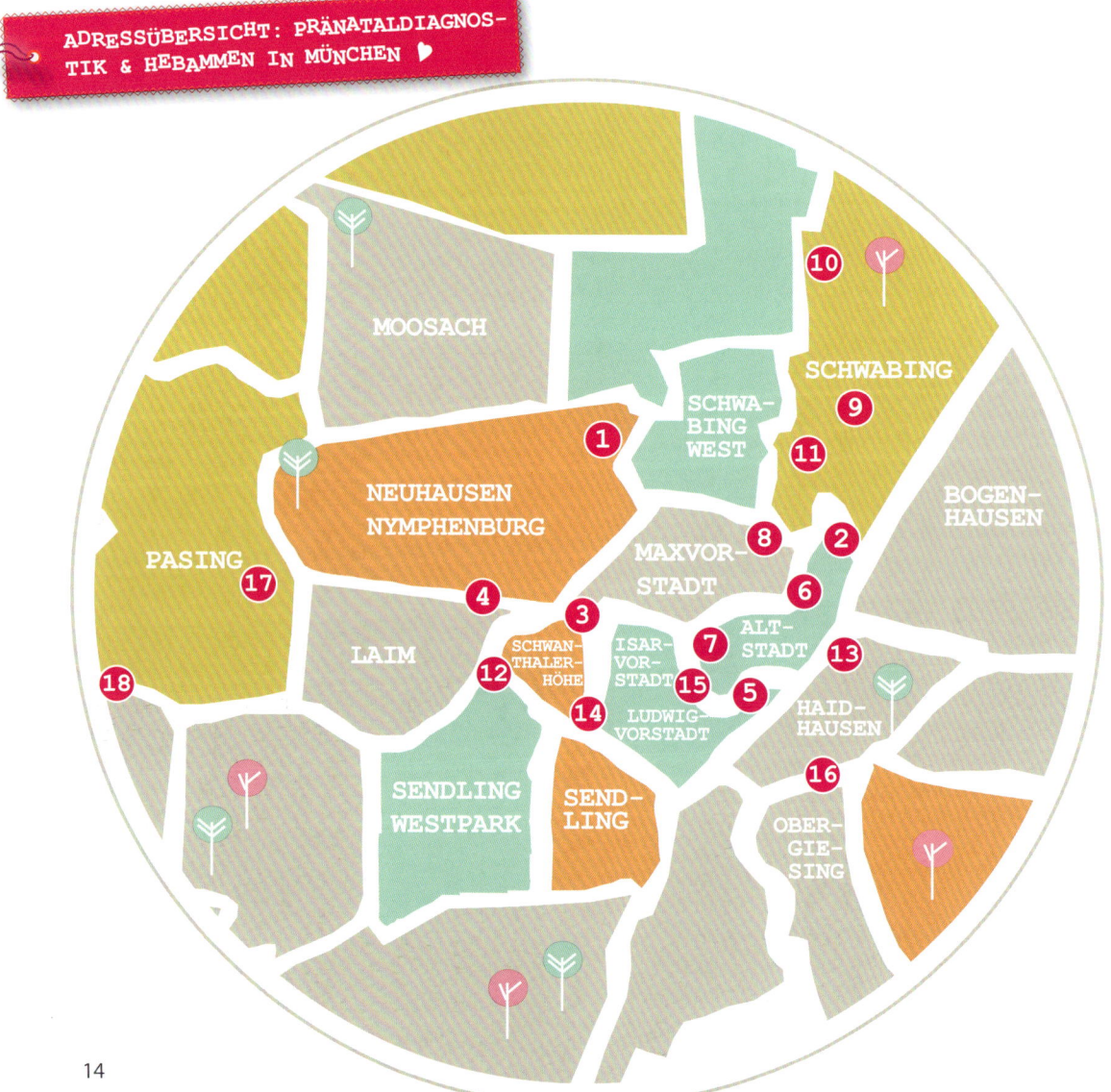

Hebammenpraxen

In der Schwangerschaft, bei der Geburt, im Wochenbett und in der Stillzeit kommen viele Frauen das erste Mal mit Hebammen in Berührung. Sie sind vor, während und nach der Geburt Gold wert, denn sie haben schon Tausenden von Babys auf die Welt geholfen und fast genauso vielen Müttern zur Seite gestanden. Jede Frau in Deutschland hat ein Anrecht auf die Unterstützung einer Hebamme, deren Besuche die Krankenkasse bezahlt.

Bei den Aufgaben der Hebammen unterscheidet man zwischen:

* **der Vorsorge:** die Unterstützung und Untersuchungen der Frau während der Schwangerschaft,

* **der Geburt:** die Geburtsbegleitung (Unterstützung im Kreißsaal) und

* **der Nachsorge:** das Kümmern um alle Fragen rund um das Neugeborene und das Stillen.

Man findet eine Hebamme entweder über Empfehlungen von Freunden, über Geburtskliniken, den bayerischen Hebammenlandesverband (hebammenliste-muenchen.de) oder über eine der vielen Münchner Hebammenpraxen. In den Geburtskliniken selbst arbeiten fest angestellte Hebammen, die dich während der Geburt begleiten. Möchtest du über deinen Partner hinaus ein bekanntes Gesicht und emotionale

Unterstützung während der Geburt, ist eine Doula eine gute Ergänzung. Eine Doula ist eine speziell ausgebildete Frau, die einer werdenden Mutter in der Schwangerschaft und bei der Geburt als Begleiterin zur Seite steht. Mehr zu den Aufgaben der Doulas in TEIL 1, S. 21.

Bayerischer Hebammenlandesverband
hebammenliste-muenchen.de

Über diese Webseite bekommst du alle Hebammenpraxen in und um München angezeigt. Über eine Postleitzahlensuche findest du Hebammen in deinem Stadtteil.

**Hebammen Praxis Gabi's Nest ❻
(Altstadt)**
gabis-nest.de
089 / 93 93 08 37
Sendlingerstr. 62 * 80331 München

GABI'S NEST ist eine freundliche Hebammenpraxis, die zentral am Sendlinger Tor liegt. Sie teilt sich die Jugendstilräume mit dem Kinderarzt Dr. Arslan und steht werdenden und frisch gebackenen Eltern mit Rat und Tat zur Seite. In der Schwangerschaft bietet GABI'S NEST individuelle Begleitung und einen Geburtsvorbereitungskurs an. Nach der Geburt gibt es Wochenbettbetreuung, Rückbildungsgymnastik, Babymassage oder den Kurs „Mama Fit–Flexi-Bar", wenn die Geburt schon etwas zurück liegt. Für Mamas, die besonders schnell wieder fit werden wollen, hat eine Personal Fitness Trainerin Einzelstunden im Programm. Gut ist, dass sich während der Kurse professionelles Betreuungspersonal um die Kleinen kümmert, damit sich die Mamas entspannen können. Das gleiche Personal bietet für 19 Euro die Stunde Babysitterdienste an, wenn du kurzfristig eine Kinderbetreuung benötigst.

HEBAMMEN

* Aufgrund der großen Nachfrage nach Hebammen ist es wichtig, sich früh genug um eine Nachsorge-Hebamme zu kümmern.

* Frauen, die die Vorsorgeuntersuchungen bei ihrem Frauenarzt machen, sollten mit der Nachsorgehebamme vor der Geburt einen Kennenlerntermin vereinbaren. Es ist wichtig, dass man sich gut versteht und miteinander wohlfühlt.

GUT ZU WISSEN

DIE AUFGABEN DER HEBAMME

VORSORGEHEBAMMEN

Ähnlich wie Frauenärzte, unterstützt eine Hebamme die Schwangere im Rahmen der Vorsorge bei der Beobachtung des Schwangerschaftsverlaufes und in der Beurteilung eventueller Auffälligkeiten. Die Hebamme stellt die Lage des Kindes fest, beobachtet das Wachstum und hört die Herztöne ab. Weiterhin misst sie den Blutdruck und das Gewicht der werdenden Mutter und überprüft den Urin und das Blut. Die schriftliche Dokumentation der Schwangerschaft kann ebenfalls von der Hebamme durchgeführt werden. Dazu gehören das Ausstellen des Mutterpasses und die Bescheinigung für den Arbeitgeber. Einige Vorsorgehebammen bieten darüber hinaus Geburtsvorbereitungskurse, Gespräche, geburtsvorbereitende Akupunktur oder Homöopathie an. Die Vorsorge bei Hebammen ist oft persönlicher als beim Frauenarzt, da sie sich mehr Zeit für jede einzelne Schwangere nehmen können. Sie machen häufig Hausbesuche und beantworten in aller Ruhe deine Fragen. Nur für die empfohlenen Ultraschalluntersuchungen im ersten, zweiten und dritten Trimester solltest du zum Frauenarzt oder in ein Pränatalzentrum gehen.

GEBURTSHELFERINNEN

Während der Geburt begleitet dich eine, in der Geburtsklinik angestellte Hebamme und trägt wesentlich zu einem sicheren Geburtsverlauf bei. Sie überwacht deinen Gesundheitszustand und den des Kindes und ist dazu berechtigt die Geburt völlig selbstständig ohne Arzt zu leiten. Gibt es Komplikationen, muss sie einen Arzt hinzurufen. Du lernst die Geburtshilfe leistende Hebamme normalerweise erst während der Geburt kennen. Eine Ausnahme ist, wenn du zu Hause oder in einem Geburtshaus entbindest und die Hebamme frei auswählen kannst. Im Regelfall ist es jedoch so, dass dich eine Vorsorgehebamme bis kurz vor die Geburt begleitet und nach der Entlassung aus dem Krankenhaus die Nachsorge wieder übernimmt.

NACHSORGEHEBAMMEN

Nach der Geburt steht dir und dem Baby die Nachsorgehebamme zur Seite. Sie macht während der ersten acht Wochen nach der Geburt bis zu 16 Hausbesuche. Sie kontrolliert regelmäßig das Gewicht des Kindes, beantwortet deine Fragen und beobachtet genau, ob mit dem Neugeborenen und dir alles in Ordnung ist. Da die Anzahl der Hebammen in München begrenzt ist, solltest du dir rechtzeitig eine Nachsorgehebamme für die Wochenbettbetreuung organisieren.

Hebammen Praxis München (Lehel)

hebammenpraxismuenchen.de

089 / 29 16 97 91

Robert-Koch-Str. 13 * 80538 München

Die HEBAMMEN PRAXIS MÜNCHEN befindet sich in einer schönen Altbauwohnung, die zu einer gemütlichen Hebammenpraxis umfunktioniert wurde. Es gibt es nicht nur jede Menge Angebote rund um die Geburt, sondern es sind auch ambulante Geburten in der Praxis oder zu Hause möglich. Details dazu findest du im TEIL 1, S. 27.

 Auf der Webseite gibt es hilfreiche Tipps, Rezepte und Checklisten für die Schwangerschaft (Janna mit A. und L.)

Hebammenpraxis Schwabing (Maxvorstadt)

hebammenpraxisschwabing.de

089 / 28 65 97 59

Türkenstr. 85 * 80799 München

Zwei Hebammen bieten in der HEBAMMENPRAXIS SCHWABING ein breites Kurs- und Leistungsspektrum an. Der Fokus liegt auf einer umfassenden Schwangerenberatung, Geburtsvorbereitungskursen, Rückbildungsgymnastik und Babymassage.

Bauchladen (Schwabing)

bauchladen-muenchen.de

0179 / 59 82 97 7

Kaiserstr. 51 * 80801 München

Ein Team von neun Hebammen bietet alles rund um die Schwangerschaft und Muttersein an. Das Leistungsspektrum umfasst u.a. Vorsorge, Nachsorge, Akupunktur, Homöopathie, Fußreflexzonenmassage oder Vorträge zur Beikosteinführung. Außerdem verkauft der Bauchladen viele praktische und bunte Produkte für Mutter und Baby. Viele der Artikel sind handgemacht und aus naturbelassenen Stoffen. Die Hebammen beraten gerne beim Kauf der Erstlingsausstattung, Stillhilfen oder Tragemöglichkeiten.

Viele der Hebammen sind selbst Mütter und können sich gut in die Frauen hineinversetzen. (Anna Lena mit J.)

Hebammenpraxis Mein Baby (Schwabing)

hebammenpraxis-meinbaby.de

0152 / 10 54 03 42

Belgradstr. 14 * 80796 München

Die HEBAMMENPRAXIS MEIN BABY teilt sich die Räumlichkeiten mit dem Yoga Studio Mami & Me. Sie bietet Geburtsvorbereitungskurse, Säuglingspflegekurse, Rückbildungsgymnastik, Beratungen, Akupunktur und Massagen an.

Ganz schön schwanger (Schwabing)

praxis-am-englischen-garten.de

089 / 28 77 79 05

Kaulbachstr. 41 * 80539 München

In der Praxisgemeinschaft GANZ SCHÖN SCHWANGER haben sich Frauenärztinnen und Hebammen zusammengetan und decken gemeinsam das gesamte Spektrum der Schwangerschaftsbetreuung ab. Die fachliche Betreuung bis zur Geburt steht im Fokus von Dr. Schwörbel und Dr. Duschl, die gleichzeitig Belegärztinnen der Frauenklinik Dr. Geisenhofer sind.

Hebammenzentrum München (Schwanthalerhöhe) 12

hebammenzentrum.eu

089 / 89 08 35 11

Schwanthaler Str. 106 * 80339 München

Seit 2009 behandelt Maryam Reinsch mit Team Frauen während der Schwangerschaft und nach der Geburt. Es wird Wert auf eine ganzheitliche Unterstützung in einer stressfreien Umgebung gelegt. In der Hebammenpraxis werden zehn Sprachen gesprochen. Flüchtlinge und

Frauen in Not werden gerne – bei Bedarf auch kostenlos – behandelt. Neben der Schwangerenvor- und Nachsorge werden einige Kurse zur Geburtsvorbereitung angeboten.

> *Maryam und ihr Team machen eine gute Nachsorge und kommen bei Bedarf auch zweimal am Tag in der ersten Zeit. Es ist gern gesehen, wenn Vorsorge und Nachsorge gemeinsam in dieser Praxis gemacht werden. (Karo mit C.)*

Hebammengemeinschaft im Kriechbaumhof (Haidhausen) ⓭

hebammengemeinschaft-vermittlung-muen-chen.de

089 / 21 11 12 78

Preysingstr. 71 * 81667 München

Im KRIECHBAUMHOF des Alpenvereins mitten in Haidhausen werden viele Kurse rund um Mama und Kind angeboten. Das Leistungsspektrum umfasst Geburtsvorbereitungskurse, Gymnastik und Yoga für Schwangere, Erste-Hilfe-Kurse, Säuglingspflege, Stillberatung, Pilates nach der Rückbildung, Babymassage oder Kleinkind-Kurse wie z.B. Fabel.

INTERVIEW

MIT LUISE SCHÜLER * HEBAMME

Luise Schüler hat sechs Jahre lang als Hebamme an der Rotkreuz-Frauenklinik in München gearbeitet. Zuvor machte sie ihre Ausbildung am Universitätsklinikum in Leipzig. Seit 2014 arbeitet sie für ein Jahr als Entwicklungshelferin in einer Frauen- und Kinderklinik in Tansania.

WOBEI UNTERSTÜTZT EINE HEBAMME DIE FRAU?

Eine Hebamme ist die Begleiterin der Frau während der Schwangerschaft, bei der Geburt und im Wochenbett. Sie gibt Tipps, steht beratend zur Seite und zeigt Paaren wertvolle Tricks im Umgang mit dem Neugeborenen. Auch spätere Kurse wie Babymassage, PEKiP, Musikgarten oder frühkindliche Förderung werden oft durch Hebammen geleitet.

WELCHE TIPPS KÖNNEN SIE FRAUEN FÜR DIE GEBURT GEBEN?

Für die Geburt ist es wichtig, offen zu sein und sich nicht zu sehr auf eine Art der Geburt festzulegen. Kein Mensch kann planen, wie er mit Extremsituationen umgeht. Daher ist es gut, verschiedene Geburtsarten und Möglichkeiten der Schmerzbekämpfung zu kennen und dann spontan zu entscheiden, ob man sie benötigt oder nicht. Ein Geburtsvorbereitungskurs ist eine große Hilfe, um umfassende Informationen von Geburtsprofis zu erhalten.

WIE KANN DER PARTNER WÄHREND EINER GEBURT UNTERSTÜTZEN?

Manche Frauen wünschen sich einen stillen Begleiter, der einfach nur anwesend ist. Andere möchten massiert werden oder eine Hand zum Drücken haben. Daher ist für eine Frau die größte Unterstützung, wenn der Mann während der Geburt auf sie eingeht und sie fragt, was ihr gut tut. Manchmal kann die Anwesenheit des Partners eine Geburt

Beratungsstelle für natürliche Geburt und Elternsein e.V. (Isarvorstadt) ⓬

natuerliche-geburt.de

089 / 54 45 65 78

Häberlstr. 17 * 80337 München

An der BERATUNGSSTELLE FÜR NATÜRLICHE GEBURT UND ELTERNSEIN kommen junge Familien fast nicht vorbei, denn das Kurs- und Leistungsangebot bietet für jeden etwas und das zugehörige Café Netzwerk (s. TEIL 5, S. 190) lockt mit günstigen Mittagsgerichten und babygerechter Ausstattung. Im Programm sind Geburtsvor- und Nachbereitungskurse, FenKid-Kurse und regelmäßige Vorträge zu kind-bezogenen Themen. Angegliedert sind außerdem eine Schreiambulanz, eine Beratung zur Rückkehr ins Berufsleben und mehrere Doulas.

Hebammenpraxis Bauchgefühl (Glockenbach) ⓭

hebammen-bauchgefuehl.de

089 / 99 93 11 01

Baldestr. 2 * 80469 München

Die zwei Hebammen Franziska Junge und Sophie Kreileder arbeiten in dieser sympathischen Praxis, die neben dem Hebammen-Standardprogramm einmal pro Monat einen Babystammtisch anbietet. Der Zweck des Stammtischs ist, gegenseitig Erfahrungen auszutauschen. Bei jedem Termin ist eine Hebamme anwesend, um Fragen zu beantworten. Das weitere Leistungsspektrum der Praxis umfasst Geburtsvorbereitung, Rückbildung, Babymassage und Yogakurse.

LUISE SCHÜLER

jedoch auch behindern, z.B. wenn die Frau die Zweifel des Mannes kennt oder sich nicht „gehen lassen" will. Dann kann eine gute Freundin als Begleitung die bessere Wahl sein.

WAS HALTEN SIE VON AKUPUNKTUR, AROMATHERAPIE UND HOMÖOPATHIE?

Akupunktur, Aromatherapie und Homöopathie sind gute alternativ-medizinische Bereiche, die begleitend zur Schulmedizin genutzt werden können. Jedoch sollte die Frau darauf achten, dass es von zertifiziertem Personal angewendet wird.

WAS MACHT IHNEN AN IHREM BERUF BESONDERS SPASS?

Mir macht die Begleitung der Paare in der Extremsituation Geburt und im Zusammenwachsen als Familie viel Freude. Nie mehr wieder sieht man so viel Veränderung in so kurzer Zeit. Dieses Wunder, dass aus zwei Zellen ein Lebewesen entsteht und geboren wird, fasziniert mich sehr.

WAS BEEINDRUCKT SIE BEI EINEM NEUGEBORENEN AM MEISTEN?

Am meisten beeindrucken mich der erste Schrei und der erste Blickkontakt des Neugeborenen mit den Eltern. Diese innigen Momente lassen mich jedes Mal eine Gänsehaut bekommen.

WELCHE TIPPS HABEN SIE FÜR JUNGE MÜTTER IN MÜNCHEN?

Genießen, Lieben und Leben! Freut euch auf das Kind und genießt die Elternzeit in vollen Zügen. Trefft euch mit anderen Müttern und tauscht Erfahrungen aus. Davon lernt ihr am meisten.

... UND NOCH EIN LETZTER KOMMENTAR?

Ich wünsche allen Familien gesunde Kinder und einen guten Start ins Abenteuer Familie. Vertraut auf euch und hört auf euer Herz.

Klitzeklein Hebammenpraxis (Giesing) 16

klitzeklein-hebammenpraxis.de

0176 / 56 25 50 56

Minnewitstr. 29 * 81549 München

Die persönlichen Wünsche und die Individualität jeder Frau stehen bei KLITZEKLEIN im Vordergrund. Die Atmosphäre in dieser Praxis ist aufgeschlossen und freundschaftlich. Die gute Stimmung überträgt sich positiv auf die Schwangeren und jungen Mütter. KLITZEKLEIN bietet schwerpunktmäßig Geburtsvor- und Nachbereitungskurse, Akupunktur und Hilfe bei Schwangerschaftsbeschwerden an. Daneben gibt es Schwangeren-Yoga, Säuglingspflegekurse, Still- und Beikostberatung, Babymassage und Fit mit Kid.

Hebammen am Klinikum Pasing (Pasing) 17

pasingerhebammen.de

089 / 88 92 23 29

Steinerweg 5 * 81241 München

Das Leistungsspektrum der Hebammen am KLINIKUM PASING umfasst die Beratung und Vorsorge der Schwangeren, Akupunktur, Homöopathie, anthroposophische Medizin, Aromatherapie und Hilfe bei Beckenendlage. An Kursen gibt es das klassische Angebot, also Geburtsvorbereitung, Schwangeren-Yoga, Säuglingspflege, Rückbildung sowie Babymassage. Jeden letzten Mittwoch im Monat findet ein Infoabend statt.

Hebammenpraxis Aubing (Aubing) 18

hebammenpraxis-aubing.de

089 / 95 42 15 73

Aubinger Str. 148 * 81243 München

Eva Demter leitet die HEBAMMENPRAXIS AUBING. Gemeinsam mit zwei weiteren Hebammen führt sie die normale Schwangerschaftsbetreuung durch, gibt Geburtsvorbereitungskurse, macht Wochenbettbetreuung und bietet Rückbildungskurse an. Weitere Angebote sind Babymassage, Yoga, PEKiP (s. GUT ZU WISSEN S. 168), Wirbelsäulengymnastik sowie Ayurveda- und Fußreflexzonenmassagen. Für die Papas gibt es einen speziellen Babymassagekurs nur für Väter.

Die Hebammenpraxis Aubing ist eine Institution im Münchner Westen. (Kerstin mit L.)

Doulas

Doula, was ist denn das? magst du dich fragen, denn während Doulas in Amerika weit verbreitet und beliebt sind, steckt ihre Berufsgruppe in Deutschland noch in den Kinderschuhen. Der Begriff Doula leitet sich von dem altgriechischen Wort „doulalei" ab und bedeutet Dienerin der Frau. Eine Doula ist eine speziell ausgebildete und geburtserfahrene Frau, die einer werdenden Mutter in der Schwangerschaft und bei der Geburt als emotionale und physische Begleiterin zur Seite steht. Sie versteht sich als Schwangerschafts-, Geburts- und Wochenbettbegleiterin und betreut die Schwangere zusätzlich zur Hebamme. Normalerweise ist sie über die gesamte Geburt hinweg anwesend, übernimmt während der Geburt aber keine medizinische Funktion. Sie ist vielmehr exklusiv für die Frau und ihre Bedürfnisse da. Wo notwendig, arbeitet sie mit Ärzten und Hebammen Hand in Hand.

Daher ist das Angebot der Doulas eine gute Möglichkeit, im Kreißsaal (neben dem Partner) eine vertraute Person zu haben, auf deren Kraft und Unterstützung du dich verlassen kannst. Du triffst die Doula normalerweise einige Male vor der Geburt und hast telefonischen Kontakt zu ihr, um bereits in der Schwangerschaft eine Beziehung zu ihr aufzubauen. Während der Geburt begleitet sie dich zeitlich unbegrenzt und besucht dich abschließend ein- bis zweimal während des Wochenbetts.

Hervorzuheben ist, dass eine Doula keine Hebamme ist und diese auch nicht ersetzen kann, da sie nicht über deren medizinisches Fachwissen verfügt. Vielmehr kennt sie die Sorgen und Nöte der Gebärenden aus eigener Erfahrung – anders als beispielsweise der Partner. Während der Geburt hilft das oft sehr, denn sie weiß genau, wie sich eine Geburt anfühlt und kann wertvolle Tipps geben. Außerdem ist es beruhigend, dass sie während der ganzen Geburt dabei ist und man sich zu 100% auf sie als unabhängige Beobachterin verlassen kann. Leider ist die Kostenübernahme dieser Extra-Leistungen durch die Krankenkasse nicht möglich. Daher muss man mit Selbstkosten von etwa 500 Euro für eine Münchner Doula rechnen.

doula-info.de

Das Doula-Informationsportal **doula-info.de** gibt einen guten Überblick, was eine Doula genau leistet, sammelt aktuelle Artikel und hat eine Postleitzahlensuche integriert, über die du eine Doula in deiner Nähe findest.

Doula Team Häberlstraße (Isarvorstadt)

doula-info.de/doulas/doula_team_muenchen.htm

Das DOULA TEAM DER HÄBERLSTRASSE begleitet dich während der Geburt in der Klinik, im Geburtshaus oder bei einer Hausgeburt. Die individuellen Telefonnummern und E-Mail-Adressen der Doulas findest du auf der Webseite der Häberlstraße.

Deine Doula München (Isarvorstadt)

deine-doula-muenchen.de
089 / 69 37 56 34

Astrid Gosch-Hagenkord ist eine ausgebildete Doula und begleitet Schwangere einfühlsam in der Schwangerschaft, während der Geburt und im Wochenbett. Bei Bedarf unterstützt sie durch Massagen, Atemübungen und Meditation. Vor der Geburt finden ein bis zwei Kennenlerngespräche statt. Zehn bis 14 Tage vor und nach dem errechneten Geburtstermin ist sie in Rufbereitschaft und begleitet dich während der gesamten Geburt als emotionale Stütze im Kreißsaal. Auf Wunsch steht Astrid auch nach der Geburt als Unterstützung zur Seite. Astrid ist Teil des Doula Teams der Häberlstraße.

Doula Team München (Trudering)

doulateam-muenchen.de
089 / 45 45 85 56
Leonhardiweg 25 * 81829 München

Emotionale und flexible Begleitung vor, während und nach der Geburt bietet das DOULA TEAM im Osten Münchens.

Wenn es bereits dein zweites oder drittes Kind ist, kümmert sich das Team während der Geburt auf Wunsch auch um die bereits geborenen Kinder.

Kranken- und Geburtshäuser

Eine Frage beschäftigt werdende Eltern in München besonders: „Wie soll die Geburt ablaufen und wo soll das Kind zur Welt kommen?" Keine leichte Entscheidung, denn natürlich möchte man die größtmögliche Sicherheit für das Kind, aber trotzdem ein individuelles Eingehen auf die Bedürfnisse der Frau sowie das Gefühl von Geborgenheit während der Geburt.

Die Wünsche der Eltern haben Einfluss auf die Geburtsmethode und das gewählte Krankenhaus. So hängt die Wahl des Geburtsortes nicht mehr primär von der guten Erreichbarkeit der Geburtsklinik ab, sondern es treten die angebotenen Leistungen und die Ausstattung der Klinik in den Vordergrund. In München und Umgebung können Eltern glücklicherweise zwischen mehr als zehn Geburtskliniken, zwei Geburtshäusern und einigen freiberuflichen Hebammen für Hausgeburten entscheiden. Alle Kranken- und Geburtshäuser bieten Infoabende an, die über die wichtigsten Krankenhaus-Charakteristika und Abläufe aufklären. Wenn ein Kreißsaal frei ist, kannst du ihn dir im Rahmen der Infoabende anschauen.

Krankenhäuser

In München gibt es eine Reihe von Geburtskliniken, die verschiedene Leistungen anbieten und unterschiedlich viele Geburten pro Jahr betreuen. Frage am besten zunächst deinen Frauenarzt, deine Hebamme oder Freunde, ob sie dir ein Krankenhaus empfehlen können und welche Leistungen die einzelnen Krankenhäuser anbieten. Einen Überblick über die wichtigsten Fakten pro Krankenhaus bekommst du von uns etwas später in diesem Kapitel bzw. auf unserer Webseite mycitybaby-muenchen.de/Geburtskliniken. Jetzt haben wir dir erst mal relevante Fragen bei der Krankenhauswahl zusammengestellt.

CHECKLISTE
WAS IST ZU BEACHTEN?

- Welche Art der medizinischen Versorgung muss das Krankenhaus mindestens haben?
  - ➤ Kinderintensivmedizin? Kinderarzt immer vor Ort?

  ....

- Wie viele Geburten führt die Klinik pro Jahr durch und wie viele Kreißsäle gibt es?
  - ➤ Kreißsaaltourismus versus klein aber fein?

  ....

- Welche Philosophie herrscht auf der Neugeborenenstation?
  - ➤ Rooming-in oder fest etabliertes Kinderzimmer?

  ....

- Welchen Standard haben die Zimmer?
  - ➤ Einzel- oder Mehrbettzimmer? Toilette und Dusche im Zimmer? Anzahl Privatzimmer? Letzte Renovierung?

  ....

- Gibt es Familienzimmer, in denen der Vater übernachten kann?..

- Gibt es Aufenthaltsräume für Mutter und Kind?..

- Gibt es Stillräume, in die man sich zurückziehen kann?..

- Gibt es weitere Kriterien, die dir wichtig sind?

  ....

Nachdem du die Auswahl eingegrenzt hast, schaue dir die in Frage kommenden Krankenhäuser während der Infoabende an. Dort kannst du Fragen stellen und bekommst ein Gefühl dafür, ob du dich wohl fühlst. Das ist wichtig, weil du nach der Geburt einige Tage in der Klinik übernachten wirst. Nach einer Spontangeburt bleibst du in der Regel zwei bis drei Tage und nach einem Kaiserschnitt vier bis fünf Tage in der Geburtsklinik. Während des Aufenthalts bekommst du professionelle Hilfe von Hebammen und Kinderkrankenschwestern bei Fragen und Abläufen rund um das Neugeborene.

Zusätzlich zur zuvor beschriebenen stationären Geburt in einer Geburtsklinik gibt es dort auch die Möglichkeit, ambulant zu entbinden. Entscheidest du dich für eine ambulante Geburt, gehst du bereits nach wenigen Stunden Klinikaufenthalt wieder nach Hause und wirst dort von der Nachsorgehebamme betreut. Wichtig ist, den Wunsch der ambulanten Geburt bereits im Vorfeld mit dem Krankenhaus und deiner Hebamme abzusprechen, damit alles entsprechend geplant werden kann.

 Eine Übersicht über alle Münchner Frauenkliniken findest du in diesem Kapitel. Mehr Informationen zu den Geburtskliniken gibt es online unter mycitybaby-muenchen.de/Geburtskliniken.

UNSER TIPP

GEBURTSKLINIKEN

* Als Schwangere sollte man sich überlegen, wie und wo man entbinden möchte und sich die entsprechenden Kliniken ansehen.

* In besonders beliebten Münchner Geburtskliniken, z.B. im KLINIKUM DRITTER ORDEN, muss man sich bereits in den ersten Schwangerschaftswochen anmelden, um dort entbinden zu können.

Frauenklinik Dr. Geisenhofer (Lehel)
geisenhoferklinik.de
089 / 38 31 10 1
Hirschauer Str. 6 * 80538 München

Schwabinger Krankenhaus (Schwabing)
klinikum-muenchen.de/kliniken-zentren/
schwabing
089 / 30 68 24 15
Platz 1 * 80804 München

Frauenklinik Rechts der Isar (Haidhausen)
mri.tum.de/frauenklinik
089 / 41 40 24 46
Ismaninger Str. 22 * 81675 München

Frauenklinik Neuperlach (Neuperlach)
klinikum-muenchen.de/kliniken-zentren/
neuperlach
089 / 67 94 24 74
Oskar-Maria-Graf-Ring 51
81737 München

Frauenklinik Maistraße (Isarvorstadt)
frauenklinik-maistraße.de
089 / 51 60 45 99
Maistr. 11 * 80337 München

Harlachinger Frauenklinik (Harlaching)
khmh.de
089 / 62 10 25 04
Sanatoriumsplatz 2 * 81545 München

Frauenklinik in der Taxisstraße
(Neuhausen)

rotkreuzklinikum-muenchen.de/frauen-
klinik_muenchen.html

089 / 15 70 66 08

Taxisstr. 3 * 80637 München

Klinikum Dritter Orden (Nymphenburg)

dritter-orden.de

089 / 17 95 25 01

Menzinger Str. 44 * 80638 München

Frauenklinik Großhadern (Großhadern)

kinderwunsch-uni-muenchen.de/kontakt.
html

089 / 70 95 38 13

Marchioninistr. 15 * 81377 München

Pasinger Krankenhaus (Pasing)

helios-kliniken.de/klinik/muen-
chen-west/eltern-kind.html

089 / 88 92 23 29

Steinerweg 5 * 81241 München

Geburtshäuser

Wenn für dich eine Klinikgeburt nicht in Frage kommt, du aber genauso wenig zu Hause gebären möchtest, sind das GEBURTSHAUS am Rotkreuzplatz oder die HEBAMMEN PRAXIS MÜNCHEN im Lehel zwei Alternativen für ambulante Geburten. Eine Geburt im Geburtshaus ist familiärer als in einem Krankenhaus. Bei Interesse solltest du dich frühzeitig zu einer Informationsveranstaltung anmelden und die betreuenden Hebammen persönlich kennenlernen. Ein Arzt ist bei der Geburt nur auf Wunsch zugegen. Auf die PDA (Periduralanästhesie) oder Medikamente zur Linderung des Geburtsschmerzes wird verzichtet, vielmehr kommen alternative Methoden wie Akupunktur, Homöopathie oder Massagen zum Einsatz.

Wenn die Geburt gut läuft, gehst du bereits einige Stunden nach der Entbindung mit dem Neugeborenen nach Hause. Im Wochenbett betreut dich in der Regel die Hebamme, die deine Vorsorge und Geburt begleitet hat. Treten Komplikationen während der Geburt auf, wirst du normalerweise in ein nahe gelegenes Krankenhaus verlegt.

Geburtshaus München e.V. (Neuhausen)

geburtshaus-muenchen.de

089 / 16 41 84

Nymphenburger Str. 147a * 80636 München

Das GEBURTSHAUS wurde 1994 gegründet und pro Jahr kommen dort aktuell etwa 220 Säuglinge auf die Welt. Die Zimmer sind gemütlich, bunt und mit vielen Kissen eingerichtet. Die ganze Atmosphäre wirkt einladend. Es gibt zwei Geburtsräume und einen Raum mit Badewanne.

Im GEBURTSHAUS arbeiten aktuell zehn Geburtshilfe leistende Hebammen, die in zwei Teams à fünf Hebammen organisiert sind. Je nach Sympathie und Verfügbarkeit suchst du dir ein Team aus, deren Hebammen du regelmäßig zu den Vorsorgeuntersuchungen sehen wirst.

Frieda
coming
SOON!

Willkommen
Zoe!

Die Vorsorgeuntersuchungen finden normalerweise im Geburtshaus statt. Im Laufe der Schwangerschaft lernst du so alle Hebammen deines Teams kennen. Insgesamt ist die Betreuung persönlich und es wird auf die Besonderheiten jeder Frau eingegangen. So kannst du dir sicher sein, dass du während der Geburt von vertrauten Hebammen unterstützt wirst.

Ab der 34. Woche gibt es eine Rufbereitschaftszentrale, die du bei Fragen oder Problemen rund um die Uhr anrufen kannst.

* **Hebammen:** zehn Hebammen, die Geburtshilfe leisten, plus einige Hebammen, die Kurse anbieten

* **Leistungsspektrum:** Schwangerenberatung und Vorsorge, ambulante Geburt, Akupunktur, Homöopathie und Bachblüten, Wochenbettbetreuung, Geburtsvorbereitungskurse, Säuglingspflege, Babymassage, Yoga für Schwangere und Mütter, Stilltreff mit wechselnden Themen, Rückbildung, Impfvorträge

* **Telefonische Sprechzeiten:** Montag bis Freitag von 9.00 bis 10.00 Uhr

* **Infoabend:** jeden 1. und 3. Montag und Mittwoch um 19.00 Uhr

Hebammen Praxis München (Lehel)
hebammenpraxismuenchen.de
Details s. TEIL 1 * S. 17

Ähnlich wie im Geburtshaus hast du in der HEBAMMEN PRAXIS MÜNCHEN die Möglichkeit ambulant zu entbinden und die geburtshilflich unterstützenden Hebammen schon während der Schwangerschaft kennenzulernen. Fragen zur Praxisgeburt werden an monatlichen Informationsabenden und in persönlichen Beratungsgesprächen beantwortet.

* **Hebammen:** Derzeit gibt es zehn gleichberechtigte Hebammenpartnerinnen und fünf freie Mitarbeiterinnen.

* **Leistungsspektrum:** Schwangerenberatung und Vorsorge, ambulante Geburt, Akupunktur, Homöopathie, Fußreflexzonenmassage, Klangbehandlung, Traumabetreuung, Wochenbettbetreuung, Geburtsvorbereitungskurse, Säuglingspflege, Babymassage, Yoga für Schwangere und Mütter, Stilltreff, Rückbildung, Bindung durch Berührung, Krisenberatung für Eltern und Babys, Craniosakralbehandlung

* **Telefonische Sprechzeiten:** Montag, Mittwoch, Freitag von 8.30 bis 10.30 Uhr. Dienstag und Donnerstag werden Anfragen per Mail und auf dem AB beantwortet

* **Infoabend:** jeden letzten Mittwoch im Monat um 20.00 Uhr

Geburtsvorbereitung – Kurse, Akupunktur und Klinikkoffer ♥

Der Countdown läuft – das letzte Schwangerschaftsdrittel hat voraussichtlich begonnen und die Nervosität steigt, wenn es um die konkrete Geburtsvorbereitung geht. Dazu zählen z.B. die Teilnahme an einem der vielen Münchner Geburtsvorbereitungskurse, einem Säuglingspflegekurs oder der geburtsvorbereitenden Akupunktur. Nicht zu vergessen natürlich das Packen des viel beschworenen Klinikkoffers. Benötigst du Unterstützung bei der Geburtsvorbereitung, kannst du in München auf eine Babyplanerin zurückgreifen.

Maman Passion (Schwabing, Ort deiner Wahl)
mamanpassion.com
08161 / 93 58 14

Es ist dein erstes Kind und am liebsten hättest du eine Expertin an deiner Seite, die dir als neutraler Berater mit Rat und Tat zur Seite steht? Dann bist du während der Schwangerschaft bei MAMAN PASSION alias Veronique Goldbrunn richtig. Sie ist die erste zertifizierte Babyplanerin in München. Die Französin ist Mutter von drei Kindern und berät werdende Eltern zu allen Themen rund um die Schwangerschaft und das Baby. Sie hilft z.B. bei der Auswahl des Kinderwagens, dem Kauf des Kinderzimmers oder der richtigen Ernährung in der Schwangerschaft. Außerdem unterstützt sie bei dem lästigen Papierkram im Zusammenhang mit dem Baby. Veronique kommt zu dir nach Hause oder an einen Ort deiner Wahl, alternativ gibt es regelmäßige Maman-Passion-Treffen im Café de Bambini (Details s. TEIL 2, S. 104).

Liale – Kreativ durch die Schwangerschaft (Schwabing, Neuhausen)
liale-kreativ.de
089 / 14 34 66 13
Machwerk * Schulstr. 1 * 80634 München
Café de Bambini * Marktstr. 7
80802 München

LIALE richtet sich an alle Schwangere, die das Warten auf die Geburt bunter gestalten wollen. Natalie Teste unterstützt werdende Mütter in dieser emotionalen Zeit, sich eine kreative Auszeit zu nehmen und mit anderen Schwangeren Kontakte zu knüpfen. Vorkenntnisse sind nicht notwendig und in dem Kurs entstehen individuelle Werke, die an ganz besondere neun Monate erinnern. Die Kurse finden im Machwerk und im Café de Bambini statt.

Geburtsvorbereitungskurse

Ein Geburtsvorbereitungskurs bietet in entspannter Atmosphäre ein breites Spektrum an Basiswissen rund um die Geburt. Der Kurs ist besonders Erstgebärenden zu empfehlen, da die Unsicherheit und das Bedürfnis sich mit Gleichgesinnten auszutauschen bei ihnen am größten ist. Standardmäßig gibt es kompakte Wochenendkurse, die häufig an einem Samstag und Sonntag stattfinden oder Abendkurse, die über mehrere Wochen laufen. Da für Väter die Schwangerschaft und die kommende Geburt ein mindestens genauso unbekanntes Terrain ist, ist je nach Kursformat der Partner bei einigen oder sogar bei allen Terminen dabei.

Je nach Format des Geburtsvorbereitungskurses, bietet es sich an, ihn ab dem siebten Schwangerschaftsmonat zu beginnen, damit er idealerweise kurz vor der Geburt endet. Neben den fachlichen Inhalten ist der Erfahrungsaustausch mit anderen werdenden Eltern bei diesen Kursen wichtig. Nutze die Chance, dich mit anderen Elternpaaren zu unterhalten und Nummern auszutauschen. Binde deinen Partner ein und frage ihn, welche anderen Paare er sympathisch findet – das ist wichtig um später als Familien gemeinsam etwas zu unternehmen.

Die Inhalte von Geburtsvorbereitungskursen sind im Einzelnen:

* Information über den Schwangerschaftsverlauf und die Entwicklung des Kindes

* Entspannungsübungen, Atemübungen, Körperwahrnehmung

* Information über die Anatomie, den Geburtsprozess, mögliche Geburtspositionen und Geburtsmethoden

* Information über die Möglichkeiten der Schmerzlinderung

* Vorbereitung auf mögliche Sonderfälle wie die Entbindung per Kaiserschnitt

* Unterstützungsmöglichkeiten durch die Begleitperson während der Geburt

* Informationen über das Stillen, Wochenbett und das Leben mit Kind

* Säuglingspflege

UNSER TIPP — GEBURTSVORBEREITUNGSKURS

* Die Kosten für einen Geburtsvorbereitungskurs werden im Rahmen der Schwangerenvorsorge zum Großteil von der Krankenkasse übernommen. Man sollte bei der Kasse nachfragen, ob bestimmte Voraussetzungen für die Kostenübernahme erfüllt werden müssen. Außerdem muss man sich am Ende des Kurses eine Quittung und eine Teilnahmebestätigung aushändigen lassen und diese bei der Krankenkasse mit einem formlosen Schreiben einreichen.

* Nimmt der Partner an einem Geburtsvorbereitungskurs teil, werden seine Kosten normalerweise nicht von der Kasse getragen. Gute Chancen auf Kostenübernahme bestehen, wenn beide Partner bei der gleichen Kasse versichert sind. Nachfragen lohnt sich.

Die Qualität der Kurse hängt stark vom Engagement der Kursleiterin ab. Daher haben wir einige Geburtsvorbereitungskurse zusammengestellt, bei denen wir positive Erfahrungen gesammelt haben. Höre dich aber auch in deinem Bekanntenkreis um, wer welche Kurse empfehlen kann und bei welchen Anbietern du in guten Händen bist.

Geburtsvorbereitung an den Münchner Frauenkliniken

➲ mehrere Standorte

Alle MÜNCHNER FRAUENKLINIKEN bieten Geburtsvorbereitungskurse an. Der Vorteil ist, dass die kursleitenden Hebammen normalerweise in dem Krankenhaus arbeiten und dir wertvolle Einblicke in den Krankenhausbetrieb geben können. Oft wirst du sie während deines späteren Entbindungsaufenthaltes, mit Glück sogar bei der Geburt, wiedersehen. Auch die Kreißsäle können im Rahmen der Geburtsvorbereitungskurse in einer Geburtsklinik besichtigt werden. Die Anmeldung zu den Kursen findet über die angegliederten Elternzentren oder die Schwangerenambulanz statt.

Ich habe einen Kurs über mehrere Wochen im Klinikum Maistraße gemacht, bei dem der Partner an zwei Abenden dabei war. Für mich war das die perfekte Mischung, da man sich unter Frauen offener über spezifisch weibliche Themen und Ängste unterhalten hat. Trotzdem war der Partner bei für ihn wichtigen Themen wie die Geburtsbegleitung eingebunden. (Anna Lena mit J.)

Geburtsvorbereitung Familienbildungs-stätten

⮑ mehrere Standorte
fabi-muenchen.de

WÄHLE DEINEN STANDORT:

089 / 35 73 29 28 * Korbinianplatz 15
80807 München-Milbertshofen

089 / 94 46 75 77 * Richard-Strauss-Str. 47 * 81677 München-Bogenhausen

089 / 63 71 62 3 * Albert-Schweitzer-Str. 66 * 81735 München-Neuperlach

089 / 74 60 15 0 * Brudermühlstr. 10 81371 München-Thalkirchen

089 / 82 06 52 5 * August-Exter-Str. 1 81245 München-Pasing

Die fünf Standorte der paritätischen FAMILIENBILDUNGS-STÄTTE (FABI) bieten eine Reihe von geburtsvorbereiten-den Kursen an, sowohl für Erstlingseltern, als auch für El-tern, die bereits Kinder haben. Außerdem werden in den Kursen „Eltern werden – viel zu wissen und zu erledigen" umfassende Informationen über gesetzliche Regelungen, Formalitäten, Mutterschutz und Elternzeit gegeben. In den angebotenen Geschwisterkursen werden die „Gro-ßen" auf das kleine Geschwisterchen vorbereitet. Das exak-te Programm der FABIS erhältst du entweder online oder im Printformat bei den FABIS selbst.

Geburtsvorbereitung Hebammen Praxis München (Lehel)

hebammenpraxismuenchen.de
Details s. TEIL 1 * S. 17

Die HEBAMMEN PRAXIS MÜNCHEN bietet unterschiedli-che Vorbereitungskurse an. Es gibt einen Geburtsvorberei-tungskurs für Paare am Wochenende, Kurse mit nur einem Partnertag, Geburtsvorbereitungskurse ab dem zweiten Kind genauso wie Säuglingspflegekurse.

Geburtsvorbereitung in der Hebammen-praxis Schwabing (Maxvorstadt)

hebammenpraxisschwabing.de
089 / 28 65 97 59
Türkenstr. 85 * 80799 München

In den fünf Terminen der Geburtsvorbereitungskurse der HEBAMMENPRAXIS SCHWABING erfahren die Frauen al-les Wissenswerte rund um die Geburt und das Neugebo-rene. Es nehmen maximal zehn Frauen pro Kurs teil. Die fünf Termine werden um einen vierstündigen Partnertag am Wochenende ergänzt. Das Vorstadt Café nebenan (Türkenstr. 83, 089 / 27 20 69 9) lädt nach dem Kurs zur Einkehr ein.

Lulu & Tintin – Geburtsvorbereitung Intensivkurs (Haidhausen)

lulu-tintin.de
0170 / 58 66 28 8 oder 0173 / 29 00 76 9
Lothringer Str. 4 * 81667 München

Dieser beliebte eintägige Intensivkurs bietet die Gelegen-heit, dich komprimiert auf die Geburt und das Kind ein-zustimmen. Den Kurs leitet eine englische Hebamme mit über 20 Jahren Erfahrung mit Schwangeren und jungen Müttern. Die Kurssprache ist Englisch. Die Kurse finden samstags oder sonntags von 10.00 bis etwa 16.00 Uhr statt. Sie werden für den siebten bis achten Schwangerschafts-monat empfohlen.

Geburtsvorbereitung in der Praxis Kidler 19 (Sendling)

kidler19.de * christine-zinsler.de
089 / 74 79 07 93
Kidlerstr. 19 * 81371 München

Die Kursleiterinnen im KIDLER 19 sprechen mit viel En-gagement, Kompetenz und Erfahrung über alle wichtigen Aspekte der Geburt. In den verschiedenen Kursformaten, z.B. in Wochenendkursen für Paare oder in Abendkursen für Frauen, machst du viele praktische Übungen und bekommst hilfreiche Tipps.

Der Kurs von Christine Zinsler war eine sehr unterhaltsame Art einen Geburtsvorbereitungskurs abzuhalten: informativ, anschaulich, lebendig, humorvoll und mit vielen praktischen Übungen. Ich hätte nicht gedacht, dass ich als Ärztin noch so viel über das Thema lernen kann. (Bettina)

Geburtsvorbereitung bei Klitzeklein (Giesing)
klitzeklein-hebammenpraxis.de
0176 / 56 25 50 56
Details s. TEIL 1 * S. 20

In kleinen Kursen mit maximal sechs Frauen bieten die drei Hebammen der KLITZEKLEIN-PRAXIS Geburtsvorbereitung an. Es gibt Kurse über mehrere Wochen mit einem Partnertag am Samstag und Intensivkurse an einem einzigen Tag. Viele Frauen schließen nach der Geburt einen Rückbildungskurs in der sympathischen Hebammenpraxis an.

Säuglingspflegekurse

Wickeln, baden, tragen, anziehen – der Umgang mit dem Neugeborenen will gelernt sein. Obwohl Säuglingspflege ein Bestandteil der meisten Geburtsvorbereitungskurse ist, fragen sich viele Eltern, ob sie ausreichend vorbereitet sind. Wenn es dir auch so geht, empfehlen wir einen Säuglingspflegekurs, der einen intensiven Einblick in die erste Zeit mit dem Säugling gibt. Du erfährst alles über die Entwicklung, Pflege und Ernährung eines Neugeborenen. Wie wickelt oder badet man das Baby? Wie sieht die Körperpflege aus? Was sind sinnvolle Anschaffungen? Weitere Themen sind das Stillen und die Ernährung im ersten Lebensjahr. Praktische Übungen, z.B. anhand von Babypuppen bereiten auf den kleinen Schatz vor.

Säuglingspflegekurse werden von ähnlichen Anbietern wie die Geburtsvorbereitungskurse angeboten, also z.B. von Geburtskliniken, Hebammenpraxen oder den Familienbildungsstätten. Die Kursleiterinnen sind häufig Säuglingspflegeschwestern oder Hebammen. Die Kosten der Kurse tragen die werdenden Eltern privat. Zwei uns bekannte Kurse stellen wir hier explizit vor.

Säuglingspflegekurs – Leben mit dem Neugeborenen (Maxvorstadt)
hausderfamilie.de
089 / 28 81 31 0
Schraudolphstr. 1 * 80799 München
(Rgb. 1. Stock)

Gemeinsam mit anderen Müttern und Vätern stellst du dich in diesem Kurs auf die Zeit nach der Geburt ein. Teil des Kurses ist auch die Veränderung in der Beziehung zu deinem Partner durch das Kind. Die Säuglingspflegekurse finden häufig Freitagnachmittag oder Samstag statt. Du findest die Kurse auf der Webseite unter der Rubrik SCHWANGERSCHAFT.

Säuglingspflegekurs – Daniela Langanki (Haidhausen)
089 / 99 24 83 98
Preysingstr. 71 * 81667 München

In diesem Säuglingspflegekurs erlebst du einen informativen und abwechslungsreichen Abend unter der Leitung von Daniela Langanki, einer erfahrenen Kinderkrankenschwester. Von den wichtigsten Baby-Anschaffungen über Wickel- und Tragetechniken bis hin zu Stilltipps wird alles abgedeckt, sowohl im Gespräch als auch durch praktische Übungen. Außerdem hast du ausführlich Zeit, alle Fragen rund um das Neugeborene und die erste Zeit als Familie loszuwerden.

Akupunktur

Die Akupunktur ist ein Verfahren der traditionellen asiatischen Medizin und wird zur Geburtsvorbereitung und Geburtserleichterung in Deutschland immer beliebter. Mittlerweile setzen viele Schwangere auf die Wirkung der kleinen Nadeln. Ziel der geburtsvorbereitenden Akupunktur ist es, den Gebärmutterhals und Muttermund weicher zu machen und dadurch die anstrengende Geburts-Eröffnungsphase zu erleichtern.

Da Akupunktur von qualifiziertem Personal angewendet werden sollte, erkundige dich, welche Qualifikation und Erfahrungshintergrund die Anbieter, z.B. Hebammen, Frauenärzte oder Geburtskliniken haben. Die Kosten werden von den gesetzlichen Krankenkassen in der Regel nicht übernommen und variieren je nach Anbieter. Die Behandlung beginnt normalerweise ab der 36. Schwangerschaftswoche mit einer Sitzung pro Woche. In Summe werden vier, bei Übertragung des Kindes auch mehr Sitzungen angepeilt. Die Nadeln werden an unterschiedlichen Körperpunkten angesetzt und nach einer Wirkungszeit von etwa 20 Minuten wieder entfernt. Während der Anwendung solltest du ruhig sitzen, da die Energieflüsse im Körper angeregt werden und dies mit Schwindel oder „Schwarz-vor-Augen-werden" einhergehen kann. Auch während der Geburt wenden viele Geburtskliniken Akupunktur zur Schmerzlinderung, Geburtserleichterung und Entspannung an.

Akupunktur in den Geburtskliniken
⮑ mehrere Standorte

Fast alle Entbindungskliniken, z.B. die **Frauenklinik rechts der Isar,** das **Schwabinger Krankenhaus** oder die **Frauenklinik Maistraße** bieten Akupunktur an. In manchen Kliniken ist das Angebot sogar kostenlos, wenn die Frauen später dort entbinden.

Akupunktur in Hebammenpraxen
⮑ mehrere Standorte

Das Leistungsspektrum vieler Hebammenpraxen umfasst ebenfalls Akupunktur. Hebammenpraxen mit Akupunktur-Angebot sind z.B. der **Bauchraum** in Schwabing (Hohenzollernstr. 45, bauchraum-muenchen.de), die **Klitzeklein Hebammenpraxis** in Giesing (Minnewitstr. 29, 0176 / 56 25 50 56) oder die **Hebammen am Klinikum Pasing** (Steinerweg 5, 089 / 88 92 23 29).

Klinikkoffer

Der Entbindungstermin ist zwar genau ausgerechnet, aber nur etwa 4% aller Mütter entbinden exakt an diesem Termin. Daher macht es Sinn, den Klinikkoffer rechtzeitig zu packen, schließlich möchtest du dich damit nicht beschäftigen müssen, wenn die Wehen losgehen. Lasse dich aber nicht von all den guten Ratschlägen oder Babybüchern verrückt machen, die meisten Sachen sind in einigen Minuten gepackt. Eine mittelgroße Reisetasche reicht, denn vieles bekommst du in der Klinik gestellt. So trägt dein Kleines in der Regel während des gesamten Krankenhausaufenthalts die Babykleidung und Windeln der Münchner Kliniken. Eigene Babykleidung musst du nur für die Heimfahrt von der Klinik nach Hause mitnehmen.

CHECKLISTE

WAS KOMMT IN DEN KLINIKKOFFER?

FÜR DIE MAMA

- Kleidung für zwei bis drei Tage

  - Zwei bequeme Nachthemden / Shirts am besten mit Knöpfen fürs einfachere Stillen

  - Bequeme Umstandshosen (traurig aber wahr – es dauert eine Zeit, bis sich der Bauch so weit zurückgezogen hat, dass die normalen Hosen wieder passen)

  - Hausschuhe und rutschfeste Socken

  - Langes, kochfestes T-Shirt (das ist praktisch und bequem für die Geburt)

  - Bequeme Unterhosen

  - Zwei Still-BHs (eine Nummer größer als im sechsten Monat)

  - Bademantel

  - Kulturbeutel

  - Make Up und Lippenpflege, für die ersten Fotos mit Baby

  - Handtuch

  - Fotoapparat

  - Bücher, Zeitschriften und Lieblingsmusik

  - Snacks für die Geburt (auch für den werdenden Vater wichtig)

  - Bargeld (um Kleinigkeiten einzukaufen)

FÜR DAS BABY

- Body
- Langarm-Shirt
- Strampler
- Strumpfhose oder Socken
- Jacke
- Mütze
- Decke für die Heimfahrt
- Babyschale fürs Auto, Kinderwagen oder Tragetuch, um das Baby sicher nach Hause zu bringen

PAPIERE, UM DIE GEBURTSURKUNDE ZU BEANTRAGEN

- Mutterpass
- Personalausweis / Pass
- Heiratsurkunde, bei unverheirateten Müttern die Geburtsurkunde der Mutter und ggf. die Vaterschaftsanerkennung
- Familienstammbuch
- Krankenkassenkarte

Unsere **Checkliste KLINIK-KOFFER** findest du auch zum Ausdrucken auf unserer Webseite unter **mycitybaby-muenchen.de/Klinikkoffer**.

Krippensuche, Elternzeit, Elterngeld & Co.

Rund um die Geburt des Kindes kommen einige wichtige Erledigungen und Behördengänge auf junge Eltern zu. Aus eigener Erfahrung raten wir dazu, so viel wie möglich frühzeitig vorzubereiten. Nichts ist lästiger, als sich damit unnötig lange beschäftigen zu müssen, wenn das Baby auf der Welt ist. Die aus unserer Sicht wichtigsten Fakten zur Arbeitgeberinformation, Mutterschutz, Elternzeit, Kinder- oder Elterngeld haben wir auf den folgenden Seiten für dich zusammengestellt.

Bei Detailfragen empfehlen wir eine der anerkannten Beratungsstellen für Schwangerschaftsfragen, z.B. Pro Familia (089 / 33 00 84 0) oder Frauen beraten München e.V. (089 / 59 99 57 0). Außerdem bietet die Webseite „Familienwegweiser" des Bundesministeriums für Familie unter familien-wegweiser.de oder bmfsfj.de detaillierte Informationen und Broschüren rund um Elterngeld, Elternzeit, Kindergeld, Kinderzuschlag oder Alleinerziehende.

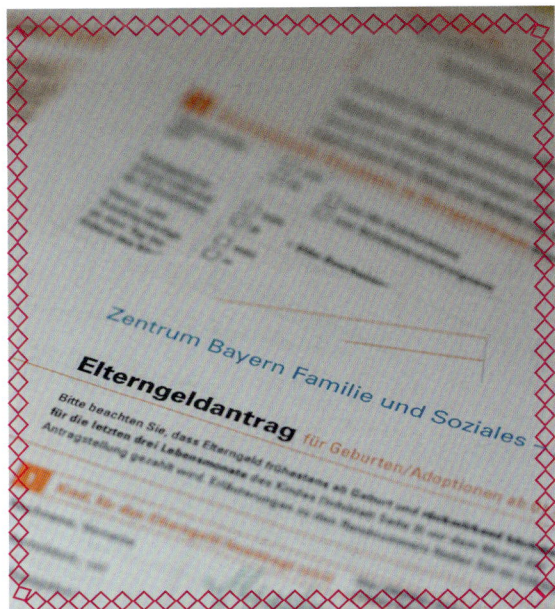

Anmeldung für einen Betreuungsplatz

Krippen und andere Betreuungsformate wie Elterninitiativen, Tagesmütter oder Privatkrippen sind in München Mangelware. Um eine Chance auf einen bezahlbaren und gut gelegenen Betreuungsplatz zu haben, solltest du dein Kind bereits früh in der Schwangerschaft anmelden. Eine Liste möglicher Betreuungseinrichtungen findest du im Portal der Stadt München beim Referat für Bildung und Sport unter muenchen.de/kinderbetreuung. Dort gibt es auch eine Onlinesuche nach Betreuungsplätzen im Bereich deiner Postleitzahl. Detailliertere Informationen und Erfahrungsberichte zu städtischen und privaten Krippen sowie zu anderen Kleinkinder-Betreuungsmöglichkeiten geben wir in unserem Hot Topic KINDERBETREUUNG IN MÜNCHEN ab Seite 62.

Information Arbeitgeber

Du kannst selbst entscheiden, wann du deinen Arbeitgeber über die Schwangerschaft informierst. Die meisten Frauen warten die ersten zwölf Wochen ab, da in dieser Zeit ein gewisses Risiko für Schwangerschaftskomplikationen besteht. Berücksichtige aber, dass die Sonderrechte für Schwangere erst ab dem Zeitpunkt greifen, an dem du deinen Arbeitgeber über die Schwangerschaft informiert hast. Der Kündigungsschutz beispielsweise wird erst wirksam, nachdem der Arbeitgeber von der Schwangerschaft erfahren hat. Was Väter in Sachen Kündigungsschutz beachten müssen, gibt es unter der Rubrik ELTERNGELD ab Seite 37.

Schwangerschaftsnachweis Arbeitgeber

Für den Arbeitgeber ist der errechnete Geburtstermin wichtig, da sich nach ihm der Beginn des offiziellen Mutterschutzes vor und nach der Geburt ergibt. Daher benötigt der Arbeitgeber entweder ein offizielles Schwangerschaftsattest des Frauenarztes, die Vorlage des Mutterpasses oder eine Kopie der Mutterpassseite mit dem vorläufigen

Geburtstermin. Ändert sich der Geburtstermin im Laufe der Schwangerschaft, solltest du daran denken, deinen Arbeitgeber über den neuen Termin zu informieren und nochmals eine Bestätigung vorzulegen. Falls das Schwangerschaftsattest des Arztes Kosten verursacht, sind diese vom Arbeitgeber zu tragen.

Information der Krankenkasse

Da die gesetzliche Krankenkasse während des Mutterschutzes einen Anteil des Gehaltes bezahlt, muss sie spätestens in der 34. Schwangerschaftswoche über die bevorstehende Geburt informiert werden. Zur Berechnung des Mutterschaftsgeldes benötigt die Kasse vor der Entbindung eine Geburtsterminbescheinigung sowie eine aktuelle Gehaltsabrechnung. Nach der Entbindung muss die Geburtsbescheinigung „Krankenkasse" (bzw. eine Kopie der Geburtsurkunde) mit dem Vermerk „Mutterschaftshilfe" eingereicht werden. Pro Mutterschutztag bezahlt die Krankenkasse maximal 13 Euro pro Arbeitstag.

Private Krankenkassen zahlen kein Mutterschaftsgeld. Vom Arbeitgeber erhalten privat versicherte Frauen im Mutterschutz ihr Nettogehalt minus 13 Euro pro Arbeitstag (der Betrag, den die gesetzlichen Kassen als Mutterschaftsgeld bezahlen). Mitglieder einer privaten Krankenversicherung können ein einmaliges Mutterschaftsgeld in Höhe von bis zu 210 Euro beim Bundesversicherungsamt in der Mutterschaftsgeldstelle beantragen. Einige private Krankenkassen bezahlen darüber hinaus ein einmaliges Geburtsgeld, Nachfragen lohnt sich!

Mutterschutz

Der Mutterschutz beginnt sechs Wochen vor dem errechneten Geburtstermin und endet acht Wochen nach dem tatsächlichen Geburtstermin. Bei Mehrlingen erhöht sich die Zeit auf zwölf Wochen nach der Geburt. Entbindest du vorzeitig, verkürzt sich der Mutterschutz um die entsprechenden Tage vor der Geburt. Die Tage werden jedoch nach der Geburt hinzugefügt, so dass du in Summe wieder 14 Wochen Mutterschutz hast. Entbindest du verspätet, verlängert sich der Mutterschutz um die übertragenen Tage vor der Geburt. An den acht Wochen nach der Geburt ändert sich nichts, da diese ab dem Geburtstag des Babys berechnet werden.

Elternzeit

Jeder Elternteil hat Anspruch auf Elternzeit zur Betreuung des Kindes bis zur Vollendung des dritten Lebensjahres. Mit Zustimmung des Arbeitsgebers kann man bis zu ein Jahr der Elternzeit aufsparen und dieses, in einer frei wählbaren Zeit zwischen dem dritten und achten Geburtstag des Kindes, z.B. während des ersten Schuljahres, nehmen.

Während der Elternzeit ruhen die Hauptpflichten des Arbeitsverhältnisses. Das originäre Arbeitsverhältnis bleibt bestehen und nach Ablauf der Elternzeit besteht ein Anspruch auf Rückkehr auf den ursprünglichen bzw. einen gleichwertigen Arbeitsplatz.

Beide Elternteile können gleichzeitig bis zu drei Jahre Elternzeit in Anspruch nehmen. Während der Elternzeit ist eine Teilzeiterwerbstätigkeit von bis zu 30 Wochenstunden pro Elternteil zulässig. Bei gleichzeitiger Elternzeit können die Eltern somit insgesamt 60 Wochenstunden erwerbstätig sein und damit auch während der Elternzeit das Familieneinkommen in einem gewissen Umfang sichern. Arbeitnehmer müssen die Elternzeit spätestens sieben Wochen vor deren Beginn schriftlich von der Arbeitgeberseite verlangen. Ab dem Anmeldezeitpunkt der Elternzeit, frühestens jedoch acht Wochen vor Beginn der Elternzeit, darf der Arbeitgeber das Arbeitsverhältnis nicht kündigen. Will ein Elternteil also direkt im Anschluss an den Mutterschutz in Elternzeit gehen, sollte er dies spätestens in der ersten Woche nach der Geburt anmelden. Als Frau hat man idealerweise bereits vor dem Mutterschutz mit dem Arbeitgeber geklärt, wann und wie lange man nach der Geburt in Elternzeit gehen will, damit dieser entsprechend planen kann.

Kindergeld

Kindergeld wird für alle Kinder von der Geburt bis mindestens zur Vollendung des 18. Lebensjahres gewährt. Aktuell beträgt das Kindergeld für das erste und zweite Kind 184 Euro, für das dritte Kind 190 Euro und für jedes weitere Kind 215 Euro pro Monat. Die Antragstellung und -bearbeitung für alle Kindergeldansprüche erfolgt über die Familienkasse der Bundesagentur für Arbeit. Am einfachsten ist es, den Kindergeldantrag auf der Webseite der Bundesagentur für Arbeit online unter arbeitsagentur.de, (Menüpunkt: Formulare, Kindergeld) auszufüllen. Im Anschluss muss der Antrag ausgedruckt und zusammen mit der Geburtsbescheinigung „Kindergeld" innerhalb von sechs Monaten an die zuständige Familienkasse geschickt werden.

Elterngeld

Das Elterngeld bietet für Mütter und Väter seit dem 1. Januar 2007 eine attraktive Möglichkeit, pro Monat und pro Elternteil bis zu 1.800 Euro Unterstützung zu erhalten, wenn ein Elternteil mit dem Baby zu Hause bleibt. Details gibt es in unserem Special GUT ZU WISSEN: ELTERNGELD, auf der folgenden Seite.

WIE LANGE KÖNNEN ELTERN ELTERNGELD BEZIEHEN?

Wer zu Hause beim Baby bleibt, bekommt vom Staat zwölf Monate lang Elterngeld bezahlt. Es kommen zwei Monate oben drauf (in Summe 14 Monate), wenn auch der Partner eine mindestens zwei-monatige Babypause nimmt. Beide Elternteile können gleichzeitig Elternzeit nehmen und gemeinsam mit dem Nachwuchs zu Hause bleiben. Nehmen beide Elternteile das Elterngeld parallel in Anspruch, können sie bis zu maximal sieben Monate „bezahlt" in Elternzeit gehen. Wer länger als 14 Monate Elternzeit nehmen möchte, kann die Elterngeldbeiträge halbieren lassen und die Bezugsdauer dadurch auf maximal 28 Monate verlängern. Die Elternzeit-Monate können auch gestückelt werden, z.B. kann der Partner einen Monat nach Geburt des Kindes und weitere Monate zu einem späteren Zeitpunkt nehmen. Um als Elternteil einen Anspruch auf die Zahlung des Elterngeldes zu haben, muss man jedoch in Summe mindestens zwei Monate in Elternzeit gehen.

WIE HOCH IST DAS ELTERNGELD?

Das Elterngeld beträgt bis zu 67% des bisherigen Einkommens oder maximal 1.800 Euro pro Elternteil. Relevant für die Berechnung ist das Durchschnittseinkommen der letzten zwölf Kalendermonate. Wenn die berechtigte Person vor der Geburt des Kindes kein Einkommen aus Erwerbstätigkeit hatte, wird ein pauschaler Elterngeldbetrag in Höhe von 300 Euro gezahlt.

WIE WIRD DER ELTERNGELDANSPRUCH BERECHNET?

Seit 01. Januar 2013 ist der Bruttolohn für die Berechnung des Elterngeldes ausschlaggebend, von dem der Staat pauschal 21% für Kranken-, Pflege,- Arbeitslosen- und Rentenversicherung abzieht. Die realen Sozialabgaben sind dabei uninteressant. Diese vereinfachte Regel soll das Ausfüllen der Anträge und der Stadt die Verwaltung erleichtern. Vorteil ist die raschere Bearbeitung der Anträge und die schnellere Auszahlung des Elterngeldes. Kleiner Nachteil ist, dass die abgezogenen Pauschalsätze meist etwas höher als die realen Beitragssätze sind, was leider häufig etwas weniger Elterngeld bedeutet.

Ehepartner (dies gilt leider nur für verheiratete Paare) sollten sich rechtzeitig vor der Geburt des Kindes für eine geeignete Steuerklasse entscheiden, da man dadurch das Elterngeld aufstocken kann. Details bespricht man am besten mit einem Steuerberater. Wichtig ist, zu berücksichtigen, dass das Elterngeld zwar steuerfrei ist, allerdings für die Ermittlung des anzuwendenden Steuersatzes zum steuerpflichtigen Einkommen hinzugerechnet wird.

DARF MAN WÄHREND DER ELTERNZEIT ARBEITEN?

Jeder Elternteil in Elternzeit darf maximal 30 Stunden pro Woche arbeiten. Wenn man an einem Teilarbeits-Modell während der Elternzeit interessiert ist, sollte man das frühzeitig mit dem Arbeitgeber besprechen und schriftlich beantragen, damit er entsprechend planen kann.

WELCHE SONDERREGELUNGEN GIBT ES FÜR ALLEINERZIEHENDE?

Wenn man nicht mehr mit dem Vater bzw. der Mutter des Kindes zusammenlebt und vor der Geburt erwerbstätig war, hat man Anspruch auf die vollen 14 Monate Elterngeld.

WELCHE SONDERREGELUNGEN GIBT ES FÜR MEHRLINGSGEBURTEN?

Bei Mehrlingen erhält man seit einem Gerichtsentscheid vom 27. Juni 2013 für jedes einzelne neugeborene Kind das reguläre Elterngeld, bei Zwillingen gibt es also doppeltes Elterngeld.

WAS IST DER GESCHWISTERBONUS?

Als Anreiz, mehrere Kinder kurz hintereinander zu bekommen, gibt es einen Geschwisterbonus in Höhe von monatlich 10%, mindestens aber 75 Euro pro Monat. Voraussetzung ist, dass innerhalb von 36 Monaten nach der Geburt des ersten Kindes ein zweites geboren wird. Sobald das erste Kind älter als 36 Monate wird, entfällt die Zahlung der zusätzlichen 10%.

GIBT ES EINEN KÜNDIGUNGSSCHUTZ FÜR VÄTER?

Für Väter beginnt der Kündigungsschutz zum Zeitpunkt der Anmeldung der Elternzeit, frühestens acht Wochen vor deren Beginn. Er endet mit Ablauf der Elternzeit.

Da Väter ihre Elternzeit mindestens sieben Wochen vor Antritt anmelden müssen, haben sie somit eine einwöchige Periode, in der sie Elternzeit anmelden können und bereits Kündigungsschutz genießen.

BIS WANN MUSS DER ELTERNGELDANTRAG EINGEREICHT WERDEN?

Man hat bis zu drei Monate nach der Geburt Zeit, den Elterngeldantrag einzureichen und rückwirkend Elterngeld zu erhalten. Da der Antrag viel Papierkram bedeutet, ist unser Ratschlag, sich schon vor der Geburt alle Formulare zu besorgen und die benötigen Dokumente zusammenzusuchen. Man kann den Antrag auch online unter elterngeld.bayern.de ausfüllen. Er kann zwar erst zusammen mit der Geburtsbescheinigung nach der Geburt an die zuständige Elterngeldstelle geschickt werden. Es ist jedoch ein gutes Gefühl, den Papierkram bereits vorbereitet zu haben.

ZEIT FÜR DICH

München bietet viele Möglichkeiten, es sich in der Schwangerschaft gut gehen zu lassen und sich etwas zu gönnen. Jetzt ist die Zeit, dich verwöhnen zu lassen, ein gutes Buch zu lesen, auszugehen, dich mit Freunden zu treffen und nochmal die Zweisamkeit mit deinem Partner zu genießen.

Wenn es bereits das zweite oder dritte Kind ist, rückt der Wunsch „einfach mal" ausruhen zu können stärker in den Vordergrund. Sprich mit deinem Partner, welche Dinge er übernehmen kann, damit du Ruhepausen einbauen und in diesen entspannen kannst.

Aus dem mannigfaltigen Münchner Angebot stellen wir dir hier unsere Genießer-Favoriten vor und geben gute Tipps, wie du mit Gelassenheit, einem Wellness- und Wohlfühlprogramm, Sport und glücklich machenden Kleinigkeiten gut durch die Schwangerschaft kommst.

Massage, Spa und Wellness 💚

Während der Schwangerschaft ist dein Körper starken Belastungen ausgesetzt und benötigt viel Energie, um sich selbst und das Ungeborene zu versorgen. Deshalb ist es wichtig, dass du in den neun Schwangerschaftsmonaten gut auf dich achtest und dir und dem Baby regelmäßig etwas Gutes tust.

Massagen, Spa und Wellness eignen sich perfekt, um abzuschalten und zu genießen. Sie sind für Schwangere ein wahres Wohlfühlprogramm. Das gilt besonders im letzten Trimester, wenn die Schwangerschaft mühsam wird und Wehwehchen wie Rückenschmerzen, Wasser in den Beinen oder ähnlich unangenehme Begleiter auftauchen können. Zum Glück gibt es in München einige Wellness-Oasen und Hebammenpraxen, die ein maßgeschneidertes Programm für Schwangere anbieten.

Bei einer Massage ist wichtig, dass der Massierende von der Schwangerschaft weiß und sich auskennt, welche Techniken und Anwendungen in dieser Zeit das Richtige für deinen Körper sind. Bei der Schwangerschaftsmassage gibt es beispielsweise spezielle Positionen, Techniken und Hilfsmittel, die das Liegen während der Massage erleichtern. So gibt es in einigen Massagepraxen die Möglichkeit, die Behandlung auf einer Schwangerenliege mit Bauchloch durchzuführen. Viele Schwangere empfinden schon allein die Möglichkeit „auf dem Bauch zu liegen" als angenehme Abwechslung in den letzten Monaten der Schwangerschaft. Darüber hinaus entspannt die Massage und trägt dazu bei, dass du alles relaxt auf dich zukommen lässt.

Neben den münchen-spezifischen Massage- und Wellnessangeboten für Schwangere, gibt es in diesem Kapitel auch einige Wellnessprodukte, die du während der Schwangerschaft wunderbar zu Hause genießen kannst. 🥨

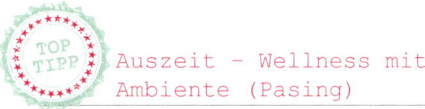

TOP TIPP

Auszeit – Wellness mit Ambiente (Pasing)
auszeit-muenchen.de
089 / 55 05 59 55
Gottfried-Keller-Str. 31
81245 München

Die AUSZEIT – WELLNESS MIT AMBIENTE hat Angebote für werdende Mamas entwickelt, die herrlich entspannen. So versprechen sie „Schwangere trotz des doppelten Gewichts leicht wie eine Feder fühlen lassen". Neben der einstündigen Massage auf der Schwangerenliege mit Bauchloch, gibt es mehrstündige Wellness-Pakete, bei denen du abschalten kannst. Eine schöne Terrasse und Partnerräume laden ein, dort mit Partner oder mit mehreren Freundinnen vorbeizuschauen und es sich gut gehen zu lassen.

In dem Paket **Mamas Verwöhnzeit** genießt du eine schmerzlindernde Schwangerenmassage, eine angenehme Wärmepackung für den Rücken und ein Fußbad mit anschließender Pediküre. Im **Kleinen Liebling** liegt der Fokus auf einer wohltuenden Gesichtsbehandlung und bei **Bald zu dritt** geht es im letzten Schwangerschaftsdrittel darum, Schwangerschaftsbeschwerden zu lindern. Wenn du dir gemeinsam mit deinem Partner einen schönen Tag machen möchtest, ist die „**Elternzeit** ideal, um die letzten Stunden zu zweit zu genießen. Die zwei- bis drei-stündigen Pakete liegen bei 109 Euro und aufwärts.

Hebammen Praxis Gabi's Nest (Altstadt)
gabis-nest.de
Details s. TEIL 1 * S. 15

In Gabis Baby- und Kosmetikstudio kannst du es dir während der Schwangerschaft rundum gut gehen lassen. Eine Heilpraktikerin bietet eine spezielle Schwangerschafts-Ganzkörpermassage an, bei der du auf der Seite liegst, massiert wirst und entspannst. Am Ende der Massagestunde darfst du dir ein Produkt für zu Hause aussuchen, z.B. ein Massageöl oder etwas für den Babybauch. Wenn du das Wohlfühlpaket verschenken möchtest, bekommst du in GABI'S NEST die entsprechenden Gutscheine. Eine

Stunde Schwangerenmassage kostet 40 Euro. Es gibt Rabatt, wenn du bei GABI bereits einen Geburtsvorbereitungs- oder Rückbildungskurs machst.

Ayurvedische Schwangerschaftsmassage (Schwabing)

hebammenpraxis-meinbaby.de
0152 / 10 54 03 42
Belgradstr. 14 * 80796 München

Zahra Shabani bietet in der Hebammenpraxis MEIN BABY ayurvedische Schwangerschafts- und Wochenbettmassage an. Diese tragen dazu bei, sich wohl und entspannt zu fühlen. Beliebt ist auch die Fußreflexzonenmassage. Pro Einzelbehandlung fallen 50 bis 80 Euro an.

Schwangerschaftsmassage Prinzregentenbad (Haidhausen)

swm.de
089 / 41 61 99 22
Prinzregentenstr. 80 * 81675 München

Der Massagebereich des PRINZREGENTENBADES ist angenehm warm, da er direkt an die Sauna anschließt. Man kommt dort an und fühlt sich fast wie in den Tropen, da fängt das Wohlfühlprogramm unmittelbar an. Die Terminvereinbarung erfolgt telefonisch, frage nach der Schwangerenmassage. Der Eingang von außen (ohne Saunabesuch) befindet sich in der Neherstraße 8. Für 40 Minuten Massage fallen 50 Euro und für eine Stunde Massage 75 Euro an.

Die Schwangerenmassage ist sehr angenehm und leicht esoterisch angehaucht. Wenn du dich auf die Massage konzentrierst, ist es der perfekte Entspannungsort. Bei so viel Wohlfühlfaktor ist es mir oft passiert, dass ich während der Massage eingedöst bin. (Janna mit A. und L.)

Sanaweda - Institut für Ayurveda (Glockenbach)

ayurvedainstitut-muenchen.de
089 / 20 90 08 36
Westermühlstr. 1 * 80469 München

Ruhe und Entspannung findest du im INSTITUT FÜR AYURVEDA im Münchner Glockenbachviertel. Warme Farben, viel Holz und sanfte Klänge begrüßen dich in den gemütlichen Räumlichkeiten. In einem Gespräch wird vorab geklärt, was für dich das Richtige ist. Das **Schwangerschafts-Verwöhnpaket** punktet mit Ganzkörpermassage und Gesichtsbehandlung und das **Streifenfrei-Schön-Paket** mit obligatorischer Streifenfrei-Massage. Die klassische Rückenmassage ist mit wachsendem Bauch bequem im angelehnten Sitzen möglich. Neben dem reinen Verwöhnprogramm werden auch Beschwerden wie Übelkeit, geschwollene Beine, Sodbrennen oder Rückenschmerzen gelindert. Die klassische 30-minütige Schwangerenmassage startet bei 39 Euro, die Preise für alle weiteren Pakete gibt es online zum Download.

Float (Altstadt, Schwabing, Haidhausen)

float.de
089 / 23 54 08 70
Tal 43 * 80331 München-Altstadt
089 / 33 03 97 31 * Feilitzschstr. 26
80802 München-Schwabing
089 / 62 18 96 78 * Lothringer Str. 2
81667 München-Haidhausen

Schweben wie ein Baby im Mutterleib und von angenehm warmen Salzwasser getragen werden, welche Schwangere wünscht sich das nicht? In München ist dies dreimal in den FLOAT-Centern in der Altstadt, in Schwabing und in Haidhausen möglich. Gerade wenn du von Rückenschmerzen geplagt wirst, schafft Floating Erleichterung. Der besonders hohe Salzgehalt im Wasser sorgt zudem für eine gleichmäßige Blutzirkulation und vermindert Ödeme in Armen und Beinen, da der Lymphfluss erhöht wird.

Werdende Mütter können sich etwa bis zur 37. Woche vom Floaten verwöhnen lassen. Darüber hinaus wird in den FLOAT-Zentren eine 30-minütige Schwangerenmassage für 35 Euro angeboten. Eine Stunde Floaten kostet 65 Euro.

Gutes Konzept, schöne Location, angenehme Massage – genau das Richtige zum Entspannen. Das Float-Gefühl fand ich mit dickem Babybauch einzigartig. (Anna Lena mit J.)

FLOAT

* Für alle, die gerne mit einer Freundin oder dem Partner gehen möchten sind die Paar-Becken ideal, in denen man gemeinsam Floaten kann.

. . . .
Therme Erding (Erding)
therme-erding.de
08122 / 22 70 20 0
Thermenallee 2 * 85435 Erding

Die THERME ERDING ist mehr als ein normales Schwimmbad und hat hier einen Platz als „Wellness-Oase" verdient. Genieße die Wärme und das tropische Flair der Therme, am besten unter der Woche, wenn es nicht so voll ist wie am Wochenende und die Eintrittspreise etwas günstiger sind. Wenn du ohne Kinder unterwegs bist, gönne dir den Eintritt in die Vital Oase, da es dort angenehm ruhig und entspannt ist. Die Tageskarte kostet 29 Euro plus 5 Euro für die Vital Oase. Am Wochenende kommen nochmal 4 Euro Wochenendaufschlag hinzu.

Unsere Lieblingsprodukte während der Schwangerschaft

. . . .
Glücksgefühl von bellybutton
bellybutton.de

Einen Gang zurück schalten und sich idealerweise vom Partner massieren lassen – das geht herrlich mit den Pflegeprodukten von BELLYBUTTON. Die Massageöle **Glücksgefühl** oder **Streifenfrei** verwöhnen Bald-Mamas in der Schwangerschaft. Zu kaufen z.B. bei Schlichting (s. TEIL 2, S. 86) im bellybutton-Geschenkset für etwa 25 Euro.

. . . .
Mama Serie von Bübchen
babyservice.de

Gut duftend ist die Schwangerschaftsserie „Mama" von BÜBCHEN. Die Pflege Lotion, die Duschcreme, vor allem aber das Massage-Öl gegen Dehnungsstreifen sind der perfekte Begleiter in der Schwangerschaft und darüber hinaus. So riecht für uns Entspannung! In fast allen Drogeriemärkten für etwa 6 Euro zu bekommen.

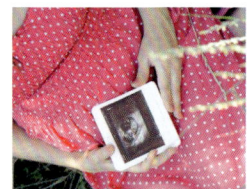

The over-worked mother's reviving Bath Herbs
themasterherbalist.co.uk

Herrlich zum Entspannen sind diese mit Kräutern gefüllte Bade-Teebeutel aus England, mit denen du ein gemütliches Bad nehmen kannst. Das tut gut nach einem anstrengenden Tag mit Babybauch! Du bekommst die typisch englischen Bade-Teebeutel online, vier Beutel für etwa 6 Euro. Allerdings kommen nochmal Versandkosten von etwa 8 Euro nach Deutschland hinzu, da lohnt es sich mehrere Produkte auf einmal einzukaufen, wie z.B. das Overworked Mother's Bath Oil, die Handcreme oder das Geschenkset dieser Serie.

Prisecco

Wenn du auf die Schwangerschaft oder die letzten Tage in „Freiheit" anstoßen möchtest, sind alkoholfreier Sekt oder Traubencuvée ideal. Beides ist gekühlt sehr lecker und garantiert ohne Alkohol. Der PRISECCO ist eine empfehlenswerte Variante auf Apfelbasis, zu bekommen z.B. online unter deliagenten.de ab etwa 8 Euro.

Schwangerentagebuch

Der Bauch wird runder, das Kleine zappelt wie wild und auf dem Ultraschall erkennt man schon das Näschen und die Zehen? Eine Schwangerschaft ist eine aufregende Zeit, die es lohnt in einem SCHWANGERENTAGEBUCH aufzuschreiben. Während des Schreibens kannst du dich schon darauf freuen, die Aufzeichnungen irgendwann später mit deinem Partner oder deinem kleinen Schatz gemeinsam anzusehen und sich an die Schwangerschaft zu erinnern. So schön schwanger gibt es für 16,90 Euro z.B. über amazon.de. Dort findest du auch den Nachfolge-Band So schön: Mein Baby.

Fit bis zur Geburt

Sport ist in jeder Phase der Schwangerschaft und zu jeder Jahreszeit zu empfehlen. Dein Wohlbefinden und die Gesundheit können durch Bewegung gesteigert werden, scheu dich daher nicht, dich weiterhin fit zu halten. Ein kleiner Hinweis: Wir empfehlen die Kurse, die uns und vielen unserer Freundinnen in der Schwangerschaft gut getan haben. Du weißt allerdings selbst am besten, was gut für dich ist und was nicht! **Daher mache jegliches Sportprogramm von deinem Wohlbefinden abhängig und sprich zuerst mit deinem Arzt oder deiner Hebamme.** Sie kennen deine körperliche Verfassung und können am besten beurteilen, welche Sportarten und Bewegungsintensität in der Schwangerschaft zu dir passen.

Denn besonders in der Schwangerschaft lautet die Devise: Nicht überanstrengen! Du solltest daher langsam beginnen und darauf achten, ob sich der Sport gut anfühlt. Es ist wichtig sich stets vor Augen zu halten, dass man keine sportliche Höchstleistung erbringen, sondern „nur" fit bleiben will. Neben der Teilnahme an offizieller Schwangeren-Fitness, kannst du Sport auch in der Schwangerschaft in den Alltag integrieren. Radfahren ist eine sanfte Sportart, um weiterhin aktiv zu bleiben. Auch ein Spaziergang tut bei jedem Wetter gut und versorgt dich und dein Baby mit reichlich Sauerstoff.

SCHWANGEREN-SPORT

* Für die Schwangerschaft eignet sich bequeme und umstandsfreundliche Sportkleidung, die gut sitzt und dir Halt gibt. Es müssen keine speziellen Umstands-Sportklamotten sein, sondern es reichen ein längeres T-Shirt, ein gut stützender BH und hochwertige Turnschuhe.

* Es ist wichtig, sich während der Schwangerschaft nicht zu überanstrengen. Sobald eine Übung unangenehm ist, sollte man damit aufhören und sich anstrengende Workouts für die Zeit nach der Entbindung aufheben.

Schwangeren-Yoga

Für Bald-Mamas ist Yoga ideal, denn es steigert das Wohlergehen der Schwangeren und des Ungeborenen. Meditation, Atemtraining und Dehnungsübungen sorgen für Ruhe und Ausgeglichenheit und fördern das seelische und körperliche Wohlbefinden. Yoga eignet sich also gut für Schwangere und liegt in München aufgrund seiner Vielfältigkeit und Sanftheit voll im Trend. Ein weiterer Anreiz des Schwangeren-Yogas ist, dass erlernte Atem- und Entspannungsübungen auch während der Geburt helfen und z.B. die Verarbeitung der Wehen erleichtern. Da sich nicht alle Yoga-Übungen für Schwangere eignen, solltest du entweder einen speziellen Schwangerschaft-Yogakurs besuchen oder den Kursleiter über deine Schwangerschaft informieren. Pro Yogastunde fallen 12 bis 16 Euro Kursgebühr an.

Yoga Mami & Me (Schwabing)
yoga-mami-me.de
0160 / 97 62 70 03
Belgradstr. 14 * 80796 München

YOGA MAMI & ME hat sich auf Schwangere und junge Mütter spezialisiert und bietet Schwangeren-Yogakurse und individuelle Einzelbehandlungen wie ayurvedische Massagen an.

Zu dem Schwangeren-Yogakurs im Mami & Me bin ich immer gern gegangen – die Atmosphäre und die Kursleiterin waren super nett. (Kerstin mit L.)

TriYoga Center (Altstadt)
triyogaflows.de
089 / 61 02 99 58
Tal 26 * 80331 München

Das TRIYOGA CENTER mitten im Zentrum bietet Schwangeren-Yogakurse, die dir helfen, eine gesunde Balance aus Bewegung und Ruhe zu finden. Spezielle Übungen kräftigen Hüften, Becken und Bauch. Der Kursraum ist hell und liegt im Dachgeschoss.

Hebammen Praxis München (Lehel)
hebammenpraxismuenchen.de
089 / 29 16 97 91
Details s. TEIL 1 * S. 17

Die HEBAMMEN PRAXIS MÜNCHEN bietet in einer hellen Altbauwohnung Yogakurse speziell für Schwangere an. Die festen Kurse laufen über sechs Wochen à 100 Minuten und es herrscht eine entspannte Atmosphäre.

Geburtsvorbereitendes Yoga im Bauchraum (Schwabing)
bauchraum-muenchen.de
Hohenzollernstr. 45 * 80801 München

Die Yogastunden im BAUCHRAUM bereiten Schwangere mit fließenden Yoga-Bewegungen, der Simulation der Geburtsphasen sowie Atem- und Entspannungsübungen intensiv auf die Geburt vor. Anfragen werden über die Webseite gerne entgegen genommen.

Lulu & Tintin – Pre-Natal Yoga (Haidhausen)
lulu-tintin.de
Details s. TEIL 1 * S. 30

In den LULU & TINTIN Pre-Natal-Yoga-Kursen ist die Kurssprache Englisch. Sanfte Übungen stärken den Körper für die Geburt und die Zeit danach und lösen Verspannungen in Schultern, Nacken und Rücken. Die Kurse können während der gesamten Schwangerschaft besucht werden. Interessant für Mütter, die ein internationales Netzwerk suchen.

SCHWANGEREN-YOGA

* Viele Yogakurse sind von den Krankenkassen als Präventionskurs anerkannt. Daher sollte man sich erkundigen, unter welchen Bedingungen die Krankenkasse Anteile der Kurskosten übernimmt. In der Regel ist das der Fall, wenn man einen festen Yogakurs bucht und diesen regelmäßig besucht.

JAYA Schwangeren-Yoga (Glockenbach)
jaya-yoga.de
089 / 12 01 44 94
Westermühlstr. 28 * 80469 München

JAYA YOGA besticht durch lichtdurchflutete Räume mit Bambusboden. Die authentischen Lehrer bieten kleine, individuelle Gruppen mit speziellem Schwangeren- und Rückbildungs-Yoga an. Bei JAYA kannst du dich für feste Schwangeren-Yogakurse einschreiben, deren Kosten häufig von der Krankenkasse übernommen werden oder du nutzt die Möglichkeit, spontan an den Kursen teilzunehmen.

Werkstatt 7 (Isarvorstadt)
werkstatt-7.de
089 / 51 71 76 40
Lindwurmstr. 7 * 80337 München

Amiena Zyllas schönes Yogastudio in einem alten Gewölbe ist eine wahre Yoga- und Wohlfühl-Oase für Schwangere.

Yogaschule München (Sendling)
yogaschule-muenchen.de
089 / 76 77 39 73
Plinganserstr. 8 * 81369 München

Die YOGASCHULE MÜNCHEN bietet Schwangeren mehrere Yogakurse früh am Morgen oder abends an. Die Kurse finden in hellen und freundlichen Räumlichkeiten statt. In den Stunden lernst du Bewegungsabläufe sowie Atem- und Konzentrationsübungen kennen, die deinen veränderten körperlichen und emotionalen Bedingungen angepasst sind.

Schwangeren-Yoga im Balance (Neuhausen)

balance-muenchen.de

089 / 12 39 13 42

Thorwaldsenstr. 31 * 80335 München

Angenehme rosa und lila Töne empfangen dich im privaten Frauen-Fitnessstudio BALANCE, das Schwangeren-Yoga anbietet. Atem-, Körper- und Entspannungsübungen stehen im Fokus des einstündigen Kurses. Gleichzeitig wirst du auf die bevorstehende Geburt vorbereitet und kannst die trainierten Entspannungsübungen während der Geburt anwenden.

hemma Yoga (Neuhausen)

hemma-yoga.de

089 / 12 12 72 48

Elvirastr. 4 * 80636 München

Jennifer Herzog leitet das HEMMA-YOGA-Studio, in dem sie mit einem großen Team jeden Tag Yogakurse anbietet. Die hellen Räume strahlen Leichtigkeit aus und sind perfekt zum Innehalten. Es gibt Schwangeren-Yoga, Mutter- und Baby-Yoga sowie „normale" Yogakurse. Alle Kurse haben die richtige Mischung aus anspruchsvollem körperlichen Workout und Entspannung.

YogaBee (Westend)

yogabee.de

089 / 41 14 26 50

Heimeranstr. 49 * 80339 München

Spezielle Entspannungs- und Atemübungen lösen Verspannungen und führen zu innerer Balance in der Schwangerschaft. Jede Teilnehmerin übt im Rahmen ihrer individuellen Möglichkeiten. Die meisten Kurse finden im YOGABEE-Studio im Westend und einige Kurse im Geburtshaus Neuhausen statt.

AquaSanum - Aquayoga mit Geburtsvorbereitung (Obermenzing)

aquasanum.de

089 / 87 18 15 55

Gebhardweg 3 * 81247 München

Das AQUASANUM bietet Yogakurse für Schwangere und geburtsvorbereitendes AquaYoga an. Das Gute am AquaYoga liegt in der Schwerelosigkeit des Wassers, das dich leicht und beweglich macht. Gleichzeitig werden insbesondere das Becken und der Beckenboden gedehnt und Schwangerschaftsbeschwerden gelindert. Die Yogakurse für Schwangere kannst du gut mit dem Schwangerenschwimmen und einem später folgenden AquaYoga-Rückbildungskurs kombinieren.

Schwangeren-Pilates

Pilates entspannt, stärkt und sorgt für eine gute Haltung. Es ist eine sanfte, aber überaus wirkungsvolle Trainingsmethode, deren Hauptaugenmerk auf der Körpermitte liegt. Pilates ist ideal für Schwangere, da gerade die Bauch- und Beckenbodenmuskulatur in der Schwangerschaft belastet wird und Stärkung braucht. Die Übungen kombinieren Bewegung, Konzentration und Atmung und können ohne Vorkenntnisse gemacht werden. Viele Pilates-Übungen führt man im Vierfüßlerstand aus, genau das Richtige, um den geplagten Rücken zu entlasten. Zum Ende der Schwangerschaft hin trägt diese Haltung dazu bei, das Ungeborene in die richtige Startposition zu bringen.

Als Unterschied zum normalen Pilates sollten während der Schwangerschaft die geraden Bauchmuskeln, z.B. durch Sit-ups, nicht beansprucht werden, da sie den Unterleib zusammenpressen und die Bauchdecke verkürzen. Genauso sind speziell die Bauch- oder Rückenlage ab Mitte der Schwangerschaft nicht mehr empfehlenswert. Um die Übungen perfekt auf deine Situation abzustimmen, besuche entweder einen Schwangerschaftspilateskurs oder informiere deinen Pilates-Trainer über deine Schwangerschaft. Auch mit deinem Arzt solltest du über die Pilates-Pläne reden und dir sein „ok" holen. Ähnlich wie bei Yoga, kosten die Pilatesstunden je nach Anbieter zwischen 10 und 16 Euro pro Kursstunde.

Viele der zuvor vorgestellten Yoga-Studios haben Pilateskurse im Programm und auch in einigen Münchner Geburtskliniken und Hebammenpraxen kannst du Schwangeren-Pilates machen. In Summe ist das Schwangeren-Pilatesangebot in München jedoch beschränkter als die Schwangeren-Yogakurse. Unsere Favoriten haben wir für dich hier zusammengestellt.

UNSER TIPP
SCHWANGEREN-PILATES

* Pilateskurse werden als Präventionskurse von der Krankenkasse bezuschusst. Es lohnt, sich zu erkundigen, unter welchen Bedingungen die Krankenkassen die Kurse unterstützen. Häufig ist das der Fall, wenn man einen festen Kurs über einen längeren Zeitraum bucht und an diesem regelmäßig teilnimmt.

Pilates im Powerhaus (Lehel)
powerhaus-muenchen.de
089 / 21 11 12 78
Steinsdorfstr. 12 * 80538 München

Privates, kleines Fitnessstudio, in der zwei ausgebildete Beckenbodentrainerinnen Pilateskurse für Schwangere anbieten. Die Kurse sind wegen den netten Kursleiterinnen sehr beliebt. Weitere angebotene Kurse sind Schwangerschaftsgymnastik, Rückbildungsgymnastik, Beckenbodengymnastik oder Schlingentraining.

Schwanger und aktiv mit Pilates im Elternzentrum Taxisstraße (Neuhausen)
rotkreuzklinikum-muenchen.de/frauenklinik_muenchen.html
089 / 15 70 60
Taxisstr. 3 * 80637 München

Sabine Krause leitet verschiedene Pilateskurse im ELTERNZENTRUM DER TAXISKLINIK. Ihre Kurse sind beliebt und laufen bereits seit mehreren Jahren. Zielgruppe sind Schwangere und junge Mütter, die in Form bleiben wollen.

Zuckertag (Glockenbach)
zuckertag.com
089 / 20 32 07 19
Ehrengutstr. 10 * 80469 München

In den großzügigen Kursräumen des ZUCKERTAGS finden Schwangerschaftsyoga, Jivamukti-Yoga und Pilateskurse statt. Praktischerweise ist ein gemütliches Café angegliedert, in dem man nach dem Sport einen Kaffee trinken kann.

Schwimmen und Wassergymnastik

Schwimmen ist ein idealer Sport für Schwangere, da im Wasser das zusätzliche Gewicht deutlich weniger stört. Trotz Babybauch spürt man ein Gefühl von Schwerelosigkeit und auch gegen Rückenschmerzen ist Schwimmen in der Schwangerschaft ideal. Ein weiterer großer Vorteil ist die ausgesprochen geringe Verletzungsgefahr, da Gelenke, Muskulatur und Rücken im Wasser geschont werden. Außerdem regt Schwimmen den Kreislauf an, verbessert die Körperhaltung und stärkt die Muskulatur. Bevor du aber ins Nass abtauchst, besprich dies mit deinem Gynäkologen, um mögliche Komplikationen auszuschließen. Als geübte Schwimmerin kann man normalerweise mit dem Trainingspensum weitermachen, als Neuling sollte man es jedoch langsam angehen lassen. In speziellen Schwangerenschwimmkursen oder Aquafitness triffst du auf andere Schwangere, mit denen du dich austauschen und neue soziale Kontakte knüpfen kannst. Die Kurse in den städtischen Bädern kosten inklusive Schwimmbadeintritt etwa 11 Euro pro Kursstunde. Bei den privaten Anbietern bezahlst du etwa 15 Euro pro Stunde und bist häufig nur für den Kurs im Schwimmbad, da es keinen regulären Schwimmbetrieb für Erwachsene gibt.

· ·

Fit für 2 im Nordbad (Schwabing)

swm.de

089 / 23 61 50 50

Schleißheimer Str. 142 * 80797 München

Das Schwangerenschwimmen im Schwabinger NORDBAD findet einmal wöchentlich nachmittags ohne feste Kursanmeldung statt.

Schwangerenschwimmen – Fit für 2 im Müllerschen Volksbad (Haidhausen)

swm.de

089 / 23 61 50 50

Rosenheimer Str. 1 * 81667 München

Wer es gerne stilvoll hat, besucht den Schwangerenschwimmkurs im MÜLLERSCHEN VOLKSBAD und macht die Übungen in dem prächtigen Jugendstilambiente. Zu den Kursen kannst du spontan dazukommen.

· ·

Wassergymnastik für Schwangere im blubb (Solln)

blubb-aktiv.de

089 / 54 78 94 44

Franz-Kaim-Str. 15 * 81479 München

Das BLUBB-Aktiv-Wellnesscenter in Solln ist der richtige Ort, um sich als Schwangere angenehm „leicht" zu fühlen. Im warmen Wasser machst du gelenkschonende Übungen, bei denen du die zunehmende Last deines Körpergewichtes nicht mehr spürst. Die kleinen Gruppen mit nur fünf Teilnehmerinnen ermöglichen einen intensiven Austausch zwischen den Schwangeren. BLUBB bietet auch Rückbildung im Wasser an.

· ·

Schwangerenschwimmen im AquaSanum (Obermenzing)

aquasanum.de

Details s. TEIL 1 * S. 47

Das AQUASANUM hat einen festen Schwangerenschwimmkurs im Programm. In den Kursstunden triffst du immer wieder auf die gleichen Frauen und kannst so einfach Kontakte zu anderen Bald-Mamas knüpfen.

Babyshower

Du möchtest eine echte Babyparty mit deinen Freundinnen vor der Geburt feiern? Dann organisiere doch eine „Babyshower", ein typisch amerikanischer Brauch, bei dem sich alles um die Schwangere und ihr Ungeborenes dreht.

Traditionell laden die Freundinnen der werdenden Mutter zu einem Kaffeetrinken ein, um die Schwangere mit Geschenken für sie und ihr Baby zu „überschütten". Die Feier findet etwa sechs Wochen vor dem errechneten Geburtstermin statt, es wird gegessen, gequatscht, gelacht, beglückwünscht und beschenkt. Zur Babyshower gehören traditionell Baby-Deko, Partyspiele, Delikatessen wie eine Windeltorte, bunte Muffins und lustige Freundinnen, die mit dir das ungeborene Baby feiern.

Auf mycitybaby-muenchen.de findest du Cafés zum Feiern einer Babyshower wie das Café de Bambini (Schwabing) und Webseiten wie my-babyshower.de oder ladiesandbabies.de mit Ideen rund um das Thema Babyshower.

Als Anregung für schöne Babygeschenke, haben wir dir einige Babyshower- und Geburtsgeschenkideen zusammengestellt.

* Windeltorte mit Neugeborenen-Accessoires (gesehen bei dm)

* Bunte Wimpelketten aus Stoff fürs Kinderzimmer (gesehen bei dawanda.com)

* Babydecken, z.B. von koeka (gesehen bei Glückspilz, Haidhausen)

* Massageöl, z.B. Mama Serie von Bübchen (gesehen bei dm)

* Gutschein, z.B. für das erste Babysitten oder ein selbstgekochtes Mittagessen nach der Geburt (selbstgemacht)

* Süßer Body, z.B. von Petit Bateau (gesehen bei Petit Bateau, Altstadt)

* Puckschnecke (gesehen bei Der Laden, Sendling)

* Gehäkeltes Stofftier, z.B. von anne-claire petit (gesehen bei Lili & Milou, Schwabing)

* Spieluhr, z.B. von Käthe Kruse (gesehen bei Flügels Spiel- und Holzwerkstatt, Neuhausen)

* Erstlingsbesteck (gesehen bei WMF, Altstadt)

Praktische Tipps für die Tage vor der Geburt

Zu Beginn deines „Mama-Lebens" wirst du wahrscheinlich froh sein, dich voll und ganz auf dein Neugeborenes konzentrieren zu können. Daher nimm dir vor der Geburt nochmal intensiv Zeit für dich und verbringe einige schöne Stunden mit deinem Partner. Empfehlenswert ist außerdem, bereits im Mutterschutz Erledigungen wie den Elterngeldantrag oder die Suche nach einem Kinderarzt zu erledigen. Dies wird dir das Leben in der ersten Zeit mit Baby bestimmt erleichtern.

* Es ist wichtig, bereits vor der Geburt mit dem Partner zu besprechen, wie ihr beide euch die Zeit nach der Geburt vorstellt und in welchen Bereichen er dich unterstützen kann.

* Nach der Geburt sollte jemand für dich da sein und dir helfen. Dies sind im Idealfall dein Partner, Familie oder Freunde, aber auch professionelle Anlaufstellen wie Wellcome (s. HOT TOPIC, S. 80) bieten bei Bedarf Hilfe nach der Geburt an.

* In der ersten Zeit mit deinem Neugeborenen wirst du kaum zum Kochen kommen. Eine gute Idee ist bereits im Mutterschutz einige Gerichte vorzukochen, denn gerade wenn du stillst hast du einen Bärenhunger und freust dich über ein leckeres Essen. Eine weitere Alternative ist der Lieferservice von Mothers Finest (mothersfinest.org, 089 / 54 04 34 00). Das Mothers Finest Ernährungsteam kocht leckere Gerichte aus biologischen Zutaten speziell für werdende und stillende Mütter. Das Essen ist in Weckgläsern praktisch verpackt und liefert für die Zeit der Schwangerschaft und des Wochenbetts die notwendige Energie.

* Wenn es die Schwangerschaft erlaubt ist es toll, einen schönen Urlaub zu machen und Freiheiten wie das Ausschlafen ohne Kind zu genießen.

* Der erste Kino- oder Theaterbesuch nach der Geburt kann etwas dauern. Daher raten wir in der Schwangerschaft nochmal Abendveranstaltungen dieser Art mit Freunden auszumachen.

* Es ist eine gute Idee, vor der Geburt noch einmal zum Friseur zu gehen – wer weiß wann du wieder dazu kommen wirst.

* Viele Krankenkassen zahlen einen Teil der Gebühren, wenn die Vorsorgeuntersuchungen medizinisch sinnvoll und die Kursleiter zertifiziert sind. Erkundige dich daher bei deiner Krankenkasse, welche Vorsorgeuntersuchungen, Geburtsvor- und Nachbereitungskurse übernommen werden und welche Nachweise du dafür einreichen musst.

* Falls du einen Gipsabdruck von deinem Babybauch machen möchtest, solltest du dir früh genug die entsprechenden Materialien besorgen. Diese bekommst du in jedem größeren Babyfachmarkt als Set zu kaufen. Schön ist es, wenn du mit deinem Partner ein Event aus dem Gipsabdruck machst. Wer es professioneller haben möchte, kann einen Babybauchabdruck in München auch von einem Profi machen und bemalen lassen. Die Kosten für den Gipsabdruck liegen bei etwa 70 Euro. Bei Interesse kann man sich z.B. an Nadine Hässler unter bauchzauber.com, 0160 / 35 44 44 4 wenden.

* Wenn du schon ein oder mehrere Kinder hast, bereite die Großen auf die Veränderung vor und verbringe nochmal intensiv Zeit mit ihnen.

* Überlege dir, ob das Neugeborene den großen Geschwistern ein kleines Geschenk mitbringen möchte, über das sich die älteren Kinder freuen.

SCHMÖKERN UND STÖBERN

Während der Schwangerschaft wirst du wahrscheinlich völlig neue Lektüre in die Hand nehmen. Alles rund um Schwangerschaft, Geburt und Kinder ist plötzlich hochinteressant. Neben den gebundenen Klassikern der Schwangeren- und Elternliteratur, gibt es eine Reihe guter Magazine, die dich auf die vor dir liegende Zeit einstimmen. Insbesondere einige modernere Zeitschriftenformate machen Lust auf Lesen. Von Erziehung über Ernährung bis Lifestyle ist alles dabei.

Empfehlenswert sind auch die (zwei-) monatlich erscheinenden Münchner Elternmagazine, die kostenlos an vielen Orten rund ums Kind ausliegen. Sie fassen angesagte Kinder-Aktivitäten und Münchner Angebote in einem Kalender zusammen und bieten darüber hinaus wertvolle Informationen zum Leben mit Kind.

Auch das Internet bietet unzählige Webseiten zum Thema Schwangerschaft und Familie. Webseiten sind besonders praktisch, wenn du brandaktuelle Infos, wie Münchner Kinderflohmarkttermine, Suche/Biete oder Baby-Kursinformationen suchst.

WE LOVE!

Familien-Stadtmagazine ♥

Lieblings-Familien-Stadtmagazine ♥

Die meisten der (zwei-) monatlichen Familien-Stadtmagazine fassen angesagte Münchner Kinder-Aktivitäten, Orte und Veranstaltungen in einem Kalender zusammen. Sie sind kostenlos und liegen z.B. in Kindergeschäften, Cafés oder Geburtskliniken aus. Unsere drei Favoriten sind die Stadtmagazine KITZ, KIDSGO und HIMBEER. Während KITZ und KIDSGO schon über zehn Jahre auf dem Markt sind, erscheint die HIMBEER München seit April 2012.

TOP TIPP

HIMBEER
himbeer-magazin.de/muenchen/ausgaben/

HIMBEER München ist ein junges Stadtmagazin, das alle zwei Monate erscheint und sich in einem trendigen Design präsentiert. Es lohnt der Blick hinein, denn HIMBEER stellt saisonale Aktivitäten und Trends vor, lässt die Männer zu Wort kommen und empfiehlt Bücher und Filme für Kinder. Das Stadtmagazin gibt einen guten Überblick, was täglich für Kinder in München geboten ist. Wenn du auf das Magazin nicht mehr verzichten möchtest, kannst du es dir gegen einen Unkostenbeitrag von 12 Euro im Abo nach Hause liefern lassen. Kostenlos liegt es z.B. in vielen Kindergeschäften sowie der Bäckerei Hofpfisterei aus.

Kitz
kitz-magazin.de

KITZ ist ein regionales Familienmagazin mit ansprechender und moderner Aufmachung. Die Artikel sind interessant geschrieben und der Fokus liegt auf jahreszeitbezogenen Angeboten und Informationen. So widmet sich eine Ausgabe, z.B. umfassend dem Thema Fasching während eine andere im Detail die besten Sommerausflüge vorstellt. Du bekommst die KITZ in vielen Kinderläden.

Kidsgo
kidsgo.de

KIDSGO erscheint viermal im Jahr und ist ein Klassiker für Schwangere und junge Familien. Kernstück von KIDSGO ist der regionale Terminkalender mit Kursen und Veranstaltungen. Die Zeitschrift bietet einen umfangreichen regionalen Schwangeren- und Kinder-Veranstaltungskalender mit jeder Menge aktueller Kurse. Außerdem gibt es in jedem Heft allgemeine Infos rund um das Thema Kinderwunsch, Schwangerschaft, Geburt, Baby und Kleinkind. Die KIDSGO ist kostenlos und du erhältst das Magazin in vielen Frauenkliniken, bei Frauen- und Kinderärzten, in Hebammenpraxen oder in ausgewählten Geschäften.

Zwergerl Magazin
zwergerlmagazin.de

Das ZWERGERL MAGAZIN greift kind-bezogene Themen und saisonale Schwerpunkte wie „Kindertage im Schnee" auf. Gut gefällt uns, dass auch Aktionen und Wanderungen im Münchner Umland vorgestellt werden. Die Aufmachung des Magazins ist vergleichsweise konservativ. Du bekommst das ZWERGERL MAGAZIN in vielen Kindergeschäften.

WE LOVE!

Webseiten & Blogs ♥

Lieblings-Webseiten und Blogs rund ums Münchner Kindl

Das Internet bietet eine Fülle von Informationen rund um das Thema Familie und Kind. Es gibt für jeden Geschmack und jede Art des Informationsbedarfs das richtige Webseitenformat. Da die Anzahl der Webseiten täglich steigt, stellen wir dir unsere Favoriten für München vor.

TOP TIPP

mycitybaby-muenchen.de
➲ Infos und Locations

Die Webseite zu unserem Buch bietet aktuelle Themen rund um Schwangere, Babys und Kleinkinder in München. Es gibt praktische Checklisten für den Klinikkoffer, die Erstausstattung oder die erste Reise mit Baby. Außerdem findest du die besten Restaurants und Biergärten mit Kindern inklusive Bewertungen von Münchner Müttern.

aroundaboutmunich.de
➲ Blog

Ein Freizeitblog für Münchner Familien, der im Januar 2013 online gegangen ist. Inken Pauli, selbst Mutter, erzählt regelmäßig über ihre Erfahrungen mit Kindern und gibt gute Tipps für Ausflüge rund um München. Schöne Wege mit Kinderwagen, gemütliche Hütten im Bergland oder auch mal das Lieblingsrezept ihrer Kinder.

cappumum.com
➲ Blog

Die CAPPU MUM heißt eigentlich Claire, ist Mama und wohnhaft in der Münchner Maxvorstadt. Sie schreibt in ihrem Blog authentisch über München, Fashion und Lifestyle für Mamas. Es gibt jede Menge Anregungen für stylische Locations, Beschäftigungen mit Kindern, Modetrends für Mamas & Babys oder familientaugliche Restaurants.

frau-mutter.com
➲ Blog

Zwar kein typischer Münchner Blog, aber weil er so amüsant ist, verdient er hier ein Plätzchen. Nina, eine Mama am Rande des Nervenzusammenbruchs spricht mit einer gehörigen Portion Humor über die „Ups and Downs" des Mutterseins. Nina über sich: *„Ich liebe meine Kinder, nur nicht nachts. Oder bei Trotzanfällen oder Mittelohrentzündungen oder beim Zahnen. Oder vor der Supermarktkasse."*

isar-mami.de
➲ Blog

Die ISAR-MAMI, Mitte 20, ein Sohn, erzählt in diesem Blog über ihr Leben mit Kind in München. Sie gibt Tipps zu Spielplätzen, kinderfreundlichen Cafés oder Ausflugszielen für die ganze Familie. Daneben gibt es die Kategorien 30-Minuten-Rezepte oder Do it yourself.

babynews.de
➲ Termine * Suche/Biete * Forum

BABYNEWS gibt einen guten Überblick über aktuelle Flohmärkte in und um München und bietet eine aktive Suche/Biete-Sparte mit guten Kinder-Secondhandartikeln.

Außerdem wird sich eifrig im Forum ausgetauscht und es werden eine ganze Reihe allgemeiner und lokaler Infos gegeben, z.B. zur Kinderbetreuung in München.

mit-marie.de
➲ Locations

MIT-MARIE zeigt, in welchen Münchner Cafés, Biergärten und Restaurants Kinder willkommen sind und welche Besonderheiten jede Location bietet. Das können der Kinderbereich im Restaurant, ein Spielplatz nebenan oder spezielle Kindermenüs sein. Auch beim Thema „Reisen" sind Familien bei MIT-MARIE richtig, denn Eltern berichten auf der Webseite über Hotels und Urlaubserlebnisse. Unter der Rubrik WENN DER BABYSITTER ZEIT HAT gibt es wertvolle Tipps für einen schönen Abend zu zweit.

himbeer-magazin.de/muenchen/
➲ Termine und Locations

HIMBEER überzeugt durch ihr modernes Design, interessante Beiträge und viele Onlineshop-Empfehlungen. Ein Kalender gibt einen tagesaktuellen Überblick über Münchner Kinderaktivitäten, Kurse und Termine.

kidsgo.de
➲ Termine und Kurse

KIDSGO legt einen deutlichen Fokus auf Kursangebote für Schwangere und Mütter mit Babys und jüngeren Kindern. Es gibt die Möglichkeit, Kurse, Flohmärkte oder Beratungsangebote nach Stadtbezirk in verschiedenen Städten Deutschlands, so auch München, auszuwählen.

kitz-magazin.de
➲ Termine und Kurse

Auf der KITZ-Webseite findest du das ganze Jahr über relevante Themen für Münchner Eltern, z.B. einen

umfassenden Kalender mit Kinderaktivitäten und eine hilfreiche Übersicht über Münchner Orte für Kindergeburtstage.

kimapa.de
➲ Termine und Infos

KIMAPA ist ein neu gegründetes Münchner Familienportal, hinter dem die zwei Mütter Isabella Pfaller und Layla Bashi-Müller stehen. Die beiden sammeln interessante Angebote, Kurse und Ausflugsideen für Münchner Mütter und geben ihr Wissen über KIMAPA weiter. Der Schwerpunkt der Seite liegt auf Angeboten im Münchner Osten.

pomki.de
➲ Termine und Infos

POMKI ist das offizielle Kinderportal der Stadt München und hat einen guten Veranstaltungskalender für Kinder und Familien der Landeshauptstadt München. Es richtet sich offiziell an Kinder im Alter von sechs bis zwölf Jahren, allerdings gibt es auch für kleinere Kinder gute Ideen und Tipps.

schwangerinmuenchen.de
➲ Infos und Locations

Gute Webseite in schickem Design, die dir einen lokalen Überblick über alles rund um die Schwangerschaft verschafft, z.B. über Münchner Kurse, Krankenhäuser, Frauenärzte, Krippen oder Beratungsstellen. Praktisch sind die Checklisten von SCHWANGER IN MÜNCHEN für Erledigungen rund um die Geburt.

SABRINA HEZINGER

MIT SABRINA HEZINGER * SCHWANGERINMEINERSTADT.DE

Sabrina Hezinger ist seit vielen Jahren als Designerin in der Werbebranche unterwegs. Sie lebt in Berlin und München und ist gemeinsam mit Sandra Thumm die Gründerin der Webseite schwangerinmeinerstadt.de.

WIE SIND SIE AUF DIE IDEE FÜR „SCHWANGERINMEINERSTADT" GEKOMMEN?

Meine Schwägerin und viele Freundinnen waren 2011 schwanger. Viele von ihnen beschwerten sich, dass es im Netz zwar schöne und informative Seiten gäbe, es aber schwierig sei, die lokalen Dienstleister und Anlaufstellen auf einen Blick zu erfassen. Das Angebot war wenig vielversprechend und das sollte sich ändern – die Idee zu schwangerinmeinerstadt.de war geboren. Ich habe dann meine langjährige Freundin und Kollegin Sandra Thumm an Bord geholt. Nach neun Monaten Vorlaufzeit gingen wir im März 2012 mit den ersten beiden Städteportalen schwangerinmünchen und schwangerinberlin live.

WAS FÜR INFOS BEKOMMT MAN AUF „SCHWANGERINMEINERSTADT" UND WAS MACHT „SCHWANGERINMEINERSTADT.DE" BESONDERS?

schwangerinmeinerstadt.de ist ein Infoportal mit vielen Fachartikeln zu den Themen Kinderwunsch, Schwangerschaft, Babys und Kleinkinder. Unter schwangerinmeinerstadt.de finden sich außerdem elf lokale Städteportale wie schwangerinmuenchen.de. Zukünftige Mütter

erhalten Antworten auf ihre Fragen, z.B. in Form von lokalen Informationen zu Ärzten, Hebammen, Kliniken, Kinderbetreuung und Kursen vor und nach der Geburt.

Unsere Besonderheit ist sicher der lokale Ansatz. Es gibt viele Webseiten rund um Schwangerschaft und Babys – wir sind aber das einzige Portal, das regionale Inhalte übersichtlich darstellt. Unser Portal erleichtert durch persönliche Checklisten die Behördengänge und Erledigungen. Hier kann angegeben werden, ob man verheiratet oder alleinerziehend ist, angestellt oder selbständig, ein oder zwei Kinder bekommt und erhält sofort auf den Nutzer zutreffende Informationen – inklusive Behördenadressen, Anträgen und Öffnungszeiten.

BRAUCHTE ES MUT, DEN SCHRITT IN DIE SELBSTSTÄNDIGKEIT ZU WAGEN?

Sandra Thumm und ich haben uns bereits vor schwangerinmeinerstadt.de oft als Team vermarktet – ich als Designerin und sie in der Beratung. So kannten wir unsere Arbeitsweise gut und waren bereits stresserprobt. Wir hatten lange nach einer Idee für ein eigenes Unternehmen gesucht – ich bin dankbar, dass meine Freundinnen

so viel jammerten – sonst wäre ich nicht auf die Idee des Onlineportals gekommen. Man braucht definitiv Mut, aber noch wichtiger ist, einen guten Business- und Finanzplan zu haben und nicht zu blauäugig an die Sache ranzugehen. Man muss sich anfangs seinen Platz im Markt hart erkämpfen und man sollte gut vorsorgen, um in der Gründungsphase finanziell abgesichert zu sein. Neben Herzblut, harter Arbeit und dem Glauben an die Idee, muss so ein Unternehmen natürlich auch ordentlich vermarket werden, was leider mit hohen Kosten verbunden ist.

WELCHE ERFAHRUNGEN HABEN SIE SEIT DER GRÜNDUNG GEMACHT?

Wir haben viele positive Erfahrungen gemacht. Das Schönste sind für uns unsere Endverbrauchermessen. Wir sind im Jahr auf ca. sechs Babymessen mit einem Stand vertreten (so auch auf der Babywelt München) wo wir direkten Kontakt mit unseren Kundinnen haben, diese beraten können und positives Feedback bekommen. Letztes Jahr besuchten uns sogar ein paar Mütter mit ihrem Baby, die im Vorjahr noch schwanger bei uns am Stand standen und bedankten sich für die vielen Ratschläge. Das zaubert uns jedes Mal ein Lächeln ins Gesicht. Wir versuchen also trotz des eher „anonymen" Internets viel Kontakt zu unseren Usern aufzubauen. Außerdem tun wir viel für lokale soziale Einrichtungen. Es ist immer ein Highlight wenn wir die Schecks von unseren Spendenaktionen überreichen können. Dann geht's uns gut.

WIE SIEHT IHR ALLTAG BEI „SCHWANGERIN-MEINERSTADT.DE" AUS?

Seit Beginn haben wir ein tolles Team, verteilt auf zwei Büros in München und Berlin. Jeder Kollege hat bei uns seinen Schwerpunkt, aber es bringt doch jeder bei allen Projekten seine Ideen ein. Ich denke, das ist das Attraktive an einem Start-Up, man kann in alle Bereiche reinschnuppern und es wird nie langweilig. Lustig ist auch, dass mindestens an einem Rechner in München immer eine Video-Skype-Verbindung nach Berlin steht, d.h. gefühlt sitzen alle irgendwie zusammen.

WAS MACHT IHNEN AN IHREM JOB ALS GESCHÄFTSFÜHRERIN AM MEISTEN SPASS?

Auch bei mir ist es sicherlich die Vielfalt. Manchmal bin ich wie früher Designerin und bastele ein Magazin, Anzeigen oder Banner. Dann führe ich wieder Verhandlungen mit Großkunden, mache Buchhaltung oder bin in Deutschland auf Vertriebstour unterwegs. Viele meiner Bekannten jammern, wenn sie beruflich auf eine Messe müssen, für mich ist das ein Highlight. Ist vielleicht etwas anderes, wenn es das eigene Unternehmen ist. Persönliches Feedback finde ich, wie oben erwähnt, sehr spannend und liebe den Kontakt zu vielen verschiedenen Menschen.

HABEN SIE EINE SHOPPING EMPFEHLUNG FÜR MÜTTER IN MÜNCHEN?

Ich mag den Laden „Engel & Bengel" in Haidhausen. Der ist fünf Minuten von unserem Büro entfernt und einfach zauberhaft. Frau Lock, die Besitzerin, hat uns vom ersten Moment an unterstützt. Ich kann mich erinnern, dass ich vor drei Jahren nur mit einem Ausdruck und der Idee zu ihr kam und sie mich gleich herzlich empfangen hat und von der ersten Stunde an mit an Board war. Auch zu Herrn Gremmler vom „Kinderzimmer" in Schwabing haben wir ein tolles Verhältnis. Wenn sich jemand mit Kinderzimmerplanung auskennt, dann er. Die Sachen, die er anbietet sind super schön.

HABEN SIE SONST NOCH EINEN LETZTEN TIPP FÜR UNSERE FAMILIEN?

Gönnt euch auch mal Zeit für euch selbst und geht das „Abenteuer Baby" mit Geduld und Humor an.

WE LOVE!
Bücher & Zeitschriften ♥

Als Bald- und Jung-Mama wird man im Buchhandel fast erschlagen von der großen Menge an Schwangerenliteratur und Erziehungsratgebern. Aus diesem großen Angebot haben wir unsere Lieblingsbücher ausgewählt. Einerseits echte Mama-Klassiker, anderseits lockere und leichte Schmunzel-Literatur, die Spaß am Lesen verbreitet. ✎

Lieblings-Bücher ♥

Die Hebammensprechstunde (Ingeborg Stadelmann)
➲ Sachbuch/Ratgeber

Dieser Klassiker ist eine gute Vorbereitung für werdende Eltern. Es gibt ausführliche Informationen zur Schwangerschaft, zur Geburt und zum Wochenbett. Die HEBAMMENSPRECHSTUNDE ist eine Fundgrube für alle, die detaillierte Informationen über natürliche Schwangerschaft, Geburt und das Wochenbett suchen (22,50 Euro).

Mir hat das Buch Sicherheit vermittelt und Antworten auf Fragen gegeben wie „was kommt auf mich zu?" oder „wie kann ich Dinge in den Griff bekommen?". Es thematisiert offen mögliche Komplikationen, spendet aber gleichzeitig Vertrauen in die natürlichen Abläufe und altbewährte Hausmittel. Weiterhin zeigt es alternative Heilmethoden im *Bereich der Homöopathie oder Aromatherapie auf. Teilweise ist es sehr detailliert, aber es war das einzige Buch, das ich regelmäßig gelesen habe. (Daniela mit L. und E.)*

Babyjahre (Remo H. Largo)
➲ Sachbuch/Ratgeber

BABYJAHRE zeigt die Entwicklung und Erziehung von Kindern in ihren ersten vier Lebensjahren auf und ist in verschiedene Kategorien wie Motorik, Schlafverhalten, Schreiverhalten, Spielverhalten oder Ernährung eingeteilt. Das Buch hilft, besser zu verstehen, in welchen Phasen sich das Kind gerade befinden und warum z.B. die Trotzphase so wichtig ist. Es ist eine gute Mischung aus Studien, Forschung und gesundem Menschenverstand (12,99 Euro).

In Largos Standardwerk geht es darum, die Einzigartigkeit und Eigenart von Kindern und ihren Lernprozessen anzuerkennen. Statt in einen Förderwahn zu verfallen, soll man lieber individuell fördern und dem Kind das geben, was es in seiner speziellen Situation benötigt. (Eva mit H. und C.)

Ich bin dann mal Zwei (Liz Fraser)
➲ witziger Erfahrungsbericht

Die Engländerin Liz Fraser beschreibt auf Basis ihrer eigenen Schwangerschaften locker und witzig ihre Erfahrungen und wie es sich anfühlt, ein Kind zu bekommen. Die klassischen Themen von Schwangerschafts- und Babybüchern streift sie nur am Rande, vielmehr gibt sie lebensnahe Tipps für die neun Monate der Schwangerschaft und das Leben danach. Auf Fotos wird komplett verzichtet, vielmehr zeichnet sich das Buch durch Icons und Illustrationen aus (17,99 Euro).

Liz Fraser hat einen offenen und witzigen Schreibstil, der ähnlich einem Roman richtig Spaß macht zu lesen. Sie ist dabei ehrlich und spricht auch unangenehme Themen humorvoll an. Mir hat besonders gefallen, dass Liz Fraser im ganzen Buch authentisch wirkt. (Sonja mit J. und M.)

Das Mami Buch (Katja Kessler)
↻ Sachbuch/Ratgeber

Das MAMI BUCH hebt sich optisch durch die ansprechende Aufmachung vom Rest der Babylektüre ab. Schön ist die Fotostrecke, die eine schwangere Frau durch die gesamte Schwangerschaft, während der Geburt und die zehn Monate danach begleitet. Praktisch sind die Infos und Checklisten zum Herausnehmen (26,95 Euro).

Positiv fand ich, dass das Mami Buch nicht nur den Zeitraum bis zur Geburt, sondern auch die ersten zehn Monate danach abdeckt und durch Fotos untermalt. (Tina mit L. und T.)

Lieblings-Zeitschriften

TOP TIPP Brigitte MOM

Die BRIGITTE MOM ist ein Ableger der Brigitte und seit 2012 auf dem Mama-Zeitschriften Markt. Das Heft überzeugt durch erfrischende Artikel und ist perfekt für alle Mütter, die ständig unter Strom stehen und versuchen, Mann, Kinder, Job, Freunde und Haushalt unter einen Hut zu bekommen. Die Zeitschrift bietet einen Modeanteil, redaktionelle Beiträge und zeigt schönes Allerlei von Wellnesstees bis hin zu schicken Taschen. Wir freuen uns, dass die MOM seit 2014 viermal pro Jahr erscheint – ein Heft für jede Jahreszeit. Der Heftpreis liegt bei 3,80 Euro und die digitale Ausgabe fürs iPad bei 2,99 Euro.

Es macht definitiv Spaß, die Brigitte MOM zu lesen. Ich kaufe mir jedes Heft. (Tina mit L. und T.)

Nido

NIDO als Ableger des Sterns spricht die moderne Familie an. Es geht nicht nur um das „Mama-Dasein als Lifestyle", sondern vielmehr um aktuelle und teilweise sozialkritische Themen. NIDO ist keine reine Mütter-Zeitschrift, sondern auch für Väter interessant. Sie ist in die Rubriken Gesellschaft, Psychologie, Reise & Kochen, Wirtschaft & Geld und Mode & Produkte unterteilt. Reportagen, Wochenendtipps für Städte, Mode- und Ernährungstipps sind einige der beliebten Nido-Themen. Die Zeitschrift erscheint einmal pro Monat für 4,20 Euro pro Ausgabe.

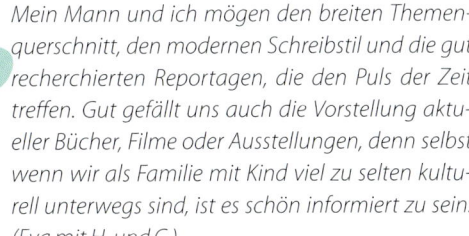

Mein Mann und ich mögen den breiten Themenquerschnitt, den modernen Schreibstil und die gut recherchierten Reportagen, die den Puls der Zeit treffen. Gut gefällt uns auch die Vorstellung aktueller Bücher, Filme oder Ausstellungen, denn selbst wenn wir als Familie mit Kind viel zu selten kulturell unterwegs sind, ist es schön informiert zu sein. (Eva mit H. und C.)

mum

MUM bezeichnet sich selbst als „erstes Magazin für moderne Mütter" und tatsächlich ist die Zeitschrift stylisch aufgebaut und gibt Schwangeren und jungen Müttern gute Tipps in den Themenwelten Mode, Beauty, Leben und Arbeiten. MUM erscheint einmal pro Quartal für 4,90 Euro pro Ausgabe und ist auch als ePaper für iPad und iPhone unter **mumMag.de/epaper** erhältlich.

Eltern & Eltern Family

ELTERN ist das Urgestein der Elternmagazine und hat inzwischen einige Ableger wie die ELTERN FAMILY bekommen. Die ELTERN-Magazine haben einen erzieherischen Fokus und es geht regelmäßig um Themen wie Erziehung, Förderung, Entwicklung oder Gesundheit. Das Magazin erscheint einmal monatlich für 3,20 Euro pro Ausgabe.

special topic

PERFEKTER SCHWANGEREN–TAG IN SCHWABING ♥

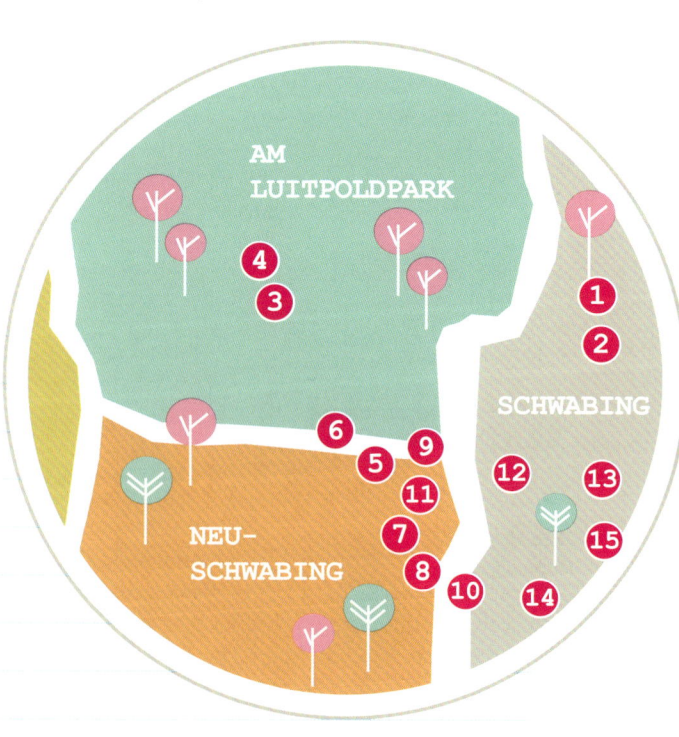

ADRESSÜBERSICHT

1. Café de Bambini * Marktstr. 7
2. Marc & Celine * Marktstr. 10
3. Spielplatzk!nd * Pündterplatz 2
4. Spielplatz am Pündterplatz * Pündterplatz
5. Seed * Belgradstr. 2
6. Mami & Me * Belgradstr. 14
7. Tem Thai Cooking * Kurfürstenplatz 2
8. Koriander * Nordendstr. 64
9. SFCC * Hohenzollernstr. 84
10. Kinderzimmer * Kurfürstenstr. 55
11. Lili & Milou * Kurfürstenplatz 8
12. Noppies * Hohenzollernstr. 20
13. Hessnatur * Hohenzollernstr. 10
14. Kunst und Spiel * Leopoldstr. 48
15. Seehaus im Englischen Garten * Kleinhesselohe 3

Seine eigene Zeit völlig frei einteilen und genau das tun zu können, worauf man Lust hat, sind purer Luxus als Eltern. Unsere Ideen für einen tollen Schwangerschaftstag in Schwabing findest du hier.

MORGENS/MITTAGS: Der Vormittag bietet sich an, um sich Inspirationen für das Babyzimmer und die Babyausstattung zu holen. Erster Stopp ist das **Café de Bambini** (s. S. 187) bei der Münchner Freiheit mit gutem Kaffee, schöner Babykleidung und Mama-Kursangebot. Schräg gegenüber liegt der Kinderladen **Marc & Celine** (s. S. 105), der klassische Kindermarken anbietet. Wenn du über die Herzogstraße Richtung Pündterplatz läufst, kommst du zu dem beliebten **Spielplatzk!nd-Store** (s. S. 103). Direkt gegenüber liegt der **Spielplatz am Pündterplatz** (s. S. 200), der aufgrund seiner niedrigen Spielgeräte besonders bei Müttern mit Kleinkindern beliebt ist. Weiter geht es Richtung Belgradstraße und in den **Seed Brandstore** (s. S. 101), in dem du neben trendy Seed Kinderwagen auch Pink Lining Wickeltaschen bekommst. Jetzt ist Zeit, dich im **Mami & Me** (s. S. 17) mit einer ayurvedischen Schwangerschaftsmassage verwöhnen zu lassen.

NACHMITTAGS/ABENDS: Ein guter Ort für ein Mittagessen ist eines der Restaurants am Kurfürstenplatz. Dort hast du z.B. die Wahl zwischen dem beliebten Thailänder **Tem Thai Cooking** oder dem kleinen vietnamesischen Restaurant **koriander**. Eine gute Alternative für einen Kaffee und Kuchen ist die **San Francisco Coffee Company** (s. S. 189), die bei Elternzeit-Mamis sehr beliebt ist. Ein kleiner Abstecher führt dich in das Traditionsgeschäft **Das Kinderzimmer** (s. S. 123), in dem während der Schwangerschaft besonders die Kindermöbel und Kinderwagen interessant sind. Nächster Stopp ist das **Lili & Milou** (s. S. 124). Dieses bunte Kindergeschäft überzeugt durch farbenfrohe Kinderkleidung und Accessoires. Wenn du bequeme Schwangerschaftskleidung suchst, empfiehlt sich ein Zwischenstopp im **Noppies** (s. S. 85), der Schwangeren-Modelinie von Esprit. Dort findest du zeitlose Jacken und Shirts, die du auch nach der Schwangerschaft gut tragen kannst. Relativ zu Anfang der Hohenzollernstraße liegt das Geschäft **hessnatur** (s. S. 105), das hochwertige Bodys, Strampler und Wolloveralls anbietet. Der letzte Shopping-Stopp führt dich ins **Kunst und Spiel** (s. S. 123), ein Spielzeuggeschäft mit hochwertigen Holzspielwaren. Der krönende Abschluss der Relax-Shopping-Runde ist eine Runde im **Englischen Garten** (s. S. 203), idealerweise bei Sonne und mit der Möglichkeit, im **Seehaus** einzukehren. ♥

hot topic

....

KINDERBETREUUNG

Kinderkrippen-platz?

KINDERBETREUUNG

Krippe, Elterninititative oder Tagesmutter? Eine schwierige Entscheidung für die Eltern, die ihr Kind natürlich bestmöglich versorgt wissen wollen. Wie wir aus eigener schmerzlicher Erfahrung wissen, gibt es in München allerdings nur selten den Luxus der Wahlmöglichkeit. Es geht weniger darum, in welche Betreuungseinrichtung man das Kind geben möchte, sondern vielmehr darum, wo es einen Platz bekommt. Gerade in städtischen Krippen sind die Wartelisten lang und man muss sich bereits früh in der Schwangerschaft anmelden, um überhaupt eine Chance auf einen städtischen Krippenplatz zu haben. In privaten Krippen hingegen haben Münchner Eltern gute Chancen auf einen Betreuungsplatz, zahlen dafür aber häufig doppelt so hohe Beiträge.

Eine weitere Betreuungsmöglichkeit sind Elterninitiativen, in denen sich Eltern stärker einbringen müssen als in klassischen Krippen. Alternativ kann man das Kind zu einer Tagesmutter oder einem Tagesvater geben. Doch selbst diese Form der Tagesbetreuung ist in kinderreichen Stadtteilen wie Neuhausen oder dem Glockenbachviertel rar. Daher heißt es auch hier, sich früh genug zu kümmern und mit Tagesmüttern zu sprechen, um eine Auswahl treffen zu können.

Um für dein Kind die richtige Betreuungsform zu wählen, beantworte dir selbst einige Fragen und hole dir genügend Informationen ein. Jede Betreuungseinrichtung bietet „Tage der offenen Tür" oder Besichtigungstermine, an denen du dir ein gutes Bild von der Einrichtung und dem pädagogischen Konzept machen kannst. Häufig ist der Besuch des „Tages der offenen Tür" eine inoffizielle Grundvoraussetzung, um einen Platz in der Einrichtung zu bekommen.

CHECKLISTE

WAS IST BEI DER KINDERBETREUUNG ZU BEACHTEN?

○ In welchem Alter und wie viele Stunden die Woche willst du deinen Nachwuchs in die Betreuung geben?

....

○ Wie flexibel bist du, wenn die Betreuung ausfällt?

....

○ Wie wichtig ist dir ein festes pädagogisches Konzept?

....

○ Wie groß soll die Gruppe der Kinder sein?

....

○ Wie wichtig ist dir ein familiäres Umfeld?

....

○ Sonstiges:

....

* Das Portal der Stadt München informiert unter muenchen.de/kinderbetreuung über alle Formen der Kinderbetreuung in München sowie über Anmeldungszeiträume, Gebührensätze und vieles mehr. Über eine Datenbank mit Postleitzahlensuche lassen sich Betreuungsplätze im eigenen Stadtviertel finden.

Krippen

In den meisten Münchner **Kinderkrippen** werden Kleinkinder ab dem vierten Monat bis zum Kindergartenalter betreut. Es gibt feste Betreuungsschlüssel, die sich auf Basis des Alters der Kinder und dem zeitlichen Umfang der Betreuung ergeben. In der Regel ist die Krippen-Gruppengröße auf zwölf Kleinkinder beschränkt, für die es zwei bis drei Betreuer gibt. In München gibt es Halbtages- und Ganztageskrippen, die exakten Öffnungs- und Schließzeiten variieren von Krippe zu Krippe. Die meisten städtischen Krippen haben von 8.00 bis 17.00 Uhr geöffnet, während die privaten Krippen oft eine längere Betreuung anbieten. In Absprache mit der Krippe buchen Eltern eine bestimmte Betreuungszeit, zu der ihre Kinder in der Krippe anwesend sein sollten.

In München haben unterschiedliche Träger die Verantwortung für Krippen. In jedem Stadtviertel findest du **städtische Krippen** vor. Diese sind aufgrund der relativ günstigen Beiträge, abhängig vom elterlichen Einkommen, sehr beliebt und die Wartelisten sind entsprechend lang. Du solltest dich bereits früh in der Schwangerschaft um einen Platz bemühen und musst trotzdem eine Portion Glück haben, um einen städtischen Krippenplatz zu ergattern. Neben den städtischen Krippen gibt es eine Reihe **kirchlicher Einrichtungen**, die z.B. die Kirche oder kirchennahe Organisationen wie die Caritas betreiben. Du musst kein Mitglied der Kirche sein, um einen Platz in kirchlichen Einrichtungen zu bekommen. Um die Chance

auf einen Krippenplatz zu erhöhen, solltest du dich in den kirchlichen Krippen ebenfalls anmelden.

Weiterhin bieten einige Münchner Firmen, z.B. Allianz, BMW, Infineon, Siemens oder der TÜV ihren Mitarbeitern eigene Krippen an oder kooperieren mit etablierten Krippenanbietern, bei denen sie feste Platzkontingente buchen. Oft lohnt es sich, den Arbeitgeber (bzw. den Arbeitgeber des Partners) zu fragen, ob er **Betreuungsmöglichkeiten** anbietet oder bei der Platzsuche unterstützen kann.

Da es in München einen erheblichen Mangel an städtischen, kirchlichen oder firmenunterstützten Kinderkrippen gibt, haben inzwischen viele **private Krippen** eröffnet. Private Krippen sind oft teurer als städtische oder kirchliche Einrichtungen, dafür ist bei ihnen das Betreuungsangebot flexibler, der Betreuungsschlüssel meist höher und die Gruppen sind teilweise bilingual. Gerade für internationale Eltern ist die Bilingualität interessant, denn die Kinder lernen von klein auf eine andere Sprache kennen bzw. vertiefen sie in der Krippe oder dem Kindergarten.

Neben den Krippen gibt es auch **Kindertagesstätten** (**Kooperationseinrichtungen**), in denen Kinder im Alter von null bis sechs Jahren untergebracht sind und dort altersübergreifend spielen. Kinderkrippe und Kindergarten sind integriert und haben eine gemeinsame Leitung. Hier sind die Gruppen meist nach Krippen- und Kindergartenalter unterteilt, um die Kinder besser altersgerecht fördern zu können. Der Vorteil einer Kooperationseinrichtung ist, dass bis zur Schule kein Wechsel in der Betreuung stattfinden muss.

Die **Anmeldung** für einen Krippenplatz erledigst du in den Krippen. In städtischen Einrichtungen ist die Anmeldung jeden Montagnachmittag möglich. Man muss nicht persönlich in jeder in Frage kommenden Einrichtung erscheinen, sondern kann die krippenübergreifende Anmeldung von einem Standort aus erledigen. In Kooperationseinrichtungen sind die Anmeldetermine in der Regel Dienstagnachmittag. Die kirchlichen und privaten Krippen haben individuelle Anmeldezeiträume und Zeiten, die du häufig der zugehörigen Webseite entnehmen kannst.

Die Gebühren für städtische und kirchliche Krippenplätze orientieren sich am elterlichen Einkommen. Der Maximalbetrag für einen öffentlichen Vollzeitplatz (bis neun Stunden täglich) beträgt 397 Euro plus Essensgeld von 60 Euro. Dieser Betrag kann einkommensabhängig bis zu 0 Euro reduziert werden. In privaten Krippen sind die Betreuungsgebühren in der Regel unabhängig vom Einkommen und liegen je nach Einrichtung zwischen 600 und 1.400 Euro für einen Vollzeitplatz plus monatlichem Essensgeld von 80 bis 90 Euro.

Wegen des Mangels an günstigen Krippen und Kooperationseinrichtungen in München haben wir für dich einige Tipps zusammengestellt. Sie sollen dazu beitragen, einen der raren Krippenplätze für deinen Nachwuchs zu bekommen.

UNSER TIPP

KINDERKRIPPENSUCHE

* Man sollte das Kind bei mehreren Einrichtungen parallel anmelden, um die Chance auf einen Krippenplatz zu erhöhen.

* Die städtischen Krippen kooperieren miteinander. Bei der Vormerkung in einer Krippe kann man das Kind gleichzeitig in bis zu sechs weiteren städtischen Einrichtungen anmelden.

* Es ist ratsam, das ungeborene Kind möglichst früh in der Schwangerschaft vormerken zu lassen, damit es einen Platz weit vorne auf den Wartelisten der Krippen bekommt.

* Um sich und den Nachwuchs in Erinnerung zu rufen, sollte man zwischendurch bei den Kinderkrippen anrufen.

* Häufig ist es praktisch, die Krippe in der Nähe des Wohnortes zu haben, damit Vater und Mutter sich einfacher abwechseln und auch bei Homeoffice oder Auswärtsterminen die Krippe leicht erreichen können.

Private Krippen Angebote

Unsere Erfahrungen mit einer Reihe etablierter privater Anbieter findest du hier. Es ist jedoch ratsam, sich auch bei anderen Eltern zu erkundigen, wie deren Eindrücke von möglichen Krippen sind.

Elly & Stoffl

➲ mehrere Standorte
➲ bilinguales Angebot
ellyundstoffl.com
089 / 66 66 33 99 15

ELLY & STOFFL betreut aktuell an fünf Standorten in Laim, Schwabing, Solln, Bogenhausen und im Westend etwa 400 Kinder im Alter von vier Monaten bis sechs Jahren. Im Jahr 2014 kommen zwei weitere Standorte am Cosimapark und in Nymphenburg hinzu. Markenzeichen ist der multilinguale Ansatz, genauso wie der Bewegungs- und Gesundheitsansatz gemäß der Kneipp Philosophie.

Die Krippengruppen bestehen aus zwölf Kindern und jeweils drei Betreuern, von denen in den bilingualen Gruppen mindestens eine Betreuerin Englisch oder Französisch spricht. Die Krippen sind geschmackvoll eingerichtet und die Buchungszeiten sind flexibel. All das reicht in München, um Betreuungskosten von über 1.000 Euro pro Vollzeitplatz verlangen zu können. ELLY & STOFFL bietet im Sinne eines ganzheitlichen Ansatzes auch Kindergartenplätze und eine Grundschule an.

> *Mein Mann und ich sind beide stark im Job eingebunden, da kommt schnell mal ein ungeplantes Meeting dazwischen. Ein Anruf genügt und ich kann die Buchungszeit bei Elly & Stoffl kurzfristig um ein oder zwei Stunden verlängern. (Tina mit L.)*

Infanterix
⮥ mehrere Standorte
⮥ bilinguales Angebot
infanterix.de
089 / 97 39 46 99

Die INFANTERIXE sind multilinguale Kinderkrippen und Kindergärten in München Neuhausen, Schwabing, Harras, Moosach, Aubing und Blumenau. Alle Standorte sind nach dem gleichen Konzept aufgebaut. Ein Betreuer spricht mit den Kindern deutsch und die anderen Betreuer in der Fremdsprache der jeweiligen Gruppe. INFANTERIX bietet die Sprachen Englisch, Französisch und Chinesisch an. Zu den Krippengruppen gehören zwölf Kinder pro Gruppe, in den Kindergartengruppen haben bis zu 25 Kinder Platz. Die Kleinen können in der Krippe ab dem sechsten Lebensmonat starten. Im Gruppenraum des Kindergartens in Neuhausen gibt es eine echte Kinderküche, in der die Kinder helfen dürfen, ihre Mahlzeiten vorzubereiten.

Wir schätzen das flexible Angebot von Infanterix, denn Eltern müssen ihr Kind nicht fünf Tage die Woche in die Krippe bringen, sondern können auch Drei- oder Vier-Tage-Wochen buchen. (Janna mit A. und L.)

Cocon (Bogenhausen, Waldtrudering)
⮥ bilinguales Angebot
cocon-kids.com
089 / 99 90 98 50

COCON ist eine bilinguale Krippe mit deutsch-englischen Gruppen und im oberen privaten Preissegment angesiedelt. COCON hat sich die individuelle Förderung jedes einzelnen Kindes auf die Fahnen geschrieben. Im Rahmen

des normalen Krippenalltags fragen die Betreuer die Kinder aktiv, ob sie an besonderen Aktivitäten wie Kunst oder Musik in Kleingruppen teilnehmen möchten. Als einstiger Biergarten hat COCON einen großen Garten. Die KiTa bietet neben dem normalen Krippen- und Kindergartenangebot spezielle Kurse an, z.B. Ballett für Kinder oder Skifahren. Diese sind in den KiTa-Alltag integriert bzw. schließen direkt daran an. Das ist praktisch, weil die Eltern ihre Kinder nicht extra abholen und zu einem Kurs bringen müssen. Ein Kindergarten ist angegliedert und ab Januar 2015 wird es einen weiteren bilingualen Standort in Waldtrudering geben.

Sowohl das Team als auch die Elternschaft ist bei Cocon bunt gemischt. Das wird auch im Kindergartenalltag ausgelebt. Kinderkrippe und Kindergarten feiern aus vielen Ländern die jeweiligen Feste, z.B. den französischen Nationalfeiertag oder Halloween. Außerdem gibt es „Culture Days" über verschiedene Länder. Ist beispielsweise China-Tag wird alles rund um China kindgerecht aufbereitet, Bräuche und Riten vorgestellt und das Land kulinarisch erschlossen. (Janna mit A. und L.)

Seepferdchen

➲ mehrere Standorte

seepferdchen-kita.de

089 / 18 94 13 40

Die SEEPFERDCHEN sind einer der größten privaten Krippenträger in München. Gegründet wurden die SEEPFERDCHEN im Jahr 2005, und inzwischen betreibt das erfolgreiche Konzept in Summe zwölf Standorte, acht davon in München. In allen Einrichtungen gibt es eine Außenfläche und Bio-Essen. Die SEEPFERDCHEN verfolgen einen situationsorientierten Ansatz, d.h. sie greifen Themen aus dem aktuellen Lebensumfeld der Kinder auf. Es wird viel Wert auf eine gute Eingewöhnung gelegt und es gibt einen festen Tagesablauf mit vielen Ritualen, damit sich die Kinder geborgen fühlen. Außerdem nutzen die SEEPFERDCHEN Elemente aus verschiedenen pädagogischen Ansätzen

wie z.B. Montessori oder Emmi Pikler. Das Credo der Krippe ist, dass nur ein Kind, das sich wohl und geborgen fühlt, die Welt entdecken und lernen kann.

Sympathischer Träger mit schöner Einrichtung und familien-ähnlichem Konzept. Es wird Wert auf Naturmaterialien gelegt, Plastikmöbel sucht man dort vergeblich. Es dominieren Holzmöbel und hochwertiges Spielzeug. (Sonja mit J. und M.)

Joki – Job und Kind glücklich vereint

➲ mehrere Standorte

joki-kinderbetreuung.de

089 / 38 90 13 86

Die JOKI Krippen und Kindergärten betreiben sieben Standorte in München Pasing, Lerchenau, Forstenried, Harlaching, Johanneskirchen, Obermenzing und Trudering. Sie nehmen Kinder ab sechs Monaten auf und bieten den Kindern eine positive und abwechslungsreiche Betreuung. Die Betreuungszeit ist auf die Bedürfnisse berufstätiger Eltern abgestimmt und geht bis 18.15 Uhr. Auf zwölf Kinder kommen drei Betreuerinnen.

Wichtel Akademie

➲ mehrere Standorte

wichtel-muenchen.com

089 / 14 34 43 00

Gestartet im Jahr 2006 , betreibt die WICHTEL AKADEMIE inzwischen zehn private Betreuungsstandorte in Schwabing, Biederstein, Trudering, Harlaching, Obersendling, Sendling, Fürstenried, Laim, Neuhausen und Garching. Die Krippen haben feste, deutschsprachige Gruppen. Einmal pro Woche kommt ein „English Native Teacher" und spielt mit den Kindern auf Englisch, um sie Schritt für Schritt mit der englischen Sprache in Berührung zu bringen. Zusätzlich absolvieren ein Physiotherapeut und eine Yogatrainerin mit den Kleinen regelmäßig ein Sportprogramm. Die Preise der Betreuung variieren leicht je nach Standort.

Geöffnet sind die Krippen von 7.30 bis 18.30 Uhr. Bei einigen Standorten ist ein Kindergarten angeschlossen. Bei Fragen erreichst du die Elternhotline Dienstag, Mittwoch und Donnerstag von 9.00 bis 17.00 Uhr.

> *Unsere Tochter hat einen Platz in der im Jahr 2012 eröffneten Kinderkrippe in Neuhausen. Ich finde gut, dass die Einrichtung ein Protokoll führt, womit sich unsere Tochter während des Tages beschäftigt hat. (Tina mit L. und T.)*

Isarkids
➲ mehrere Standorte
isarkids.de
089 / 72 98 96 50

Die ISARKIDS betreiben fünf Standorte in München **Neuhausen**, **Schwanthalerhöhe**, **Sendling**, **Laim** und **Solln**. Sie betreuen nur Krippenkinder und ihr Konzept beruht auf der Reggio-Pädagogik, in deren Mittelpunkt das forschende und lernende Kind steht. Gemäß dieses Ansatzes teilt sich der Tag bei den ISARKIDS in verschiedene Phasen ein. Zum einen steht das Spiel im Fokus, in dem das Kind seine eigenen Handlungsspielräume kennen und erweitern lernt. Darauf aufbauend fördern Projekte die Interessen der Kinder.

INTERVIEW

MIT CAROLINE JÄGER * KLEINKINDBETREUUNG

Unsere Expertin für die Betreuung von Kleinkindern, Caroline Jäger, hat uns einige Fragen rund um das Thema „Betreuung in Krippen" beantwortet. Sie ist Geschäftsführerin des privaten Krippenträgers „Seepferdchen", der in München acht Standorte betreibt und deutschlandweit aktiv ist.

WAS MACHT FÜR SIE EINE GUTE BETREUUNG AUS?

Es ist entscheidend, dass die Betreuer liebevoll mit den Kindern umgehen und auf jedes Kind individuell eingehen. Die Eltern müssen das Gefühl haben, dass ihre Kinder gut aufgehoben sind. Eine vertrauensvolle Basis zwischen Eltern und Betreuern ist ausschlaggebend.

WIE ERKENNE ICH, DASS EINE KRIPPE ZU MIR PASST?

Eltern sollten sich so viele Krippen wie möglich persönlich ansehen. Dazu ist der Tag der offenen Tür geeignet. Neben der pädagogischen Arbeit ist ganz wichtig, dass einen die dort arbeitenden Erzieher und Erzieherinnen überzeugen und dass sich die Kinder in den Räumlichkeiten der Krippe wohlfühlen. Letztendlich sollte das Bauchgefühl stimmen!

NACH WELCHEN KRITERIEN VERGEBEN KRIPPEN IHRE PLÄTZE?

Bei Münchner Krippen gilt das Prinzip „First come, first serve". Es gibt Wartelisten, auf die zurückgegriffen wird. Außerdem müssen die Kriterien „gewünschtes Eintrittsdatum, Alter und Geschlecht des Kindes" passen, damit das Kind aufgenommen wird. Es lohnt häufig, bei dem Träger nochmal anzurufen und sich in Erinnerung zu rufen.

Minihaus

⮕ mehrere Standorte

minihaus-muenchen.de

089 / 41 11 49 40 0

Das MINIHAUS München hat zurzeit fünf Kinderkrippen und Kindergärten in München **Sendling, Pasing, Obermenzing, Thalkirchen** und **Trudering**. Es bietet ein abwechslungsreiches Betreuungskonzept, das auf jedes Kind individuell eingeht. Die Krippenkinder können beispielsweise an Workshops zu Musik oder Bastelarbeiten teilnehmen und für ältere Kinder gibt es z.B. Workshops zu Fremdsprachen.

Meine beiden Jungs fühlen sich sowohl in der Krippe als auch im Kindergarten sehr wohl und werden toll gefördert. Bei dem Elternabend ist mir positiv aufgefallen, wie gut das Erzieherteam den Abend vorbereitet hat. (Daniela mit L. und E.)

CAROLINE JÄGER

HALTEN SIE BILINGUALITÄT SCHON IM KRIPPENALTER FÜR SINNVOLL?

Kinder lernen im Krippenalter soviel Neues und sind von Natur aus neugierig. Daher halte ich es für völlig ausreichend, wenn sie mit altersgerechten Angeboten und in einer anregenden Umgebung aufwachsen. Ich glaube, dass der Spracherwerb des Deutschen im Vordergrund stehen sollte, und das ist oft Herausforderung genug. Ab dem Kindergartenalter kann es sinnvoll sein, mit einer Fremdsprache zu beginnen, da Kinder in jungen Jahren Sprachen einfach und schnell lernen.

WARUM HABEN SIE DIE KRIPPE SEEPFERDCHEN GEGRÜNDET?

Meine Partnerin Tina Ketterl, Geschäftsführerin der Seepferdchen, bemerkte vor einigen Jahren in ihrem Freundeskreis, dass das Angebot an flexiblen Krippenplätzen begrenzt ist. Da die Stadt die Eröffnung privater Krippen fördert und eine bunte Trägervielfalt befürwortet, entschied sich Frau Ketterl dafür, Betreuungsplätze anzubieten. 2005 eröffnete die erste Krippe der Seepferdchen mit einem flexiblen Angebot für berufstätige Eltern, das die Vereinbarkeit von Familie und Beruf fördern wollte. Das war so erfolgreich, dass bald weitere Krippen im ganzen Stadtgebiet folgten.

WAS IST IHNEN ALS TRÄGER BESONDERS WICHTIG?

Bei den Seepferdchen leisten die Erzieher und Erzieherinnen, Kinderpfleger und Kinderpflegerinnen Tag für Tag eine großartige Arbeit mit Herz und Verstand, mit großer Begeisterung und einem liebevollen Umgang mit den Kleinsten. Wenn ich die Krippen besuche, sehe ich, wie sich die Kinder wohlfühlen, spielen und Spaß haben.

HABEN SIE SELBST KINDER?

Ja, ich habe einen kleinen Sohn. Er ist in einer unserer Krippen und fühlt sich dort sehr wohl.

TEJAY'S (Königsplatz, Alt-Solln)
➲ bilinguales Angebot
tejays.de
089 / 74 00 41 66

TEJAY'S ist ein bilinguales Krippen- und Kindergartenkonzept, das seit 2013 zwei sorgfältig ausgewählte Standorte am **Königsplatz** und in **Alt-Solln** anbietet. Großzügige Räumlichkeiten mit ruhigen Freispielflächen und kindgerechten Turnräumen begrüßen ihre kleinen Besucher. In TEJAY'S Bewegungslandschaften, der Kreativwerkstatt und Musikschule wird die physische, soziale und sprachliche Entwicklung der Kinder zielgerecht gefördert. Liebevolle Betreuung mit festen Bezugspersonen für das Kind steht immer im Vordergrund. Durch ein gut durchdachtes Personalbindungskonzept und ein freundschaftliches Verhältnis im täglichen Miteinander, werden qualifizierte Betreuerinnen gewonnen und langfristig an TEJAY'S gebunden. Auf Familiarität und engen Kontakt zwischen Eltern, Betreuern, Leitung und Träger wird großen Wert gelegt.

Meine Tochter geht sehr gerne zu TEJAY'S, da die Betreuung und die Angebote super sind! Da J. eine lange Betreuungszeit hat, sind wir froh, dass es ihr so gut gefällt - sie macht riesige Lernfortschritte und fragt jedes Wochenende, wann endlich wieder Kindergarten ist. (Miriam mit J.)

Kinderkrippe Haar (Neuhausen, Schwabing)
➲ städtische Gebührensätze
kita-haar.de
089 / 46 20 54 49

Das Nilpferd als Markenzeichen der KITA HAAR begrüßt die Kinder und Eltern in fröhlichen Farben in jedem der vier Münchner Standorte für Krippenkinder in **Neuhausen** und **Schwabing**. Ihren Ursprung hatte die Krippe als erste Einrichtung mit Langzeitplätzen in Haar. Feste Gruppen und ein geregelter Tagesablauf geben den Kindern

Sicherheit und Orientierung. Die intensive Beobachtung der Kinder wird schriftlich dokumentiert und mit den Eltern im Rahmen von Entwicklungsgesprächen geteilt. Darauf abgestimmt wird eine gelungene Mischung aus freiem Spiel und gezielten Förderangeboten z.B. im Bereich Musik geboten.

Die Atmosphäre in der Krippe ist geprägt von einem freundlichen Miteinander zwischen Kindern, Erziehern, Eltern und der Leitung. Man merkt, dass Kinder und Erzieher miteinander Spaß haben und auf gute Umgangsformen Wert gelegt wird. Es wird gesungen, vorgelesen, gespielt und gebastelt. (Björn mit J. und M.)

Ridler Minis (Westend)
➲ spezielle Babygruppe
geskin.de
089 / 28 85 59 60

Die RIDLER MINIS haben als einzige Kinderkrippe in München zwei „Babygruppen" für Kinder von zwei bis 18 Monaten. Hervorzuheben ist, dass die Babygruppen nur jeweils sechs Kinder auf zwei Betreuer haben. Dadurch können die Betreuer noch individueller auf die einzelnen Babys eingehen und den Tagesablauf genau auf deren Bedürfnisse abstimmen. Sind die Babys 18 Monate alt, wechseln sie in eine der drei „Großen"-Gruppen für Kinder bis einschließlich drei Jahren. Da du wöchentliche Stundenkontingente buchst, kannst du die Betreuungszeiten nach Bedarf an deine Arbeitszeit anpassen. Im Anschluss an die Krippe können die Kinder in den zugehörigen Kindergarten Tollhaus wechseln.

Die Räumlichkeiten der Ridler Minis im Obergeschoss eines Bürohauses sind großzügig. Jede Gruppe hat einen eigenen Spiel-, Ess- und Schlafraum, dazu kommt eine gemeinschaftlich genutzte Freispielfläche mit Bällebad und ein Turnraum mit Rhythmusgeräten. (Daniela mit L. und E.)

Elterninitiativen

Elterninitiativen sind kleine, von Eltern und ErzieherInnen selbst verwaltete Betreuungseinrichtungen für Kinder. Sie entstehen in München häufig aufgrund des Mangels an Krippen- und Kindergartenplätzen. In der Regel haben sie die Rechtsform eines eingetragenen Vereins, der als Träger einer Krippe oder Kindertagesstätte tätig ist. Die Eltern sind Mitglieder des Vereins und stellen auch den Vorstand. Dadurch haben sie einen großen Einfluss auf alle Belange rund um die Elterninitiative, tragen jedoch auch größere Verantwortung als bei anderen Betreuungsformen.

Elterninitiativen leben von dem Engagement der Eltern, die gleichzeitig Arbeitgeber des Personals und Träger der Einrichtung sind. Dieses Engagement zeigt sich in Tätigkeiten und Sonderaufgaben rund um den Betrieb der Elterninitiative. Jedes Elternteil bekommt einen so genannten „Elterndienst", für den es verantwortlich ist. Typische Rollen sind z.B. der Wäsche- oder Küchendienst oder der Kinderbeauftragte, der sich um das Führen der Warteliste und Neuaufnahmen kümmert. Andere Sonderaufgaben können z.B. das Aufbauen eines Gartenhäuschens oder das Streichen von Räumen sein, die häufig gemeinschaftlich von den Eltern übernommen werden.

Der einzubringende Aufwand hängt von der Art des Dienstes, dem Alter der Elterninitiative und dem Grad der externen Beauftragung z.B. für Essenszubereitung ab. Wird eine Elterninitiative neu gegründet, ist dies mit hohem administrativem Aufwand und Aufbauarbeit verbunden. In länger bestehenden Elterninitiativen haben sich viele Dinge bereits eingespielt und der Aufwand ist überschaubarer.

Da mit den Mitwirkungspflichten der Eltern auch mehr Mitbestimmungsrechte einhergehen, haben die Eltern einen wesentlich höheren Einfluss auf die Art und Qualität der Betreuung. Sie können gemeinsam mit den pädagogischen MitarbeiterInnen bestimmen, welche pädagogischen Angebote und Gruppenstruktur es in der Elterninitiative geben, welche Öffnungszeiten die Elterninitiative haben oder ob sie einsprachig oder bilingual sein

soll. Entsprechend vielfältig und unterschiedlich sind die existierenden Münchner Elterninitiativen.

Im Allgemeinen sind die Gruppen in Elterninitiativen kleiner und es gibt häufig einen besseren Betreuungsschlüssel als in normalen Krippen oder Kindergärten. Auch das Verhältnis der Erzieher zur Familie ist enger, da man sich besser als in normalen Einrichtungen kennt. Die Räumlichkeiten sind bei Elterninitiativen häufig etwas kleiner und die Öffnungszeiten kürzer.

In München gibt es etwa 400 Elterninitiativen. Ihnen steht der Verbund „Kleinkinder Tagesstätten" (KKT) als Beratungsdienst mit Hilfe zur Seite. Er unterstützt in allen Belangen, z.B. bei der Konzeption von Elterninitiativen, bei der Qualitätsentwicklung, der Organisation oder in Personalfragen.

Wenn du dich für eine Elterninitiative interessierst, kannst du dich bei den aufgeführten Links über Münchner Elterninitiativen informieren oder in deinem Viertel auf Elterninitiativen und deren Aushänge achten. Es gibt keine starren Anmeldezeitpunkte, vielmehr kommt es auf freie Plätze, die passende Altersstruktur und das Geschlecht des Kindes an. Ganz wichtig ist auch der persönliche Eindruck.

Elterninitiativen Angebote

elterninitiativen-muenchen.de

Eine Übersicht über Eltern-Kind-Initiativen in deiner Nähe findest du unter **elterninitiativen-muenchen.de**. Außerdem gibt es auf dieser Webseite hilfreiche Links rund um das Thema Kinderbetreuung und Informationen, wie du einen Betreuungsplatz für dein Kind findest.

kkt-muenchen.de

Die Seite der Beratungsstelle „Kleinkinder Tagesstätten" hilft Eltern mit vielen Tipps und Links zu übergeordneten Trägern weiter.

Tageseltern

In München gibt es viele Tagespflegeeltern, bei denen Eltern ihre Kinder tagsüber in die Betreuung geben können. Da der Großteil der anbietenden Tagespflegeeltern weiblich ist, sprechen wir im weiteren Kapitel von Tagesmüttern. Sie kümmern sich bei sich selbst zu Hause oder in geeigneten Räumlichkeiten um die Kinder.

Die Stadt München ist für die Ausbildung der Tagesmütter verantwortlich. Die Ausbildung besteht aus einem Einführungsgespräch, einem Wohnungsbesuch und einer zweitägigen Hospitation in einer vergleichbaren Einrichtung. Im Anschluss stehen 60 Unterrichtseinheiten an, in denen die zukünftigen Tagesmütter eine Grundqualifizierung in Sachen Kinderbetreuung bekommen. Nach erfolgreichem Abschluss der Grundqualifizierung und eines Erste-Hilfe-Kurses am Kind, dürfen Tagesmütter Kinder zur Tagespflege aufnehmen. Parallel dazu machen sie im ersten Jahr eine Aufbauqualifizierung. Diese vertieft kind-bezogene Themen und untermalt sie mit Praxisbeispielen. Häufig haben Tagesmütter darüber hinaus durch eine pädagogische Vorbildung oder durch eigene Kinder bereits Erfahrungen in der Kindererziehung gesammelt.

Das Angebot der Tagesmütter richtet sich normalerweise an Kinder unter drei Jahren. Tagesmütter betreuen bis zu fünf Kinder gleichzeitig. Die Gruppen sind kleiner als in städtischen oder privaten Betreuungseinrichtungen und entsprechend ist die Betreuungssituation familiärer. Teilweise schließen sich mehrere qualifizierte Tagesmütter zusammen und beaufsichtigen die ihnen anvertrauten Kinder in einer Großtagespflege gemeinsam. Dadurch können in Einzelfällen auch größere Kindergruppen mit mehreren Betreuern entstehen.

Tagesmütter sind weniger reguliert als Krippen oder Kooperationseinrichtungen, außerdem fehlt die interne Kontrolle durch Kollegen. Daher sind die Standards der Tagesmütter unterschiedlich und du solltest bei der Auswahl gründlich Auskunft über ihr Angebot einholen. Es ist ratsam, im Vorfeld über folgende Dinge mit der Tagesmutter zu sprechen und ihre Räumlichkeiten zu besuchen:

UNSER TIPP TAGESMÜTTER

* Es ist ratsam, sich im Freundeskreis nach erfahrenen Tagesmüttern zu erkundigen und sich Empfehlungen geben zu lassen.

* Für ein Treffen und Kennenlernen gemeinsam mit dem Kind sollte man genügend Zeit einplanen.

* Bei der Auswahl sollte man neben harten Fakten auch auf sein Gefühl hören: Wird sich das Kind bei der Tagesmutter wohl fühlen? Verstehen sich die beiden?

* Wie viele Tage / Stunden kann das Kind zur Tagesmutter gehen?
* Wie sieht der Tagesablauf aus?
* Wie sehen die Räumlichkeiten der Tagesmutter aus?
* Wie häufig hat die Tagesmutter Urlaub, ist also nicht verfügbar?
* Gibt es eine Vertretungsregelung bei Krankheit oder Urlaub?
* Wie flexibel ist das Angebot?
* Welchen persönlichen Hintergrund hat die Tagesmutter?

Tageseltern Angebote

Tageseltern München und Umgebung e.V. (Haidhausen)
tageseltern-muenchen.de
089 / 68 87 70 7
Wörthstr. 20 * 81667 München

Der Verein „Tageseltern München" steht Eltern für alle Fragen rund um die Betreuung von Kleinkindern zur Verfügung. Er bietet umfassende Informationen und individuelle Beratung an. Außerdem können Tagesmütter und -väter vielfältige Fortbildungsveranstaltungen besuchen, um ihr pädagogisches Fachwissen zu erweitern.

R.U.F. Rund um die Familie (Bogenhausen)

ruf-muc.de

089 / 91 07 24 24

Englschalkinger Str. 140

81925 München

R.U.F. steht für RUND UM DIE FAMILIE und vermittelt alle Arten von Kinderbetreuungspersonal. Dabei bietet R.U.F. Aufbau-Qualifizierungen für Tagesmütter zusammen mit dem Stadtjugendamt und der Evangelischen Familien-Bildungsstätte an. Dadurch hat R.U.F. den Vorteil, auf einen gut vorqualifizierten Betreuerpool zurückgreifen zu können. Parallel dazu laufen alle vermittelten Tageseltern durch einen Vorauswahl-Check mit Gespräch, Hausbesuch und Überprüfung des polizeilichen Führungszeugnisses. Die Kosten für die Eltern belaufen sich auf knapp 50 Euro+MwSt. Aufnahmegebühr in die Agenturkartei und 250 Euro+MwSt. Vermittlungsgebühr für die Tagesmutter.

Laufstall.de

Auf der Webseite LAUFSTALL präsentieren Tagespflegeeltern ihr Betreuungsangebot. Eltern können gezielt über eine Postleitzahlensuche nach einer geeigneten Tagesmutter in ihrer Nähe suchen. Obwohl die Seite nicht das gesamte Spektrum der Münchner Tagespflegeeltern abdeckt, gibt sie einen Überblick über freie Plätze inklusive der jeweiligen Kontaktdaten. LAUFSTALL-Einsteiger können die ersten drei Monate eine günstige Schnupper-Mitgliedschaft für 9,92 Euro pro Monat nutzen.

Au-pairs und Kindermädchen

Die Aufgaben eines Au-pairs liegen hauptsächlich in der Kinderbetreuung. Je nach Herkunft des Au-pairs beinhaltet dies auch, den Kindern dessen Sprache näher zu bringen. Gerade für Mütter sind Au-pairs eine Entlastung, da sie viele Aufgaben rund um das Kind übernehmen und relativ flexibel Zeit mit den Kindern verbringen. Es verringert sich der ständige Zeitdruck und das Zerreißen zwischen Familie, Job und Erledigungen. Typische Aufgaben eines Au-pairs sind das Abholen der Kinder aus der Krippe oder dem Kindergarten, gemeinsames Spielen, das Bringen zu Freunden, leichte Tätigkeiten im Haushalt oder das Babysitten am Abend. Die Gastfamilie übernimmt die Kosten für die Unterkunft und Verpflegung und zahlt dem Au-pair ein Taschengeld.

Bevor sich deine Familie jedoch für ein Au-pair entscheidet, solltest du weitere Aspekte bedenken: Die Au-pairs leben für eine bestimmte Zeit wie ein Familienmitglied in deinem Haushalt. Dies bedeutet einen Teil der familiären Privatsphäre aufzugeben, außerdem brauchst du ein extra Zimmer für das Au-pair. Je nachdem wie gut es zwischen der Familie und dem Au-pair klappt, bleibt es länger oder kürzer ein Mitglied deines Haushalts. Die Anstellung ist aber in jedem Fall befristet und die Kontinuität der Betreuung nicht gegeben.

Eine Alternative zu einem Au-pair ist ein Kindermädchen, das längerfristig mit deiner Familie zusammenarbeitet und mit den Kindern Zeit verbringt. Kindermädchen wohnen häufig nicht mit der Familie im gleichen Haushalt, sondern haben eine eigene Wohnung. Oft sind sie etwas älter und haben eine pädagogische Ausbildung, z.B. als Erzieherin, Kinderkrankenschwester oder Kinderpflegerin. Sie sind entsprechend teurer als Au-pair-Mädchen und etwas schwieriger zu finden.

Im Folgenden stellen wir einige Agenturen vor, die Au-pairs und Kindermädchen vermitteln. Ein gutes Zeichen ist immer, wenn die Au-pair-Agenturen größeren Verbänden wie der

* **aupairsociety**, dem Bundesverband für Au-pair-Agenturen

* **IAPA**, der International Au-pair Association

* **RAL Gütezeichen Au-pair**, der Gütegemeinschaft Au-pair e.V.

angeschlossen sind und für ihre Au-pairs eine Versicherung abschließen.

Au-pair-Angebote

au-pair-agenturen.de

Die Webseite **au-pair-agenturen.de** ist ein Verzeichnis von etwa 220 Vermittlungsstellen für Au-pairs in Deutschland, die bei der Suche nach einem Au-pair bzw. nach einer Gastfamilie behilflich sind. Über eine Postleitzahlensuche kannst du Au-pair-Agenturen in deiner Nähe ermitteln. Zusätzlich gibt die Webseite viele allgemeine Informationen zu Rechten und Pflichten für einen Au-pair-Aufenthalt, zu finanziellen Aspekten, zu den Herkunftsländern der Au-pairs oder zum Procedere der Au-pair-Vermittlung.

vij – Verein für internationale Jugendarbeit (Schwabing)

au-pair.vij-muenchen.de

089 / 30 07 59 4

Friedrich-Loy-Str. 16 * 80796 München

Gemeinnützig engagierter Verein für internationale Jugendarbeit, dessen Schwerpunkt sich aus einem christlich-diakonischen Grundverständnis ergibt.

Pohlmann-Lange (Untergiesing)

pohlmann-lange.de

089 / 69 39 22 67

Lindenstr. 12a * 81545 München

POHLMANN-LANGE ist eine professionelle Agentur, die neben multi-lingualen Kindermädchen auch „Hauspersonal" oder Butler vermittelt. Die Agentur operiert bereits seit zehn Jahren erfolgreich und hat einen internationalen Bewerberpool mit guten Referenzen aufgebaut.

Großartige Anzeigen zum Schmunzeln, von der „Bilderbuch-Nanny" bis zum Sternekoch für den Ein-Personen-Haushalt wird bei Pohlmann-Lange alles gesucht. (Sonja mit J. und M.)

abroad connection (Neuhausen)

abroadconnection.de

089 / 37 94 82 83

Dachauer Str. 173 * 80636 München

ABROAD CONNECTION ist eine Agentur mit langer Historie, die bereits seit 1992 tätig ist.

Munich Au-pair (Westpark)

munichaupair.com

089 / 20 18 95 50

Ötztalerstr. 1 * 81373 München

MUNICH AU-PAIR arbeitet mit vielen Partner-Agenturen in verschiedenen Ländern zusammen.

Gloria (Aubing)

aupair-gloria.de

089 / 61 51 29 66

Pretzfelderstr. 19 * 81249 München

Der Schwerpunkt dieser Au-pair Agentur liegt auf der Vermittlung südamerikanischer Au-pair Mädchen.

Babysitter

Alle Eltern brauchen ab und zu Zeit für sich, um mal wieder zu zweit etwas Schönes zu unternehmen. Gemeinsam Essen oder ins Kino gehen, ein gemütlicher Abend mit Freunden oder ein Theaterbesuch, all die Dinge, die ganz normal waren, bevor man Kinder hatte. Aber akzeptieren die Kinder einen Babysitter oder weinen sie, wenn die Eltern weg sind? Keine Sorge, meist klappt es ohne Probleme, wenn du den Babysitter entsprechend vorbereitest.

Lasse einige Informationen da und stelle folgende Dinge bereit:

* Deine Telefonnummer, unter der du erreichbar bist

* Das Lieblingsgetränk des Kindes oder ein Trinkfläschchen für den Fall, dass es aufwacht und Durst hat

* Ein Getränk für den Babysitter und etwas zum Knabbern

* Die Nummer des Kindernotrufs für alle Fälle

Erkläre dem Babysitter in Ruhe folgende Punkte:

* Welches Lieblingsbuch und welche Lieblingsbeschäftigung haben die Kinder?

* Wie läuft das Abendritual der Kinder ab? Um wieviel Uhr gehen die Kinder ins Bett?

UNSER TIPP

BABYSITTER

* Für den ersten Besuch des Babysitters bietet es sich an, zum „Italiener" um die Ecke gehen, um im Notfall schnell zu Hause zu sein. Außerdem empfiehlt es sich, etwa eine halbe Stunde Übergangszeit einzuplanen, damit die erste Trennung nicht zu abrupt verläuft.

* Gute Erfahrungen haben wir damit gemacht, den Babysitter zu fragen, wieviel er pro Stunde verdienen möchte und sich dann gemeinsam auf einen festgelegten Stundensatz zu einigen. Als Richtschnur gelten zwischen 8 und 15 Euro pro Stunde je nach Alter und Ausbildung des Babysitters.

* Wie soll der Babysitter reagieren, wenn das Kind aufwacht?

* Leidet das Kind unter Allergien oder darf bestimmte Lebensmittel nicht essen?

* Muss das Kind bestimmte Medikamente einnehmen?

Babysitter Angebote

R.U.F. – Rund um die Familie (Bogenhausen)
ruf-muc.de
Details s. HOT TOPIC * S. 76

R.U.F. bietet neben der Vermittlung von Tageseltern, Aupairs und Kinderfrauen auch einen Babysitter-Service an.

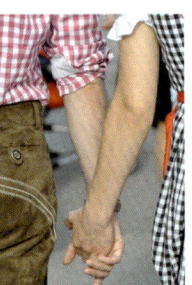

Die Agentur wählt die Kandidaten durch Vorgespräche, einen Check der Bewerbungsunterlagen sowie des polizeilichen Führungszeugnisses sorgsam aus. Die Kosten für die Eltern belaufen sich auf knapp 50 Euro+MwSt. Aufnahmegebühr in die Agenturkartei und 50 Euro+MwSt. Vermittlungsgebühr für einen Babysitter.

Kids Concept (Grünwald)
Kids-concept.de
089 / 32 16 49 96 6
Dr. Max Str. 45 * 82031 Grünwald

KIDS CONCEPT vermittelt individuelle Betreuungsformate, die auf dich und deine Familie zugeschnitten sind. Ob Babysitter, Nanny, Tagesmutter, Leihoma oder Hausaufgabenbetreuung – alle Betreuer werden speziell ausgesucht und haben Erfahrung in der Kinderbetreuung.

betreut.de

betreut.de ist eine Online-Plattform, über die du Babysitter suchen kannst. Um potenziell passende Babysitter kontaktieren zu können, musst du ein kostenpflichtiges Mitglied werden.

Betreut.de funktioniert prima, ich habe schon zwei gute Babysitter über diese Seite gefunden. Konzentriere dich auf aktuelle Anzeigen von gestern oder heute, da du dann die besten Erfolgsaussichten hast. (Andrea mit L.)

kinderfee.de

Auf **kinderfee.de** kannst du über eine Postleitzahlensuche komfortabel Babysitter aus München suchen und online kontaktieren. Die Mitarbeiter der Kinderfee überprüfen die dort registrierten, meist weiblichen Babysitter hinsichtlich Identität, Alter und Telefonnummer.

Hilfreiche Betreuungsangebote

Wer kennt das als Mutter nicht? Man möchte einfach mal in Ruhe Shoppen oder zum Friseur gehen. Man hätte gerne eine Oma, die sich liebevoll um den Nachwuchs kümmert. Oder das Kind ist krank und man selbst steht im Job unter Strom und kann nur schlecht über mehrere Tage frei nehmen.

Für all diese Fälle haben die Stadt München bzw. private Träger vorgesorgt und bieten neben der klassischen Betreuung in Krippen oder Kindergärten einige interessante Initiativen für Münchner Eltern.

Kurzfrist-Betreuung in der Innenstadt

Du bist in der Stadt unterwegs und möchtest ein bisschen Zeit für dich oder musst einen Arzttermin wahrnehmen? Dann gibt es einige Geheimtipps, bei denen du dein Kleines für eine gewisse Zeit abgeben kannst.

Die Hebammenpraxis **Gabi's Nest** (s. TEIL 1, S. 15) bietet Betreuung für Babys bis zu etwa einem Jahr, vorherige Anmeldung per Telefon (089 / 93 93 08 37) ist sinnvoll. Pro Stunde kostet die Betreuung 19 Euro, es gibt Zehnerkarten, die preislich etwas günstiger sind. Die Hebammen in Gabi's Nest betreuen bis zu zehn Säuglinge gleichzeitig und das Angebot gilt nur für Kinder, die noch nicht laufen können.

Das **Café Kaiser Otto** (s. TEIL 5, S. 188) beschäftigt am Wochenende zwischen 10.00 und 14.00 Uhr eine Kinderbetreuung. Du solltest vorher anrufen (089 / 21 01 96 97), um zu erfahren, ob die Betreuung Zeit hat und wie voll es ist. Normalerweise kannst du deine Kinder dort auch für eine gewisse Zeit abgeben, wenn du selbst nicht das Café besuchst, sondern etwas in der Gegend erledigst. Die Betreuung kostet pro halbe Stunde 2,50 Euro.

Das **Mütterzentrum Sendling** bietet vormittags zwischen 9.30 und 12.00 Uhr eine kurzfristige Kinderbetreuung ab 1,5 Jahren an. Im Kinderzimmer des Mütterzentrums kannst du dein Kind nach Anmeldung

(089 / 77 77 44) in die Obhut der Kinderbetreuerinnen geben. Es ist ratsam, beim ersten Mal in der Nähe zu bleiben, damit das Kind sich an die Betreuungssituation gewöhnen kann. Pro Stunde fallen 3,50 Euro Betreuungshonorar an.

Im Zuckertag (s. TEIL 1, S. 48) kannst du deine Kinder stundenweise einer Kinderbetreuung anvertrauen. Die Kinder werden nach einer kurzen Eingewöhnungsphase in einer großzügig gestalteten In- und Outdoor-Spielfläche betreut. Das Angebot gilt Montag- bis Samstagvormittag und an ausgewählten Nachmittagen. Zur Planungssicherheit rufe kurz vorher an, um dein Kind anzumelden (089 / 20 32 07 19). Für bis zu drei Stunden Betreuung werden 18 Euro fällig.

Hilfe nach der Geburt

Endlich mit dem Baby zu Hause, aber bei aller Freude wächst dir der Alltag fast über den Kopf? Dann sind die folgenden Anlaufstellen eine gute Lösung für dich.

. . . .

wellcome

➲ mehrere Standorte

wellcome-online.de

WÄHLE DEINEN STANDORT

Häberlstr. 17 * 80337 M.-Isarvorstadt

Herzog-Wilhelm-Str. 24 * 80331 M.-Altstadt

Menzinger Str. 48 * 80638 M.-Obermenzing

Balanstr. 57 * 81541 M.-Haidhausen

Albert-Schweitzer-Str. 66

81735 M.-Ramersdorf

WELLCOME reagiert mit seinem Angebot darauf, dass immer mehr Eltern bei der Geburt eines Kindes völlig alleine dastehen und keine Unterstützung von Familie oder Nachbarn haben. Es organisiert moderne Nachbarschaftshilfe mit Unterstützung von ehrenamtlichen Mitarbeiterinnen, den so genannten WELLCOME-Engeln. Das Hauptaugenmerk der WELLCOME-Engel ist die unbürokratische Unterstützung von Familien ohne eigene familiäre Unterstützung in der ersten Zeit. Sie kommen an zwei bis drei

Tagen pro Woche für einige Stunden zu dir nach Hause und unterstützen dich wie sonst Familie oder Nachbarn. Dazu gehört die Betreuung des Säuglings, das Spielen mit den Geschwisterkindern oder auch ein gemeinsamer Arztbesuch. Die Familien bezahlen im Schnitt 5 Euro pro Stunde, allerdings scheitert es bei schwieriger finanzieller Situation nicht am Geld.

. . . .

Schäfchenwiese (Puchheim)

schaefchenwiese.de

0176 / 64 10 13 17

Vogelsangstr. 19b * 82178 Puchheim

Das Team der SCHÄFCHENWIESE unterstützt dich in der Zeit nach der Geburt. Das professionell ausgebildete Team aus Kinderkrankenschwestern und Hebammen steht jungen Eltern zu jeder Uhrzeit zur Verfügung. Auch Zwillinge sind für die SCHÄFCHENWIESE keine Herausforderung. Das Team gibt jungen Familien die Möglichkeit, sich ein paar Stunden Ruhe zu gönnen oder mal ungestört zu schlafen. In der Zeit von 8.00 bis 22.00 Uhr werden 18 Euro pro Stunde und zwischen 22.00 und 8.00 Uhr 20 Euro pro Stunde fällig.

UNSER TIPP

ZEIT FÜR DIE MAMA

* Die Mama möchte mal wieder etwas Freizeit, aber ihr Kind noch nicht täglich in eine Krippe geben? Dann sind die Spielenachmittage für Kleinkinder von ein bis drei Jahren oder die drei-stündigen Minikrippenplätze von TEJAY'S (tejays.de, 089 / 74 00 41 66) das Richtige. Die Besonderheit ist, dass die Spielegruppen bei TEJAY'S in den normalen Krippen- und Kindergartenalltag mit pädagogischen Fachkräften integriert werden.

Von Leih-Omas bis Gesundwerde-Engel

Zu Hause gesund werden (Lehel)
zu-hause-gesund-werden.de
089 / 29 04 47 8
Thierschstr. 17 * 80538 München

Kranke Kinder brauchen Ruhe und liebevolle Pflege in der vertrauten Umgebung, um vollständig gesund zu werden. Um dies auch Kindern berufstätiger Eltern zu ermöglichen, entstand im Jahr 1989 die von der Stadt München geförderte Einrichtung ZU HAUSE GESUND WERDEN. Ehrenamtliche Frauen kommen zu dir nach Hause und betreuen das kranke und genesende Kind in der elterlichen Wohnung, während du arbeiten gehst. Dieses Angebot und die dahinter stehenden Frauen leisten einen echten Beitrag zur Förderung der Vereinbarkeit von Familie und Beruf. Die Betreuung ist kurzfristig für den nächsten Tag organisierbar, wenn du am Vortag bis 13.00 Uhr anrufst. Die Helferin erhält für die Betreuung eines kranken Kindes 5,20 Euro und zweier kranker Kinder 6,20 Euro pro Stunde plus Fahrtkostenersatz (MVV-Preise).

Wir haben das Angebot schon oft wahrgenommen und bisher nur positive Erfahrungen gemacht. Unsere Kinder haben sich trotz Krankheit mit den „Gesund-Werde-Engeln" wohl gefühlt. Die Frauen waren alle kurzfristig verfügbar, sind liebevoll auf die Kinder eingegangen und haben einen guten Eindruck hinterlassen. (Björn mit J. und M.)

Leihomaservice
leihomaservice.de
089 / 48 95 27 61
Wasserburger Landstr. 178 * 81827 München

Der LEIHOMASERVICE München wurde 2002 ins Leben gerufen und vermittelt an Familien so genannte Leihomas zur unterstützenden Kinderbetreuung. Die Leihomas sind oft ältere Damen, die selbst Kinder groß gezogen haben und Anschluss zu Kindern und Familien suchen. Viele Kinder in München haben wiederum keine eigenen Großeltern in der Nähe und freuen sich, in den Leihomas einen liebevollen Oma-Ersatz zu finden. Eltern profitieren, weil sie im Alltag entlastet werden.

Häufig wird zwischen der Leihoma und der Familie ein fester Tag und eine Uhrzeit vereinbart, zu der sie sich mit den Kindern gegen ein geringes Entgelt beschäftigt. Je nach Zeit- und Vertrauensverhältnis kann die Leihoma einmal oder mehrmals pro Woche kommen. Sie holt die Kinder vom Kindergarten ab, spielt mit ihnen oder macht einen Ausflug. Es fällt eine Aufnahmegebühr in Höhe von 10 Euro und eine Vemittlungsgebühr von etwa 12 Euro an. Der Stundensatz der Leihoma ist individuell zu vereinbaren und vergleichbar mit einem Babysittergehalt.

pme Familienservice – Notfallbetreuung (Schwanthalerhöhe)
Familienservice.de
089 / 24 23 16 00
Theresienhöhe 13a * 80339 München

Dieses Angebot gilt für die Eltern, deren Firmen einen Kooperationsvertrag mit dem pme Familienservice abgeschlossen haben. Wenn die Betreuungseinrichtung spontan nicht verfügbar ist oder Ferien hat, können Eltern ihre Kinder über den Familienservice in der Notfallbetreuung des MÜNCHNER KINDL'S unterbringen - schnell, unkompliziert und je nach Firmen-Kooperationsvertrag sogar kostenfrei. Die Betreuungszeiten sind flexibel. Du erreichst den Familienservice jeden Tag von 9.00 bis 16.00 Uhr. Die Notfallhotline kannst du bis 22.00 Uhr und am Wochenende von 14.00 bis 18.00 Uhr (0180 / 15 58 81 1) anrufen.

teil 2

· · · · · · · · · · · · · · ·

SHOPPING ♥

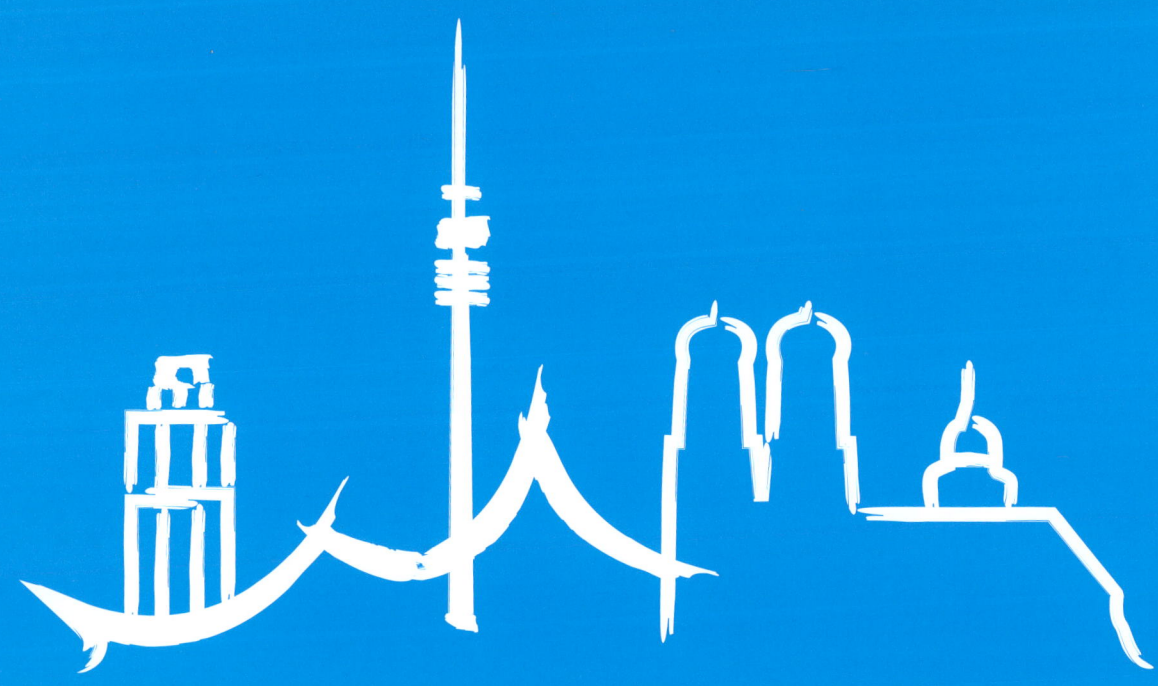

Hübsche Sachen!

Umstands-
mode

Erst-
ausstattung

Spiel-
zeug

Flohmärkte

DIY

Shopping-Tag
in München

Mein Top-Guide ♥

SCHWANGEREN–UND NEUGEBORENEN–SHOPPING

Von großen Modeketten für die Basics bis hin zu exquisiten Boutiquen für das Besondere stellen wir dir in diesem Kapitel Münchner Umstandsmode- und Neugeborenen-Shops vor. Sie haben schöne Kleidung für Schwangere und die wichtigste Babyausstattung im Angebot. Außerdem haben wir eine Reihe von Tipps in Sachen Umstandsmode, Erstausstattung und Kinderwagen zusammengestellt, die dir den Weg durch den Münchner Baby-Shopping-Dschungel erleichtern sollen. Also lasse dich von einer neuen Shoppingwelt begeistern, die von schicker Schwangerschaftskleidung bis zu trendigen Kinderwagen reicht.

Umstandsmode

Eine Schwangerschaft stellt erst mal deine Garderobe auf den Kopf, denn wenn das Bäuchlein wächst, kommt irgendwann der Tag, an dem es mit einer Schwangerenhose einfach bequemer wird. Der Münchner Handel bietet glücklicherweise inzwischen schicke Umstandsmode für jeden Geschmack und Geldbeutel an.

Das Wichtigste ist, dass du dich während der Schwangerschaft wohl fühlst. Bleibe daher deinem Stil treu und kaufe Kleidungsstücke, die sich gut mit deinen normalen Kleidungsstücken kombinieren lassen. Das gilt sowohl für Farben und Muster, als auch für Schnitte und Stoffe. Mit den richtigen Accessoires wie Schmuck, Schals oder Schuhen kannst du geschickt von deinem Bäuchlein ablenken und gleichzeitig viele tolle Looks zaubern. So kann ein schlichtes schwarzes Kleid je nach Kombination lässig im Alltag, cool als Ausgeh-Outfit oder schick als Businessmode getragen werden.

Shops

Noppies (Schwabing)
noppies.com
089 / 33 03 94 79
Hohenzollernstr. 20 * 80801 München
🕐 MO, DI, MI und SA 10.oo-18.oo
DO und FR 10.oo-19.oo

ESPRIT MATERNITY und NOPPIES gehören zusammen und haben ein ähnliches Preisleistungsverhältnis für den mittleren Geldbeutel. Der Laden bietet schicke Sachen im Stil von Esprit, die nicht nach Schwangerschaft aussehen. Das Personal ist nett und berät ausdauernd und gut.

UNSER TIPP

UMSTANDSMODE

* Besonders wenn es die erste Schwangerschaft ist, sollte man die Umstandsmode so spät wie möglich und nicht zu viel auf einmal kaufen. Erst mit der Zeit merkt man, welche Kleidung bequem ist und was man gerne trägt. Eine Möglichkeit ist, am Anfang der Schwangerschaft eher längere normale Oberteile oder Blusen anzuziehen. Der Hosenknopf kann auch mal offen bleiben, wenn er durch ein Shirt oder einen Gürtel verdeckt ist.

* Umstandsmode sollte nicht einfach ein paar Nummern größer gekauft werden, sondern sich an die veränderte Form des Körpers anpassen. Die Faustregel lautet, sie in der gleichen Kleidergröße zu kaufen, die man auch vor Beginn der Schwangerschaft getragen hat.

* „Bauchbänder" werden über die Hüfte und den Bauch gezogen. Sie verlängern ein Oberteil optisch und sind perfekt, wenn der Bauch wächst und die normalen T-Shirts vorne zu kurz werden. Mit verlängernden Bauchbändern kann man die Lieblingsshirts auch in der Schwangerschaft lange tragen und der Bauch bleibt „eingepackt".

* Gut ist Kleidung, die die Schwangerschafts-Vorzüge betont. Dazu gehören z.B. Pullover, die das schöne Schwangerschafts-Dekolleté hervorheben oder längere, weich fallende Oberteile kombiniert mit Leggins zur Betonung der Beine.

* Miniröcke sind vorteilhaft, da sie den Blick auf die Beine lenken. Wollkleider eignen sich gut im Winter, da sich der Stoff schön weiten kann.

* Babybauch und „Highheels" sehen toll aus, sind aber gleichzeitig eine anstrengende Kombi. Es gibt auch schöne flache Schuhe oder Sandalen, die in der Schwangerschaft viel alltagstauglicher sind. ➜

* Falls man am Arbeitsplatz schick gekleidet sein muss, lohnt sich eine schlichte schwarze Umstandshose oder ein schickes Umstandskostüm. Beides kann man mit jeder Menge Oberteilen kombinieren und die ganze Schwangerschaft tragen. Auch die Investition in eine Umstandsbluse macht sich bezahlt. Ansonsten eignen sich normale Shirts mit schicken Schals gut, die den Bauch etwas verdecken.

Paulina (Altstadt)
umstandsmode. de
089 / 33 01 91 97
Schäfflerst. 9 * 80333 München
🕐 MO-FR 10.3o-18.3o * SA 10.3o-18.oo

Das Trendlabel PAULINA betreibt in München einen eigenen Shop und bietet schicke und stylische Mode für Schwangere. Nicht nur die Kleidung, sondern auch der Laden selbst ist vom Design her ansprechend. Wir mögen PAULINAS Lebensgefühl und deren Klamotten, denn auch als Schwangere will man schließlich schöne Kleidung tragen. Einziger Wehrmutstropfen sind die nicht ganz günstigen Preise – unter 100 Euro pro Stück geht hier (fast) nichts.

UNSER TIPP

PAULINA

* PAULINA betreibt in Gräfelfing (Lochhamer Schlag 10b, 82166 Gräfelfing, 089 / 85 46 63 33) ein Umstandsmoden Outlet, bei dem man die Kleidung etwas günstiger bekommt und zweite Wahl Artikel findet. Das Outlet ist relativ klein, die Bedienungen aber sehr zuvorkommend.

* Für weitere Baby-Inspirationen kann man den Outletbesuch mit einem Besuch in das daneben liegende Babygeschäft Reinartz Babyland (s. TEIL 2, S. 89) verbinden.

chic und schwanger (Altstadt)
chicundschwanger.de
089 / 83 31 83
Frauenstr. 40 * 80469 München
🕐 MO-FR 10.3o-18.3o * SA 10.3o-16.oo

Bei CHIC UND SCHWANGER bekommst du eine große Auswahl an grundsolider Umstandsmode in den Größen 34 bis 54. Der Service ist freundlich und das Sortiment umfasst Umstandskleidung für Freizeit, Business und festliche Anlässe wie Hochzeiten, Taufen oder Weihnachten.

Schlichting (Lehel)
schlichting.de
089 / 21 03 87 0
Maximilianstr. 35 * 80539 München
🕐 MO-SA 10.oo-19.oo

Für alle, die etwas mehr ausgeben möchten, lohnt sich der Weg zu SCHLICHTING, einer echten Institution für Schwangere und Mütter in München. Das 2011 in die Maximilianstraße umgezogene Geschäft bietet hochwertige Umstandsmode u.a. von bellybutton oder Paulina. Außerdem gibt es Lieblingsstücke für Babys und Kleinkinder, z.B. Möbel, Baby- und Kinderbekleidung, Schuhe, Spielzeug oder Kinderwagen.

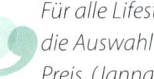 *Für alle Lifestyle-Mamas ein Muss! Der Service und die Auswahl sind gut, haben allerdings auch ihren Preis. (Janna mit A. und L.)*

Glückspilz (Haidhausen)
glueckspilz-muenchen.de
089 / 44 14 07 38
Pariser Str. 39 * 81667 München
🕐 MO-FR 10.oo-13.oo und 14.3o-18.3o
SA 10.oo-14.oo

Im GLÜCKSPILZ bietet Carmen Förg nach der Renovierung schicke Umstandsmode an. Du findest, z.B. schöne Kleider

von mama licious oder praktische Bauchbänder von Lässig. Für die kleinen Racker gibt es ebenfalls liebevoll ausgesuchte Kleidung und Accessoires.

H&M

⮌ mehrere Standorte
hm.com/de/store-locator
🕐 MO-SA 10.oo-19.oo, kann je nach Standort variieren

H&M ist mit seiner „MAMA"-Modelinie Standard für viele Schwangere und das Richtige für die Basics. Die Kollektion variiert von Geschäft zu Geschäft, aber Klassiker wie Jeans, Oberteile oder Bauchbänder lassen sich fast in jeder Filiale günstig erstehen und haben uns gut durch die Schwangerschaft begleitet.

Internet-Shops

mamarella.com

MAMARELLA bietet ein ausgefallenes Sortiment internationaler Umstands- und Babymode. Es gibt eine große Auswahl an Kleidern, Hosen, Oberteilen sowie Brautmode. Für die Zeit nach der Schwangerschaft sind viele Still-BHs, Wickeltaschen und Babyausstattung im Programm. Unser Lieblingsonline-Umstandsmode-Shop.

la-belly-shop.de

Bequeme Bauchbänder in allen Formen und Farben – geknautscht, geraffelt, bedruckt oder in uni. Ab 30 Euro Einkaufswert bekommst du die Bauchbänder versandkostenfrei innerhalb von Deutschland zugeschickt.

Lieb-Kind.de

LIEB-KIND wurde 2009 von einer Münchnerin gegründet und bietet „grüne" Mode für Mama und Baby. Der Onlineshop hat nachhaltige Mode, z.B. der Marken boob, cherry picking oder Enamore im Programm.

mamalicious.de

Die Marke MAMA LICIOUS gehört zur Unternehmensgruppe „Bestseller", zu der u.a. auch die bekannten Marken Only und Vero Moda gehören. Dieser Onlineshop für Schwangere bietet eine große Auswahl an Mode zu fairen Preisen. Das Label ist besonders für seine geschmackvollen Kleider bekannt.

vertbaudet.de/umstandsmode.htm

Schöne und bezahlbare Umstandsmode aus Frankreich bekommst du bei VERTBAUDET. Ausgefallene Oberteile, Leggins oder Kleider in dezenten Farben und modernen Schnitten – da macht Einkaufen auch als Schwangere richtig Spaß. Nur das Warten aufgrund teilweise langer Lieferzeiten kann die Freude auf die schöne Mode trüben, insbesondere wenn man schwanger ist und der Bauch stetig wächst.

Erstausstattung Neugeborenes

Der Kauf der Erstausstattung steigert die Vorfreude auf das Baby. Werdende Eltern streifen in den Monaten des Wartens liebend gern durch die vielen Babymärkte und Fachgeschäfte Münchens und stöbern zwischen all den kleinen Stramplern, bunten Jäckchen und schicken Accessoires. Auch Kinderflohmärkte (s. TEIL 2, S. 117) eignen sich wunderbar, um Schätze für das Kleine zu erwerben. Denn gerade in den ersten Wochen wächst ein Baby unglaublich schnell und was heute passt, kann morgen schon zu klein sein.

Die Erstausstattung sollte bequem und leicht anziehbar sein. Unsere Erfahrung ist, dass bei größeren Neugeborenen die 50er Kleidung schon recht eng sitzt, daher empfehlen wir Größe 56 und größer zu kaufen. Bestimmt bekommst du auch zur Geburt das eine oder andere Outfit geschenkt und ärgerst dich, wenn dein Baby aus den wunderschönen Bodys, Stramplern oder Kleidchen herausgewachsen ist, bevor es sie überhaupt richtig getragen hat. Praktisch sind Bodys, die man unten knöpfen kann. Die Knöpfe im Schritt sind wichtig, da du das Baby mehrmals am Tag wickeln wirst und es dann nicht jedes Mal komplett ausziehen musst. Für den Winter sind wollseidene Bodys schön warm. Sie sind zwar etwas teurer, schmiegen sich aber herrlich weich an Babys zarte Haut.

Eine **Wickeltasche** gehört ebenfalls zur Erstausstattung. Es gibt sie in vielen Designs und sie bietet ausreichend Stauraum, um Fläschchen, Schnuller, Windeln, usw. unterzubringen. Praktisch ist der lange Schultergurt, der über den Griff deines Kinderwagens passt. Normalerweise sind auch eine Wickelunterlage und ein Flaschenwarmhalter bei der Tasche dabei. Viele Kinderwagenhersteller haben Wickeltaschen im passenden Design zum Kinderwagen in ihrem Sortiment. Da du jedoch nicht immer mit dem Kinderwagen unterwegs bist, raten wir dein favorisiertes Taschendesign und die Alltagstauglichkeit als Kaufkriterien in den Vordergrund zu stellen. Geschmackvolle Wickeltaschen bieten z.B. die Marken Dwell Studios, Pink

UNSER TIPP — ERSTAUSSTATTUNG

* Einteilige Strampler sind in den ersten Lebenswochen hilfreich, da sie nicht verrutschen und den Bauch und Rücken des Babys gut schützen. Außerdem sind die meisten Strampler wunderbar bequem und man kann sie leicht an- und ausziehen.

* Halstücher sind perfekt, wenn die Kinder in den ersten Monaten viel spucken und die Oberteile oft nass sind. Mit Halstüchern geht die Feuchtigkeit in das Tuch, das man unkompliziert austauschen kann.

* Sogar in Innenräumen sollten die Babys dünne Neugeborenen-Mützchen tragen, da sie ihre Temperatur noch nicht selbst regulieren können und über den Kopf besonders viel Wärme abgeben. Leichte Mützchen aus Baumwolle sind ideal, da sie sich sanft an den Babykopf anschmiegen ohne ihn einzuengen.

* Günstige Kleidung für Kinder gibt es auch an unerwarteten Orten, z.B. bei Tchibo oder Discountern wie Aldi Süd. Für jede Jahreszeit bekommt man dort Basics wie Bodys, T-Shirts oder Strümpfe zu guten Preisen.

* Da Babys sehr schnell wachsen, sollte man sich beim Kauf von Kleidchen, Hosen oder Jacken für Babys unter sechs Monaten zurückhalten und nicht zu viel in der gleichen Größe kaufen.

Lining, Room Seven, Skiphop, Storksak oder Belle Beau. Gut gefallen uns auch die „SkipHop-Pronto-Mini-Wickeltaschen", die so klein sind, dass sie problemlos in jede normale Handtasche passen.

Unsere Checkliste zur Erstausstattung gibt einen Überblick, was die Kleinen zu Beginn brauchen. Du findest sie zum Ausdrucken unter **mycitybaby-muenchen.de/Erstausstattung**.

Shops

Kinnings (Ramersdorf)

kinnings.de
089 / 12 11 46 60
Ottobrunner Str. 6 * 81737 München
🕐 MO-FR 9.3o-18.3o * SA 9.3o-16.oo

Der Babymarkt KINNINGS hat im Jahr 2010 seine Pforten in München geöffnet und bietet auf 1500 m² freundlichen Service, individuelle Beratung und eine große Auswahl an geschmackvollen Produkten. Bei KINNINGS finden werdende und frischgebackene Eltern alles für Kinder in den Bereichen Schlafen, Dekoration, Pflege, Ernährung und Spielwaren. KINNINGS setzt auf hochwertiges, vorwiegend in Europa gefertigtes Spielzeug, z.B. von Sigikid, HABA, Ravensburger, Spiegelburg, Brio, Puky und Sterntaler. Praktisch ist der große Parkplatz vor der Tür.

Baby Ansorge (Isarvorstadt)

baby-ansorge.de
089 / 26 54 31
Lindwurmstr. 17 * 80337 München
🕐 MO-FR 9.3o-18.oo * SA 9.3o-14.oo

BABY ANSORGE ist eines der ältesten Babyfachgeschäfte in München und hat eine gut sortierte Auswahl an Schwangerschaftsmode, Kinderwagen, Autokindersitzen, Erstausstattung und Spielzeug. Es liegt zentral zwischen dem Sendlinger Tor und dem Klinikum Maistraße. Du kannst in Ruhe stöbern oder dich von freundlichen VerkäuferInnen beraten lassen. Auch der Service ist exzellent. Bei BABY ANSORGE bekommst du z.B. günstig Ersatz- oder Spezialteile für den Kinderwagen.

babywalz (Haar)

baby-walz.de
089 / 12 02 14 1
Keferloher Str. 24 * 85540 München
🕐 MO-FR 9.3o-20.oo * SA 9.3o-19.oo

Bei BABYWALZ gibt es eine große Auswahl an Kinderwagen, Babyausstattung, Zubehör und Kinderkleidung. Gut gefällt uns die Kleinkind-Ecke von Vertbaudet.

Babyone (Brunnthal)

babyone.de
089 / 95 08 55 90
Zusestr. 18 * 85649 Brunnthal
🕐 MO-SA 9.3o-20.oo

BABYONE ist ein typischer Babyausstattungsladen mit einer guten Auswahl an Kinderwagen, Kindermöbeln, Accessoires und Kleidung. Nebenan liegt IKEA, so dass du beide Geschäfte in einem Shopping-Trip gut verbinden und die Artikelauswahl vergleichen kannst.

Reinartz Babyland (Gräfelfing)

reinartz-babyland.de
089 / 89 82 00 00
Lochhamer Schlag 10 * 82166 Gräfelfing
🕐 MO-FR 9.3o-18.3o * SA 9.3o-15.oo

REINARTZ BABYLAND ist ein guter Laden, um sich frisch schwanger einen Überblick über das vielfältige Babysortiment zu verschaffen. Es gibt Kinderwagen, Autokindersitze, Kleidung und viele schöne Baby-Accessoires. Der Laden selbst wirkt nicht groß, hat aber ein großes Lager, so dass du viele Artikel inklusive beliebter Kinderwagen, sofort mitnehmen kannst.

Die Beratung und der Service bei Reinartz haben mich überzeugt. Als unser Kinderwagen kaputt war, konnten wir auf einen 1 A Reparaturservice zurückgreifen. (Sonja mit J. und M.)

Babywelt Gersthofen (Gersthofen)
baby-welt.de

0821 / 24 92 15 0

Im Hery Park 2100 * 86368 Gersthofen

MO-FR 10.oo-20.oo * SA 9.3o-18.oo

Die BABYWELT GERSTHOFEN liegt etwa eine Stunde außerhalb von München. Bei dem mit Abstand größten Erstausstattungssortiment rund um München findest du an einem Ort alles, was du für das Baby brauchst. Das Gute ist, dass man vieles ohne lange Bestell- und Wartezeiten sofort mitnehmen kann und die Preise fair sind. Die Artikel sind übersichtlich angeordnet und die Beratung ist sehr freundlich.

Messe Babywelt (Event-Arena)
babywelt-muenchen.de

089 / 30 67 0

Toni-Merkens-Weg 4 * 80809 München

Die MESSE BABYWELT München findet einmal im Jahr in der Event-Arena im Olympiapark statt. Sie ist praktisch, um sich einen Überblick über das Komplettangebot für Mama und Baby zu verschaffen. Man kann sich direkt bei den Herstellern und Anbietern erkundigen, wofür die Produkte und Angebote stehen. Es sind überregionale Baby-Marken vertreten, genauso wie Münchner Babyausstatter, kleinere Labels und Kinderkursanbieter. Aussteller sind z.B. dm, limango, babywalz, Ernstings family oder Nuk. Wenn man eine ausführliche Beratung möchte, lohnt sich der Besuch an dem ersten Messe-Freitag, da es am Wochenende häufig recht voll ist.

dm
➲ mehrere Standorte
dm.de

MO-SA 9.oo-19.oo, kann je nach Standort variieren

Die freundliche, helle Atmosphäre der dm Märkte überzeugt, genauso wie die Tatsache, dass es dort von Windeln bis Babymilch alles für den täglichen Baby-Bedarf

gibt. Größere dm Filialen haben darüber hinaus hübsche Babykleidung oder Babyschlafsäcke im Sortiment. Nicht zuletzt gibt es einen Wickeltisch mit gratis Windeln und Feuchttüchern.

Der dm ist mein Lieblingsdrogeriemarkt. Dort einkaufen zu gehen ist wie ein Mama-Wohlfühlprogramm: Nette Atmosphäre, schöne Klamotten und Produkte von Windel bis Babybrei. Besonders schätze ich die große Auswahl schöner Kindermützen. (Susanne mit I.)

Internet-Shops

TOP TIPP

baby-markt.de

BABY-MARKT bietet alles, was das Mutterherz in Sachen Babyausstattung begehrt. Vom Kinderwagen bis zur Wickeltasche, vom Hochstuhl bis zum Windeleimer, vom Schnuller bis zum Spielzeug und das zu fairen Preisen. Ab 20 Euro ist der Versand innerhalb Deutschlands kostenlos und auch bei Retoursendungen hatten wir nie Probleme.

Malulu.de

MALULU ist das kleine Münchner Ein-Frau-Unternehmen von Kerstin Janich. Sie schneidert und vertreibt Mutterpass- und U-Heft Hüllen, Schnullerketten, Schnuffeltücher oder Babykleidung.

wickeltasche-online.de

Auf der Webseite wickeltasche-online.de bekommst du eine große Auswahl geschmackvoller Wickeltaschen, z.B. von storksak, WallaBoo, lief!, Roomseven, bellebeau oder Babymel London. Der Versand ist kostenfrei.

WAS GEHÖRT IN DIE WICKELTASCHE?

- Zwei bis drei Windeln

- Feuchttücher in Kleinpackungen

- Wickelunterlage, praktisch sind Einmal-Wickelunterlagen

- Wechselklamotten, insbesondere Body und Strümpfe, da die Windel nicht immer alles hält

- Ersatzschnuller

- Fläschchen plus Zubehör

- Kleine Milchportionierer

- Thermoskanne mit warmem Wasser

- Spucktuch, kann auch als Sonnenschutz verwendet werden

- Spielzeug für unterwegs

- Windeltüten mit Frischeduft (praktisch, z.B. von dm)

Kinderzimmer und Babyausstattung

Vor allem, wenn das erste Baby unterwegs ist, hast du wahrscheinlich eine lange Liste an Babyartikeln und Kinderzimmermöbeln, die du für das Kleine kaufen möchtest. Babybett, Wickelkommode und Stillkissen sind einige der vielen Dinge, über die du jetzt nachdenkst und die die Geschäfte als „unabdingbar" anpreisen. Damit es nicht in einem Kaufrausch endet, überlege dir bereits vor dem Shopping, welche Artikel zu Beginn notwendig sind und welche du kaufen möchtest.

Neben einigen essenziellen Dingen, die du zur Geburt haben solltest, z.B. der Autokindersitz für den Weg von der Klinik nach Hause, eine Schlafmöglichkeit für das Neugeborene, einige Kleidungsstücke und Windeln, kannst du vieles auch nach der Geburt kaufen. Denn erst, wenn dein kleiner Schatz zu Hause ist, wird oft klar, was wirklich gebraucht wird. Eines solltest du jedoch beachten: Insbesondere Kinderwagen und Kindermöbel haben je nach Marke bis zu zwölf Wochen Lieferzeit.

In München findest du überregionale Kinderausstatter, die sich vom Kinderbett über die Kinderjacke bis zum Kuscheltier auf das gesamte Spektrum der Kinderbedürfnisse eingestellt haben (s. Kapitel ERSTAUSSTATTUNG NEUGEBORENES, S. 88). Die Ladenflächen sind groß und sie liegen häufig am Stadtrand. Neben diesen großen Kinderausstattern, gibt es eine Vielzahl kleinerer Kinderläden und -boutiquen, die sich auf Kindermöbel, Kleidung und Accessoires spezialisieren und über ganz München verteilt sind. Unsere Kinder-Lieblingsläden mit viel Stöberpotenzial stellen wir in diesem Kapitel vor.

Parallel zum stationären Handel gibt es ein riesiges Online-Angebot, in dem die Sachen oft etwas günstiger verkauft werden. Man sollte allerdings auf die Versandkosten achten und keinesfalls den Kundenservice des stationären Handels unterschätzen. Geht beispielsweise der Kinderwagen kaputt oder muss etwas umgetauscht werden, ist es Gold wert, das jeweilige Geschäft um die Ecke zu haben.

UNSER TIPP

KINDERZIMMER

* Wenn du es früh genug angehst, findest du schöne Kinderzimmer zum Spottpreis bei **kleinanzeigen.ebay.de**.

 Da das Babybett eine wichtige Anschaffung für die nächsten Jahre ist, haben wir eine Babybett-Checkliste zusammengestellt. Sie listet wichtige Kriterien beim Bettenkauf, wie z.B. die Größe, Höhenverstellbarkeit, Schadstofffreiheit, Stabilität oder den Gitter-Sprossenabstand auf. Es gibt sie zum Ausdrucken auf unserer Webseite unter **mycitybaby-muenchen.de/Babybett**.

Shops

TOP TIPP

Kinder-Ambiente (Maxvorstadt)
kinder-ambiente.de
089 / 14 33 02 30
Schleißheimer Str. 73 * 80797 München
MO-FR 10.oo-18.oo * SA 10.oo-16.oo

Du suchst einen Babyausstatter der individueller ist als die typischen Baby One Märkte dieser Welt und gute Beratung bietet? Dann bist du bei KINDER-AMBIENTE richtig, einem hübschen, kleinen Geschäft in der Maxvorstadt. Mit dem nötigen Kleingeld kannst du dort das farblich perfekt abgestimmte Kinderzimmer kaufen. Die angebotenen Möbel sind häufig in schlichtem Weiß, Accessoires setzen farbliche Akzente. Wenn du ein individuelles Geburtsgeschenk suchst, bist du im KINDER-AMBIENTE ebenfalls gut aufgehoben. Zwei Schneiderinnen individualisieren auf Wunsch die Accessoires mit Namen und Geburtsdatum. Das Verkaufsteam steht freundlich bei allen Fragen rund um Kindermöbel, Kinderlampen oder Textilien zur Verfügung.

Salto (Maxvorstadt)
kindermoebel-muenchen.de
089 / 62 23 23 20
Seidlstr. 8 * 80335 München
🕐 MO-SA 10.oo-18.oo

Du suchst schöne Holzmöbel mit guter Verarbeitung, Design und Qualität? Die findest du im Geschäft SALTO, das nahe des Münchner Zentrums in einem großzügigen Schauraum hochwertige Kinderzimmer anbietet. Eine große Auswahl an Kinderbetten, Schreibtischen oder Schränken, genauso wie kleine Kindertische oder Stühle stehen zur Auswahl. Alles ist kinderfreundlich kombinierbar mit Piratenfahnen, Tierstickern oder Prinzessinnenbordüren.

Stoffzirkus (Haidhausen)
stoffzirkus.de
089 / 95 89 02 15
Metzstr. 1 * 81667 München
🕐 DI-FR 11.oo-18.oo * SA 11.oo-14.oo

Lampenschirme passend zum Kinderzimmer gefällig? Dann bist du im STOFFZIRKUS richtig. Ein Geschäft, das Lampenschirme mit deinem Wunschstoff bespannt. Die Lampenringe sind genormt und somit für jede Hänge- oder Stehlampe verwendbar. Eine weitere Besonderheit dieses Ladens sind Kabel, die von bunten Stoffbezügen ummantelt sind. Außerdem gibt es jede Menge Kinderstoffe und liebevoll gehäkelte Tiere von Sebra. Da die Öffnungszeiten in den Ferien oder bei Krankheit abweichen können, rufe vor einem Besuch am besten kurz an.

Kreative Kindermöbel (Trudering)
kreative-kindermoebel.de
089 / 42 72 00 80
Am Moosfeld 23 * 81829 München
🕐 MO-FR 9.oo-19.oo
SA nach Vereinbarung

Seit mehr als 25 Jahren verkauft dieses Fachgeschäft Kindermöbel in Schreinerqualität mit hohem Anspruch an Design und Funktion. Im Ausstellungsraum sind ständig kreative Kinderzimmer mit Spiel- und Hochbetten ausgestellt. Das Schöne ist, dass sich die Betten mehrfach umgestalten lassen und dadurch die Kinderzeit hindurch mitwachsen. Jedes Kinderzimmer wird individuell geplant. Zu den Möbeln gibt es die passenden Accessoires, z.B. von HABA, Moll oder DeBreuyn. Da das KREATIVE-KINDER-MÖBEL-Team während der Öffnungszeit gelegentlich vor Ort bei Kunden berät, wird um telefonische Voranmeldung unter der Nummer 0162 / 10 16 28 8 gebeten.

Nostalgie im Kinderzimmer (Ramersdorf)
NostalgieimKinderzimmer.de
089 / 44 10 90 15
Herrenchiemseestr. 4 * 81669 München
🕐 MO-FR 9.oo-13.3o

Der Name dieses Geschäfts ist Programm, denn bei den liebevoll ausgesuchten Kindermöbeln und Accessoires rund um das Kinderzimmer, den Spielgefährten zum Kuscheln und den hübschen Kindergartentaschen wird man nostalgisch. Bei NOSTALGIE IM KINDERZIMMER macht das Shoppen Spaß, denn die Inhaberinnen des Geschäfts treffen den Frauengeschmack genau und wissen, was das Kinderzimmer verschönert. Ausgewählte Produkte sind z.B. individualisierbare Spieluhren, Babydecken oder Fotoalben von Dijou Dijou. Da der Laden in München Ramersdorf relativ klein ist, empfehlen wir auch den Onlineshop mit größerer Auswahl. Eine kostenlose Lieferung gibt es ab 70 Euro Warenwert, alternativ holst du die Einkäufe persönlich im Laden ab.

Rasselfisch (Obergiesing)

rasselfisch.de/muenchen

089 / 41 87 68 64

Auerfeldstr. 22 * 81541 München

🕐 MO 14.3o-19.3o * DI-FR 10.oo-13.oo

und 14.3o-19.3o * SA 10.oo-16.oo

Der RASSELFISCH verkauft moderne, fast puristisch anmutende Babyausstattung, Kinderbetten, Wippen, Babytragen und Spielzeugklassiker wie „Sophie la girafe". Die angebotenen Produkte werden im Hinblick auf Umweltverträglichkeit, Produktionsort, Arbeitsbedingungen und Material-Beschaffenheit überprüft und sind oft so stylisch, dass sie Designpreise abräumen. phil & teds ist hier genauso vertreten wie Joolz oder oeuf furniture.

Die Kleinrichtung (Sendling)

diekleinrichtung.de

089 / 32 65 21 70

Fallstr. 10 * 81369 München

🕐 Besuch des Showrooms nur nach Terminvereinbarung

DIE KLEINRICHTUNG bringt Nostalgie ins Kinderzimmer. Mit Möbeln, Wohnaccessoires, Spielzeug und Geschenkideen aus den 5oer, 6oer und 7oer Jahren lässt Nicole Hannay das Design dieser Tage neu aufleben. Dabei werden Originale neu lackiert – gerne auch in deiner Wunschfarbe – und erstrahlen so in neuem Glanz. Neben dem geschmackvollen Vintage-Mobiliar bekommst du in DER KLEINRICHTUNG allerhand andere Dinge rund ums Kinderzimmer, z.B. Bilder, alte Kinderbücher oder ausgefallene Zwergerl-Bettwäsche.

annette frank (Sendling)

annettefrank.de

089 / 22 84 99 03 0

Gaissacher Str. 17 * 81371 München

🕐 MO-FR 10.oo-12.3o und 13.3o-18.oo

SA 10.oo-16.oo

ANNETTE FRANK designt eine eigene Kollektion aus Möbeln, Textilien, Teppichen, Tapeten und Accessoires für Kinder. Alles ist aufeinander abgestimmt und kann vielfältig kombiniert werden. Im gesamten Geschäft erkennt man die Sorgfalt und Liebe zum Detail, mit der die Einrichtungsgegenstände ausgewählt und angeboten werden. Den Gestaltungswünschen sind kaum Grenzen gesetzt. Wer es nicht schafft, persönlich im Shop vorbeizugehen, kann auch per Katalog ordern.

Große Möbelhäuser

➲ mehrere Standorte

Neben den bereits vorgestellten, eher individuellen Möbelgeschäften für Kinder, findest du im Münchner Umland auch mehrere Möbelhausketten, die schöne Kinderzimmer und Kinderausstattung anbieten. Hierzu zählen z.B. IKEA in Eching oder Brunnthal (ikea.de), der XXXLutz in Aschheim (xxxlmoebelhaeuser.de) oder der Segmüller in Parsdorf (segmueller.de). Bei IKEA überzeugt neben den schlicht schwedischen Möbeln das großzügige Restaurant mit Kindergerichten, Kinderstühlen und einer Spielecke. Bei Segmüller haben wir stets fachkundiges Personal angetroffen, das auch am Wochenende trotz des großen Andrangs gut beraten hat.

Internet-Shops

bunte-kinderwelten.de

Bei BUNTE KINDERWELTEN findest du fröhliche Bilder für das Kinderzimmer. Katze Lina, Papa Eule und viele andere Kindermotive regen zum Träumen an und verschönern jedes Kinderzimmer. Es gibt die Kunstwerke als Druck auf Fotopapier, Leinwand oder hinter Acrylglas.

kinderraeume.com

KINDERRÄUME ist eine gute Webseite für alle, die das erste Kinderzimmer nicht im Geschäft, sondern online kaufen möchten. Es gibt eine große Auswahl geschmackvoller Baby- und Kindermöbel, ausgefallene Wandsticker z.B. von love mae, viele verschiedene Kinderteppiche und hübsche Tagesdecken, z.B. von designers guild.

kinderzimmer-galerie.de

In diesem Münchner Onlineshop findest du farbenfrohe, handgemalte Bilder mit Kindermotiven in Acryl, als hochwertigen Druck oder als Poster. Außerdem gibt es die selbst lackierte Sweet-Memory-Truhe für besondere Erinnerungsstücke aus der Kindheit.

Missmatilda.de

Eine Münchner Designerin fertigt und vertreibt über MISSMATILDA handgemachte gepolsterte Stoffbuchstaben in bunten Farben. Du kannst z.B. den Namen deines Kindes auswählen und ihn an der Wand des Kinderzimmers anbringen.

na-eve.de

Selbst genähte Kissen, Kinderdecken, Wimpelketten mit Namen oder Lampenschirme findest du bei NA EVE, einem kleinen Münchner Label mit geschmackvollem Webauftritt. Alle Einrichtungsgegenstände sind gut kombinierbar und machen das Kinderzimmer zu etwas Besonderem.

babyshop-itkids.com

„It" steht für das gewisse Extra und tatsächlich findest du in diesem Onlineshop „Kindersachen mit dem gewissen Extra". Das Angebot reicht von Babyspielzeugen bis hin zu Kinderzimmer-Accessoires und die Waren sind individuell und geschmackvoll. Bezaubernd finden wir die Tapetentiere, die Schnuffeltücher oder die Häkelbälle.

tausendkind.de

TAUSENDKIND verkauft sorgsam ausgesuchte Kinder- und Babykleidung, Spielzeuge sowie individualisierbare Accessoires. Wer nach Produkten zu bestimmten Anlässen wie Geburtstag, Taufe oder Weihnachten sucht, kann über den praktischen Geschenkefinder eine Vorauswahl treffen und bekommt passende Geschenkideen vorgeschlagen. Gelungen ist auch die Funktion des „Geschenketischs", über den man einen „virtuellen Wunschtisch" anlegen kann.

Kinderwagen und Unterwegsartikel

Bewegung und frische Luft sind gesund und wichtig für dich und das Neugeborene. Wenngleich dein kleiner Spatz noch nicht selbst mobil ist, sind deiner Bewegungsfreiheit in München kaum Grenzen gesetzt. Ob Kinderwagen, Babytrage oder Tragetuch, jede Alternative lässt sich individuell auf die geplanten Aktivitäten zuschneiden. Und vom Fläschchen bis zur Ersatzwindel lässt sich alles in praktischen und schönen Wickeltaschen (s. TEIL 2, S. 88) verstauen.

Der Kinderwagen ist eine der wichtigsten Anschaffungen, die du für das Baby tätigen wirst. Bei der Auswahl solltest du insbesondere berücksichtigen, WO, WANN und WOFÜR du den Kinderwagen am häufigsten nutzen wirst. Das ist entscheidend, wenn es darum geht, das richtige Modell auszuwählen. Für München eignen sich besonders wendige und leichte Wagen, weil man als Elternteil oft in Geschäften, Aufzügen oder der U-Bahn unterwegs ist. Auch die Sicherheit, das Design und nicht zuletzt der Preis spielen eine wichtige Rolle. Der Preis kann auf über 1.000 Euro ansteigen, wenn du dich für eines der beliebten Kinderwagenmodelle wie den Bugaboo entscheidest. Genauso findet man aber auch günstigere Modelle oder gebrauchte Wagen, z.B. bei ebay.

UNSER TIPP KINDERWAGEN

* Da viele Kinderwagenmodelle nicht vorrätig sind und es Lieferzeiten bis zu zwölf Wochen gibt, sollte man sich früh genug mit dem Kinderwagenkauf beschäftigen.

* Der Kinderwagen wird die Eltern die nächsten Jahre begleiten und daher sollte er sorgsam ausgewählt werden. Wir haben gute Erfahrung damit gemacht, uns in unserem Viertel vor dem Kauf aufmerksam nach Kinderwagen umzuschauen. Bei Gelegenheit haben wir Mütter „schöner Modelle" angesprochen, wie zufrieden sie mit ihrem jeweiligen Wagen sind. Das hat uns bei der Kaufentscheidung für einen Kinderwagen geholfen.

Auf unserer Checkliste zum Kinderwagenkauf listen wir dir die wichtigsten Kriterien in Sachen Funktionalität und Sicherheit auf. Du findest sie auf unserer Webseite unter mycitybaby-muenchen.de/kinderwagen.

Eine Reihe von Trendkinderwagen haben wir auf unserer Webseite für dich aufgelistet. Dort kannst du mit anderen Müttern die Vor- und Nachteile eines Bugaboo, Joolz oder Seed teilen. mycitybaby-muenchen.de/trendkinderwagen.

GUT ZU WISSEN

PRAKTISCHE KINDERWAGEN-ACCESSOIRES

Zusätzlich zu dem normalen Kinderwagen gibt es praktisches Kinderwagenzubehör auf dem Babymarkt. Anbei geben wir dir einen Überblick über beliebte Accessoires, die in München an vielen Kinderwagen zu finden sind.

* **Adapter Babyschale**: Babyschalen-Adapter sind praktisch, um die Auto-Babyschale mit einem Klick auf das Kinderwagengestell zu setzen. Das gilt insbesondere, wenn man kurze Wege hat oder das Baby im Auto eingeschlafen ist. Die Adapter gibt es im Babyfachmarkt oder direkt beim Kinderwagenhersteller. Die Preise variieren je nach Modell zwischen 15 und 50 Euro.

* **Kaffeehalter**: Den Kaffeehalter für den Kinderwagen lernt man auf ausgedehnten Spaziergängen mit dem Nachwuchs zu schätzen. Er eignet sich perfekt, um einen leckeren Kaffee sicher zu transportieren. Gibt es z.B. von Bugaboo für etwa 20 Euro.

* **Sonnensegel**: Gutes Accessoire, um Kinder vor der Sonne zu schützen. Man befestigt das Sonnensegel mit zwei Schnüren hinten am Verdeck und vorne am Griff. Es ist praktischer als ein Sonnenschirm, den man während des Gehens ständig neu ausrichten muss. Die Sonnensegel gibt es zu günstigen Preisen saisonal z.B. bei dm oder Rossmann für etwa 5 Euro.

* **Regencape**: Wichtig bei Nieselwetter ist ein Regencape, das den Kinderwagen und das Baby sicher vor Niederschlag schützt. Man bekommt universell passende Modelle günstig bei dm oder Rossmann für etwa 5 Euro.

* **Handwärmer für den Kinderwagengriff**: Was zunächst vielleicht lächerlich klingt, ist ein Segen an kalten Herbst- und Wintertagen, von denen es in München reichlich gibt. Der Handwärmer wird mit Klettverschluss am Kinderwagengriff fixiert, man kann mit den Händen hineinschlüpfen und hat auch ohne lästige Handschuhe warme Hände. Gibt es z.B. von Kaiser für 25 Euro.

* **Fußsack**: Für die Wintermonate darf ein kuscheliger Kinderfußsack nicht fehlen, damit die Kleinen auch bei Wind und Wetter angenehm warm gehalten werden. Praktisch sind Fußsäcke, die sich unten öffnen lassen. Wenn das Kind schon laufen kann und im Winter dreckige Schuhe hat, kann man den Fußsack unten offen lassen. Die auf dem Markt erhältlichen Modelle eignen sich für alle gängigen Kinderwagen. Es gibt sie z.B. von Odenwälder für etwa 80 Euro oder günstiger von Alta Bebe für etwa 20 Euro.

Als Ergänzung zum Kinderwagen ist eine Babytrage oder ein Tragetuch ideal, denn besonders kleine Babys lieben es, auf dem Bauch der Eltern mit direktem Körper- und Blickkontakt herumgetragen zu werden. Sie spüren die Wärme und Nähe der Eltern und hören ihren Herzschlag. Das wirkt auf die Kleinen enorm beruhigend. Auch das lauteste Geschrei stoppt häufig schnell, wenn du das Baby zu dir in die Trage holst. Ein Vorteil der Trage ist, dass du beide Hände frei hast und parallel Hausarbeit oder Einkäufe erledigen kannst. Auch beim Wandern oder auf unwegsamen Wegen bewähren sich Tragesysteme. Für einen schmerzfreien Rücken sollte man beim Tragenkauf darauf achten, dass möglichst viel Gewicht auf der Hüfte statt auf den Schultern lastet.

TRAGETUCH

Das Tragetuch sollte mindestens 4,20 m Länge haben, damit man es einfach und sicher um sich und das Baby schlingen kann.

* Bei Youtube gibt es Videos, die genau zeigen, wie man das Tragetuch anlegen sollte. Außerdem sind die Hebammen gerne beim ersten Anlegen des Tragetuchs behilflich.

AUTOKINDERSITZ

* Praktisch sind Babyschalen-Spiegel, die an der Kopfstütze der hinteren Sitzreihe im Auto angebracht werden und mit denen man das Baby in der Babyschale sehen kann. Zu kaufen ist z.B. der „safety-view" der Marke reer.

* Für weniger Schwitzen im Auto gibt es die weiche, luftdurchlässige Einlage für den Autokindersitz von Aeromoov, erhältlich über aerosleep.com. Dank einer offenen 3D-Wabenstruktur und besserer Luftzirkulation schwitzt das Baby unterwegs weniger und ist entspannter bei längeren Autofahrten.

In Deutschland ist es gesetzlich vorgeschrieben, Kinder bis zum Alter von zwölf Jahren, mit einem passenden Autokindersitz zu transportieren. Besitzt du ein Auto, ist ein Kindersitz eine der wichtigsten Anschaffungen vor der Geburt, denn schließlich musst du dein Neugeborenes sicher nach Hause bringen. Je nach Alter und Gewicht des Kindes gibt es verschieden große Kindersitzmodelle. Babyschalen, für Neugeborene und Babys bis 13 kg, werden entgegen der Fahrtrichtung im Auto montiert und schützen im Fall eines Aufpralls bestmöglich. Aber aufgepasst: Babyschalen dürfen nicht in Verbindung mit einem aktiven Front-Airbag auf der Beifahrerseite verwendet werden. Da ein Kindersitz wichtig für die Sicherheit deines Kindes ist, solltest du dich beim Kauf an aktuellen Testergebnissen orientieren. Der ADAC überprüft beispielsweise Kindersitze seit 2011 neben Sicherheitsfaktoren auch auf Schadstoffe.

Da viele Münchner Familien gern und häufig Fahrrad fahren, stehen fast alle Familien irgendwann vor der Frage, ob es ein Kinder-Fahrradsitz oder ein Fahrradanhänger für die Kleinen sein soll. Fahrradanhänger bieten insbesondere bei längeren Touren mehr Sicherheit für das Kind und schützen gegen Wind und Wetter. Je nach Modell und Ausstattung haben ein bis zwei Kinder Platz. Die Sitze sind

FAHRRADANHÄNGER

* Babys sollte man in einer speziellen Baby-Hänge-matte befördern. Diese federt kleine Stöße leicht ab und das Baby wird stabil und Wirbelsäule schonend im Fahrradanhänger transportiert. Die Baby-Hänge-matte ist für Babys unter 10 Kilo geeignet.

gepolstert und der Kopf ist je nach Modell über ein Kissen gesichert. Selbst längere Fahrradtouren machen den Kleinen, gut ausgestattet im Fahrradanhänger, viel Spaß. Viele der Anhänger eignen sich auch zum Joggen. Kinderfahrradsitze haben den Vorteil, dass sie fest am Fahrrad montiert werden und bei kurzen Strecken, z.B. auf dem Weg in den Kindergarten, einfacher und schneller einsatzbereit sind.

Shops

Die meisten Artikel zum Thema „Unterwegs", z.B. Kinderwagen, Buggys oder Reisebetten gibt es in allen größeren Babyfachgeschäften, die wir bereits im vorherigen Kapitel aufgelistet haben. An dieser Stelle findest du zusätzlich einige Münchner Spezialgeschäfte für Fahrradanhänger und Kinderwagen.

TOP TIPP

Fahrradanhänger Fidelio (Altstadt)

fidelio-mobil.de
089 / 21 86 90 16
St. Anna-Str. 18 * 80538 München
🕐 DI-FR 10.oo-13.oo und 15.oo-18.3o
SA 10.oo-14.oo

FIDELIO ist unser Lieblings-Fachgeschäft für Fahrradanhänger in München. Jürgen Schmid, Inhaber von FIDELIO, und sein Personal haben fundiertes Fachwissen und hören den Kunden genau zu, um Familien den richtigen Anhänger für ihre Freizeitgestaltung vorzuschlagen. Dabei geht es den Verkäufern nicht darum, den teuersten Anhänger zu verkaufen, sondern denjenigen, der am besten zur Lebenssituation passt. FIDELIO bietet eine große Auswahl verschiedener Marken und Preissegmente, z.B. Chariot, Burley, Winther, Kidstouring oder Croozer. Probefahrten erwünscht! Neben den Anhängern sind „Mountain Buggy"-Kinderwagen, Kinderlauf- und -Fahrräder sowie Helme im Programm. Im Sommer ist FIDELIO häufig auch während der Mittagszeit geöffnet.

Velo Company (Maxvorstadt)

velocompany.de
089 / 28 80 35 80
Schleißheimer Str. 106 * 80797 München
🕐 DI-FR 9.3o-18.3o * SA 10.oo-14.oo

VELO COMPANY spezialisiert sich auf Lastenfahrräder und Kindertransporträder und führt Marken wie Nihola,

Christiania, Workcycles oder Winther. Das besondere an den Rädern ist, dass die Kinder in einem „Aufbau" sitzen, der vorne in das Fahrrad integriert ist. Da die Kinder relativ hoch sitzen, können sie alles gut überblicken und dadurch macht das Mitfahren doppelt Spaß. Gleichzeitig hast du sie gut im Blick. Leider sind die Räder wenig wendig und recht teuer – sie gehen erst ab 2.000 Euro los. Wenn du dich jedoch für ein solches Fahrrad entscheidest, bist du in Sachen Beratung und Qualität bei Velo richtig! Falls mal etwas kaputt geht, kannst du dich auf die angeschlossene Fahrradwerkstatt verlassen.

seed.dk (Schwabing)

seed.dk
089 / 95 42 84 37 0
Belgradstr. 2 * 80796 München
🕐 MO-FR 10.oo-19.oo * SA 10.oo-16.oo

Im ersten SEED Brandstore der Welt findest du SEED Kinderwagen in allen Farben und das passende Zubehör. Der Store besticht durch skandinavisch schlichten Schick – ähnlich wie die Kinderwagen. Die Verkäufer sind freundlich und erklären den Wagen im Detail. Außerdem gibt es im Geschäft eine große Auswahl der stylischen Wickeltaschen von Pink Lining.

Zweirad Pickl (Neuhausen)

089 / 16 57 15
Frundsbergstr. 38 * 80634 München
🕐 MO-FR 9.oo-12.3o und 14.3o-18.oo
SA 9.oo-12.3o

ZWEIRAD PICKL bietet eine große Auswahl an Fahrrad-Accessoires, Helmen und Klingeln. Es gibt z.B. die Nemo oder Sendung–mit-der-Maus-Klingel und als Extra bunte Schlösser oder Fahrradkörbchen. Natürlich sind auch reguläre Lauf- und Fahrräder im Angebot.

Fahrrad Rabe

⮑ mehrere Standorte
rabe-bike.de
WÄHLE DEINEN STANDORT:
089 / 30 76 79 28 * Belgradstr. 86
80804 München-Schwabing
089 / 77 77 19 * Lindwurmstr. 203
80337 München-Sendling
089 / 89 87 86 30 * Pasinger Str. 50
82166 München-Gräfelfing
089 / 63 89 44 42 * Kirchplatz 8
82041 München-Oberhaching
🕐 MO-FR 12.oo-19.oo * SA 9.oo-16.oo

FAHRRAD RABE ist ein großer Fahrradladen mit mehreren Standorten in München. Er bietet besonders Anhänger der Marke Chariot und ist bei deren Modellen oft etwas günstiger als die Konkurrenz.

BABY- UND KLEINKIND-SHOPPING

Unzählige Kindergeschäfte in München bieten bezaubernde Kleidung, Schuhe und Spielzeuge an. Schöne Kindersachen müssen nicht unbedingt teuer oder neu sein, da die Kleinen so schnell wachsen. Günstige Kleidung, Schuhe oder preiswertes Spielzeug bekommst du auch in einer Reihe von Secondhandläden, die es über ganz München verteilt gibt. Neben dem normalen Geschäfte-Shopping hat sich in München das Flohmarktgehen zu einem Trend entwickelt. Viele Gemeinden und Kindergärten veranstalten daher beliebte Kinderflohmärkte und Basare. Beliebt ist auch, selbst kreativ zu werden und den Kindern individuelle Eigenkreation zu designen. Eine Vielzahl von Stoff- und Bastelgeschäften in München bieten hierfür das richtige Handwerkszeug. Lass dich also aufs Kinder-Shopping ein, du wirst sehen, es macht großen Spaß und das gilt für Jungen und Mädchen gleichermaßen.

Kinderkleidung

München hat sich auf die vielen shoppingfreudigen Mütter eingestellt und wartet mit einer Vielzahl kleiner Geschäfte auf, die kunterbunte Marken und Stilrichtungen für die Kinder anbieten. Parallel dazu gibt es die großen Modeketten wie Esprit, Mexx oder Zara, die eigene Kinderkollektionen entwerfen. Aber Achtung: gerade beim ersten Kind neigt man dazu, viele Dinge zu kaufen, die man nicht unbedingt braucht oder aus denen die Kleinen viel zu schnell herauswachsen. Daher denke während des Shoppens an unsere Tipps zur Kinderkleidung.

Shops

Spielplatzk!nd
(Schwabing, Glockenbach)
spielplatzkind.de

089 / 33 03 95 80 * Pündterplatz 2	
80803 München-Schwabing	
089 / 12 73 92 51 * Auenstr. 78	
80469 München-Isarvorstadt	
⏰ Schwabing: MO-FR 10.oo-18.oo	
SA 10.oo-14.oo	
⏰ Isarvorstadt: MO-FR 10.oo-18.oo	
SA 10.oo-15.oo	

Hohe Funktionalität und Wetterfestigkeit sind die Markenzeichen der Kleidung in den SPIELPLATZK!ND-Shops. In ihnen bekommst du unkomplizierte Mode in ansprechend buntem Design genauso wie schicke Sachen für den 80. Geburtstag von Opa! Unsere Lieblingsmarken kommen vorwiegend aus dem hohen Norden und sind z.B. finkid, danefae, smafolk, Villervalla, tragwerk oder Viking-Schuhe.

 Den Verkäufern im Schwabinger Shop merkt man den Spaß an ihrer Mode an, sie stehen gern mit Rat und Tat zur Seite. Die bunten Jacken und

KINDERKLEIDUNG

* Babys wachsen, wachsen, wachsen. Man sollte daher nicht zu viel Kleidung in einer Größe oder zum gleichen Zeitpunkt kaufen. Wenn man Kleidung in einer größeren Größe besorgt, haben die Kinder länger etwas davon.

* Viele Geschäfte reduzieren zum Saisonende Kleidung bis zu 50%. Hier lohnt es sich, die Augen offen zu halten.

* Es ist sinnvoll, die Belege der Einkäufe aufzubewahren, um Kleidungsstücke bei Bedarf umtauschen oder zurückgeben zu können.

* Schöne Secondhandkleidung bekommt man auf Flohmärkten, in Secondhandläden oder online.

Mützen von finkid haben es uns besonders angetan. (Björn mit J. und M.)

Moritz Home Collection (Altstadt)
moritzhome.de

089 / 25 55 69 70	
Schäfflerstr. 8 (im Schäfflerhof)	
80333 München	
⏰ MO-FR 10.oo-19.oo * SA 10.oo-18.oo	

MORITZ HOME COLLECTION ist ein helles, geschmackvolles Geschäft und liegt inmitten der schicken Fünf Höfe. Es führt angesagte Kindermarken und verkauft Artikel rund um das Baby. Von Erstlingsgarnituren über Taufbekleidung bis hin zu schicken Wickeltaschen bekommst du dort alles. Ausgefallen sind die witzigen „Kinderohrensessel", die du in verschiedenen Farben und Stoffen erwerben kannst. Besonderer Service für zahlungskräftige, aber gestresste Eltern: gegen Angabe der Kreditkartennummer kannst du dir Auswahlpakete zur Ansicht nach Hause schicken lassen und bei Gefallen die Sachen gegen Bezahlung behalten.

Basic im Tal (Altstadt)

089 / 24 20 89 0

Westenriederstr. 35 * 80331 München

🕐 MO-SA 9.oo-20.oo

Ein Biosupermarkt unter den Kinderbekleidungs-geschäften? Ja, du siehst richtig, denn dieser BASIC hat im Obergeschoss eine große Kinderabteilung, die hoch-wertige Kinderkleidung aus Natur- oder Ökotextilien bietet. Schlichte Strampler gibt es genauso wie trendige Retrolooks und eine große Auswahl an hochwertigen Na-turmodemarken, z.B. von Engel Naturtextilien oder Selena. Im Sortiment sind auch die besonders weichen und hautverträglichen „wollseidenen Bodys" für Babys, die Hebammen oft empfehlen. Außerdem hat der BASIC Schuhe und Mützen im Sortiment.

Kinderstube (Altstadt)

kinderstubeshop.de

089 / 26 51 12

Rindermarkt 16 * 80331 München

🕐 MO-FR 10.oo-19.oo * SA 10.oo-18.oo

Auf den „Babytisch" der KINDERSTUBE packst du all die Dinge, die du zur Geburt oder Taufe gebrauchen kannst. Das erleichtert Eltern, Patentanten und Freunden die Su-che nach dem richtigen Babygeschenk und verhindert, dass du alles doppelt bekommst. Die angebotene Mode ist hochwertig und hauptsächlich aus Europa. Abgerundet wird das Sortiment durch Kinderschuhe, Accessoires und Dekoartikel.

Blickfang Baby & Kindermode (Maxvorstadt)

blickfang-kids.com

0172 / 83 94 04 6

Nymphenburger Str. 25 * 80335 München

🕐 MO-FR 10.oo-18.oo * SA 10.oo-12.3o

BLICKFANG spezialisiert sich auf deutsche und skandi-navische Baby- und Kindermode. Du bekommst alles von Kopf bis Fuß, z.B. schöne Mützen oder

trendy Lauflernschuhe im typisch bunten skandi-navischen Design. Die Marke tragwerk aus München bietet im BLICKFANG ihre hochwertige Nicky- und Frottee-Mo-de an. Das Geschäft ist bunt und das Personal nett und zuvorkommend.

 Praktisch ist, dass es hinter dem Geschäft Parkplät-ze gibt. (Sonja mit J. und M.)

Blumenkinder (Maxvorstadt)

0178 / 79 02 69 0

Amalienstr. 89 * 80799 München

🕐 MO-FR 11.3o-18.3o * SA 11.3o-16.oo

Der Laden BLUMENKINDER mit hellen Möbeln, großen Schaufenstern und Regalen voller hübscher Baby- und Kindersachen lädt zum Stöbern ein.

Jacadi Concept-Store (Maxvorstadt)

jacadi.de

Briennerstr. 6 * 80333 München

🕐 MO-SA 9.3o-20.oo

In 2012 hat der Concept-Store des französischen Kinder-mode-Labels JACADI In München eröffnet. Seitdem findest du dort französisch angehauchte Mode, die exklu-siv und teuer, dafür aber auch besonders schick ist.

Café de Bambini (Schwabing)

cafe-de-bambini.de

089 / 23 54 95 45

Marktstr. 7 * 80802 München

🕐 MO-FR 10.oo-18.oo * SA 11.oo-18.oo

Im CAFÉ DE BAMBINI gibt es sorgfältig ausgewählte Kin-derkleidung, fair und in bester Qualität produziert. Die bunte, fröhliche Bondi-Mode und die exklusive Strickmode von Solo Tu überzeugen junge Mamas und es macht Spaß im CAFÉ DE BAMBINI zu shoppen und anschließend einen Kaffee zu trinken.

Marc & Celine (Schwabing)

089 / 33 73 43

Marktstr. 10 * 80802 München

🕐 MO-FR 10.3o-18.3o * SA 10.3o-14.oo

MARC & CELINE ist ein Klassiker unter den Kindermode-geschäften in Schwabing. Seit 35 Jahren beraten die Ver-käufer ihre Kunden mit Hingabe zu ausgesuchter Kinder-mode, Kinderschuhen oder Accessoires. Die angebotenen Marken sind von hoher Qualität.

hessnatur (Schwabing)

hessnatur.com

089 / 12 47 31 72

Hohenzollernstr. 10 * 80801 München

🕐 MO-FR 10.oo-20.oo * SA 10.oo-18.oo

Eine große Auswahl ökologisch einwandfreier Kleidung für Babys und Kleinkinder findest du im hinteren Teil des Ladens HESSNATUR. Das Angebot reicht von Bodys und Schlafanzügen über Bademäntel bis hin zu Wolloveralls für draußen. Die Babykleidung ist oft klassisch geringelt und geschmackvoll schlicht. Wenn die gewünschte Ware im Laden nicht vorrätig ist, kannst du sie kostenfrei dorthin bestellen. Ein Geheimtipp für Öko-Babykleidung.

Glückspilz (Haidhausen)

glueckspilz-muenchen.de

089 / 44 14 07 38

Pariser Str. 39 * 81667 München

🕐 MO-FR   10.oo-13.oo   und 14.3o-18.3o

SA 10.oo-14.oo

Nirgendwo sonst in München haben wir eine so große Auswahl der schönen, holländischen Kindermarke Koeka gefunden wie im GLÜCKSPILZ. Auch schnuckelige Acces-soires wie Rasseln, Wagenketten, Decken oder Lätzchen kannst du in den ansprechenden Räumlichkeiten dieses Kinderladens kaufen. Im Angebot ist außerdem schicke Kleidung von name it, Color Kids, Maxomorra oder Lässig.

KINDERDIRNDL IM EN PETIT

* Die Inhaberin des EN PETITS design und näht aus-gefallene Kinder- und Frauendirndl selbst. Gerade vor der Oktoberfestzeit lohnt es daher, im EN PETIT vorbeizuschauen, wenn man ein besonderes Dirndl sucht oder selbst eins in Auftrag geben möchte.

en petit (Haidhausen)

stefaniedullien.de

089 / 44 76 97 07

Johannisplatz 13 * 81667 München

🕐 MO-FR 10.3o-13.oo und 14.oo-18.3o

SA 10.3o-14.oo * MI Nachmittag geschlossen

EN PETIT ist ein schöner, mit viel Geschmack eingerichte-ter Laden mit einer großen Auswahl an ausgefallener Klei-dung. Es gibt hübsche Kinderdirndl in Eigenkreation, süße Mützen und natürlich bekannte Marken wie Noa Noa, An-nafie oder Oshkosh. Die Beratung ist top, man merkt, dass die Inhaberin Stefanie Dullien und ihr Team wissen, was bei Kindern gut ankommt.

Rapunzel (Haidhausen)

rapunzel-kinderkleider.de

089 / 44 84 31 6

Preysingstr. 67 * 81667 München

🕐 MO-FR 10.oo-13.oo und 15.oo-18.oo

SA 10.oo-14.oo

In etwas verwinkelten Altbauräumlichkeiten ne-ben dem Restaurant Preysinggarten (Preysingstr. 69, 089 / 68 86 72 2) verkauft RAPUNZEL schwerpunkt-mäßig Kleidung, die praktisch und bunt ist. Seit im Jahr 2011 die Besitzerin gewechselt hat, ist eine Schneider-meisterin mit an Bord. Sie schneidert hübsche Kinder-kleidung und setzt auf Wunsch deine eigenen Kreationen um. Daneben gibt es eine große Auswahl an Outdoorklei-dung der Marke Minymo.

Mia und Henry (Haidhausen)

miaundhenry.de

089 / 45 91 14 88

Sedanstr. 29 * 81667 München

🕐 MO-FR 11.oo-18.oo * SA 11.oo-14.oo

Die zwei Kinder MIA UND HENRY sind die Inspirationsquelle dieses Ladens, der in seiner Werkstatt-Laden-Kombi hübsches Selbstgemachtes anbietet. Bei jedem Stück merkst du die Freude an den kreativen Ideen, fühlst die qualitativ hochwertigen Stoffe und schätzt die bequemen Schnitte.

Auryn Naturmoden & Spielwaren (Glockenbach)

auryn-naturmoden.de

089 / 20 10 10 3

Reichenbachstr. 35 * 80469 München

🕐 MO-FR 10.oo-19.oo * SA 10.oo-18.oo

AURYN NATURMODEN & SPIELWAREN ist ein verlässlicher Partner, wenn du schöne Kleidung und Spielsachen in Bio-Qualität und aus sozial verträglicher Produktion suchst. Das Geschäft verkauft Mode ab dem Neugeborenenalter, z.B. von imps&elfs oder Green Cotton. Bei dem angebotenen Spielzeug wird auf das Material und die pädagogisch sinnvolle Nutzung geachtet, im Angebot sind z.B. die Djeco Bastelsets.

Marie Morenz (Glockenbach)

mariemorenz.de

089 / 23 00 02 80

Rumfordstr. 6 * 80469 München

🕐 MO-FR 10.3o-18.oo * SA 10.3o-15.oo

Extravagant wirkt das Geschäft MARIE MORENZ mit seinen puristisch weißen Wänden und der dominanten roten Ledercouch in der Mitte des Ladens. Entsprechend exklusiv ist die angebotene Mode, die in Deutschland designt und hergestellt wird. Alles ist aus hochwertigen Naturfasern und entsprechend teuer, aber wer das nötige Kleingeld hat, wird bei MARIE MORENZ mit Sicherheit fündig.

Sent from heaven (Sendling)

sentfromheaven.de

089 / 95 89 03 97

Danklstr. 8 * 81371 München

🕐 MO, Di, FR 9.oo-12.3o

DI-DO 16.oo-19.oo * SA 10.3o-14.oo

Dieser kleine Kinderladen in Sendling präsentiert sich von innen und außen ansprechend und bietet nette Geschenkartikel für alle Anlässe. Die Spezialität sind personalisierte Geschenke aller Art. Wer es nicht persönlich schafft vorbeizugehen, kann auf der Webseite online bestellen.

Natur & Kind (Sendling)

windelservice-muenchen.de

089 / 12 02 28 97

Plinganserstr. 6 * 81369 München (am Stemmerhof)

🕐 MO-FR 10.oo-19.oo * SA 10.oo-16.oo

NATUR & KIND ist ein kleiner Laden, der Kleidung und Accessoires für Kinder, z.B. hochwertige Kleidung aus Naturtextilien, Tragehilfen oder Spielsachen anbietet. Dem Geschäft zugehörig ist der Windelservice München.

Caramell (Solln)

caramell-muenchen.de

089 / 74 41 95 86

Herterichstr. 43 * 81479 München

🕐 MO-FR 10.oo-18.oo * SA 10.oo-14.oo

CARAMELL verkauft nach dem Umzug in einen neuen, größeren Laden noch mehr hübsche Kindersachen, insbesondere für kleine Mädchen. Im Angebot sind geschmackvolle Kleidchen und Shirts sowie Accessoires und kleinere Spielsachen.

WINDELSERVICE MÜNCHEN

Der Windelservice München hat eine interessante Alternative zu herkömmlichen Einmalwindeln im Programm. Gründe für Stoffwindeln können ökologische Aspekte sein oder der Wunsch, dem Kind eine gesunde Baumwollalternative zu bieten. Jedes Kind bekommt ein festes, nummeriertes Windelkontingent, das über einen Strichcode zugeordnet wird. Einmal pro Woche werden die benutzten Windeln abgeholt und frische Windeln gebracht. Der Windelservice wäscht die benutzten Windeln nach Krankenhausstandards und bringt sie im nächsten Turnus wieder zurück.

Die Kunden des Windelservice München können zwischen der Wochen- und Garantiepauschale wählen. Die Preise für die Wochenpauschale richtet sich nach dem Alter des Kindes. Vom 1. bis zum 12. Monat zahlen Kunden 17 Euro pro Woche, bis zum 24. Monat 16 Euro pro Woche und danach 12 Euro pro Woche. Alternativ gibt es eine Garantiepauschale, die so lange Windeln garantiert, bis das Kind ganz trocken ist. Diese „Flatrate" kostet einmalig 1.800 Euro und kann in Raten abbezahlt werden. Abgewickelt werden die Leistungen des Windelservices über das Geschäft Natur & Kind beim Stemmerhof.

Haenselgret (Westend)
haenselgret.de
089 / 72 63 23 77
Schwanthalerstr. 141 * 80339 München
🕐 DI-FR 10.oo-18.3o

Echte Lieblingssachen für Kinder gibt es bei Angela Ruepp im HAENSELGRET. In dem nostalgisch angehauchten Laden findest du außergewöhnliches Kinderspielzeug, bunte T-Shirts oder Strampler im Retrolook. Der Laden ist großzügig und lädt zum Stöbern ein. Danach bietet sich ein Abstecher ins nahe gelegene und kinderfreundliche Café Marais (089 / 50 09 45 52, Parkstr. 2) an.

Coccolino Bambini (Laim)
coccolino-bambini.de
089 / 89 33 73 61
Agnes-Bernauer-Str. 87 * 80687 München
🕐 MO-FR 10.oo-18.oo * SA 10.oo-14.oo

Pinke Wände begrüßen dich im COCCOLINO BAMBINI und passend zu den Wänden ist das Kleidungsangebot besonders auf kleine Mädchen ausgelegt. Das Geschäft bietet neben Kleidung auch Kleinkind-Accessoires und Secondhandartikel an.

Phelinchen (Pasing)
phelinchen.de
089 / 82 08 71 26
Planegger Str. 64 * 81241 München
🕐 MO-FR 10.oo-13.oo und 14.oo-18.oo

Die Baby- und Kinderboutique PHELINCHEN verkauft liebevoll ausgesuchte Markenmode für Mädchen und Jungen im Alter von null bis acht Jahren. Die angebotene Mode ist individuell und kommt hauptsächlich aus Dänemark, Holland, Schweden und Deutschland. Jungen können sich über die Marken Wheat und Tumble n'dry freuen.

me&i

➲ Ort frei wählbar

meandi@eu

0179 / 24 22 00 00

🕐 flexibel, du bestimmst

ME&I Ist ein schwedisches Modeunternehmen, das Kleidung in buntem Design und hoher Qualität entwirft. Das Besondere an dieser Marke ist ihr Direktvertrieb. Die Kleidung wird nicht in Geschäften oder per Webseite verkauft, sondern ähnlich wie Tupperware über Gastgeber-Partys. Auf diesen stellen die ME&I-Beraterinnen die Kollektion an einem Ort der Wahl, z.B. zu Hause vor. Die Gastgeberin bekommt als Dankeschön einen Rabatt auf die eigene Bestellung oder ein Gastgeschenk. Ein Kontakt für ME&I in München ist Nikola Roeder, Telefon 0179 / 24 22 00 00.

Ernstings family

➲ mehrere Standorte

ernstings-family.de

🕐 MO-SA 10.oo-19.oo, kann je nach Standort variieren

Das Hauptargument für Babykleidung von ERNSTINGS FAMILY und deren Marke Topolino ist die ordentliche Qualität zu attraktiven Preisen. So kostet ein Body 2 bis 3 Euro, ein Pulli 5 bis 6 Euro und eine Babyjeans 6 bis 8 Euro. Die Babyserie von Topolino geht bis Größe 92.

Internet-Shops mit bayrischen Wurzeln

Da wir besonders Münchner Labels in unserem Buch hervorheben wollen, hier einige Tipps für bayrische Onlineshops mit interessantem Angebot.

Babylotta-shop.de

Im Münchner Onlineshop BABYLOTTA bekommst du bezahlbare Designer-Babymode von kleinen Bio-Babylabels aus der ganzen Welt. Die schönen Halstücher, Babydecken und Strampler der Marke „organics for kids" bestechen durch große weiße Punkte auf türkis, rot, grün oder rosa Hintergrund – cooles Design! Der Shop ist auf Babysachen für Kinder bis 18 Monate ausgelegt.

deinstreichelzoo.de

Eine Münchner Designerin stellt hochwertige Krabbelschuhe aus Leder her. Für jeden Geschmack ist etwas dabei, z.B. typisch bayrische Modelle, Schuhe mit Filzbesatz, Schuhe mit Namen oder Schuhe mit Fell für den Winter. Daneben sind individualisierbare Bodys mit bunten Applikationen und hübsche Halstücher im Angebot.

karlaknopf.de

Bei KARLAKNOPF, einem Münchner „Online-Outlet", findest du reduzierte Markenmode für Kinder von null bis 14 Jahren. Zusätzlich zur Kleidung gibt es im „Kids Blog" regelmäßig interessante Beiträge rund um die Themen Kindermode, Basteln oder Freizeit.

limango.de

LIMANGO ist eine in München gegründete Onlineplattform, über die du als registrierter User günstige Markenkleidung, Markenschuhe oder Accessoires erwerben kannst. Die Plattform hat sich auf Kindermarken spezialisiert und

ede Woche finden Verkaufsaktionen statt, bei denen die Artikel bis zu 70% gegenüber der Preisempfehlung reduziert sind. Kleiner Nachteil ist, dass die Lieferzeit je nach Produktverfügbarkeit zwei bis drei Wochen dauern kann. Neben den Kindersachen verkauft LIMANGO auch viel Frauenmode.

my-circus.com

In dieser Online-Boutique des deutschen Accessoire-Labels vom Starnberger See findest du individuelle Kindergeschenke, bunte Kinderdeko und individualisierbare Turnbeutel. Außerdem gibt es hübsche Dreieckstücher, Oberteile, Schals oder Mobiles und das alles aus bezaubernden Stoffen. Auch für Mamas bietet MY CIRCUS hübsche Kleinigkeiten.

shop.littlebigthings.de

LITTLE BIG THINGS ist eine Münchner Agentur, die Kinderprodukte gemeinsam mit Partnern aus der Kinderbranche entwickelt. Auch online ist LITTLE BIG THINGS aktiv und verkauft über ihre Webseite sorgsam ausgewählte Produkte in schickem Design und hoher Qualität.

spatzlundstenz.de

Kleidung für echte Münchner Kindl gibt es bei SPATZL & STENZ, deren Webseite dich mit einem freund-

lichen „Griaß di" begrüßt. Die Shirts, Bodys, Halstücher oder Taschen zieren typisch bayrische Herzerl mit Namen oder klassische Brezn. Hübsch sind die Erstlings-Sets bestehend aus Baumwoll-Body mit passender Neugeborenen Mütze.

strickliebling.de

STRICKLIEBLING hat eine Plattform gegründet, auf der du Selbst-Gestricktes von bayrischen Omis erwerben kannst. Die Omis stricken in Handarbeit hübsche Trachtenjanker, Jäckchen mit Kugelärmeln oder Kapuzenstrickmäntel. Alles hat den unvergleichlichen selbst gestrickt Touch. Wenn du möchtest, kannst du sogar deine ganz persönlichen Pullis mit dem Namen deiner Kinder bestellen und das alles „made in Bavaria".

UNSER TIPP

ZWILLINGS-SHOPPING

* Inspiriert durch die eigenen Zwillinge kam Dagmar Derck auf die Idee, spezielle Mode für Zwillinge und Geschwisterkinder anzubieten. Diese soll Zusammengehörigkeit ausdrücken, ohne die Einzigartigkeit eines jeden Einzelnen zu vernachlässigen. Bei zwillingslook.de bekommt man nicht Gleiches im Doppelpack, sondern „Gegengleiches oder Ähnliches". So wird ein rosa Dirndl mit roter Schleife kombiniert und ein rotes Dirndl mit rosa Schleife.

Secondhand

Herzensdinge (Neuhausen)
herzens-dinge.de
089 / 45 23 70 85
Wendl-Dietrich-Str. 11 * 80634 München
🕐 MO-FR 10.00-13.00 und 14.30-18.30
SA 10.00-14.00

HERZENSDINGE verkauft Secondhandkleidung, liebevoll ausgesuchte Kleinigkeiten genauso wie selbstgemachte Herzensdinge aus Holz und Stoff. So bekommst du dort z.B. personalisierbare Geburtskissen, Pixibuch-Hüllen oder hübsche Halstücher.

Romy's Room (Lehel)
romysroom.de
0177 / 30 77 60 6
Seitztr. 13 * 80538 München
🕐 DI-FR 10.30-13.00 und 14.30-17.00
SA 10.00-14.00

ROMY´S ROOM ist ein liebevoll dekorierter Baby- und Kinderladen für Secondhand- und Neuware. Unter den gepflegten Secondhandsachen findet man Labels wie Ralph Lauren, Petit Bateau, Missoni oder Burberry zu kleinen Preisen. Die Inhaberin ist auf jeden Kundenwunsch eingestellt und hilft bei der Suche nach dem perfekten Outfit.

GÜNEŞ SEYFARTH * GRÜNDERIN MAMIKREISEL

Güneş Seyfarth ist dreifache Mutter und schafft es erfolgreich, Karriere und Kinder unter einen Hut zu bringen. 2010 baute sie ehrenamtlich eine Kinderkrippe auf, 2011 folgte ein Kindergarten. Seit Oktober 2012 ist die Online-Tauschbörse MAMIKREISEL live und zählt inzwischen über 3 Millionen Besucher. Wir hatten die Chance, die energiegeladene Güneş persönlich zu interviewen.

WAS BIETET MAMIKREISEL SEINEN KUNDEN?

MAMIKREISEL bietet seinen Nutzern eine große Mama-Tauschbörse, ein aktives Forum und einen Blog. Auf der Startseite findet man unseren Katalog mit über 550.000 Artikeln. Das Forum bietet Müttern die Möglichkeit, Fragen zu stellen und sich auszutauschen. Viele Mütter geben Persönliches preis und bekommen tollen Zuspruch von der Community. Der Blog besteht seit September 2013. Unsere Mitglieder können dort eigene Blogposts veröffentlichen. Das wird sehr gut von unserer Community angenommen.

WANN UND WIE HAT ALLES BEGONNEN?

Im Sommer 2012 kam die Geschäftsführerin von Kleiderkreisel auf mich zu und fragte mich, ob ich Interesse hätte, eine Online-Tauschplattform speziell für Mütter zu gründen. Da ich selbst Mutter bin, aber keine Lust habe, mich auf überfüllten Kinderflohmärkten um die besten Teile zu streiten, fand ich die Idee toll! Und schon war der MAMIKREISEL geboren.

Barer Kids (Maxvorstadt)

barer-kids.de

089 / 27 27 29 49

Barer Str. 84 * 80799 München

🕐 MO-FR 10.oo-18.oo * SA 10.oo-14.oo

BARER KIDS ist ein relativ großer Secondhandladen mit einem breiten Angebot von Kleidung über Spielzeug bis hin zu Autositzen. Dort bekommst du gut sortiert alles, was das Elternherz begehrt, auch Dirndl sind zur Wiesnzeit im Programm. Das Angebot wechselt schnell, daher schaue ruhig öfter vorbei, wenn du etwas Bestimmtes suchst.

Cri Cri (Schwabing)

089 / 27 30 66 4

Hohenzollernstr. 69 * 80796 München

🕐 DI-FR 10.oo-18.oo * SA 10.oo-13.oo

CRI CRI ist ein kleiner Secondhandladen mitten in Schwabing, der viele Markensachen verkauft und und eine gute Beratung bietet. Außerdem bekommst du dort hübsche Trachtenmode.

GÜNEŞ SEYFARTH

WAS MACHT IHNEN AN IHREM JOB ALS GESCHÄFTSFÜHRERIN VON MAMIKREISEL AM MEISTEN SPASS?

Für mich ist es wichtig, mit meinem Team am Puls der Zeit zu bleiben und täglich Kontakt zu Müttern und Kooperationspartnern zu haben. Mein Ziel ist der Aufbau langfristiger Beziehungen, sowohl mit Kunden als auch mit Geschäftspartnern, um für alle Seiten das Bestmögliche herauszuholen. Außerdem mag ich, mein eigener Chef zu sein und meine Zeit frei einzuteilen.

WIE VERBINDEN SIE KIND & KARRIERE?

Ich habe gelernt, flexibel auf den täglichen Bedarf zu reagieren und Dinge zu delegieren oder auch mal auf „morgen" zu verschieben. Wichtig ist mir, genug Zeit für meine Kinder zu haben und sie an meinem Leben teilhaben zu lassen. Mein Credo ist, mich nicht stressen zu lassen.

WAS ZEICHNET MAMIKREISEL AUS?

MAMIKREISEL zeichnet das „Persönliche" aus. Als Mama weiß ich genau, was anderen Müttern wichtig ist. Meine Erfahrungen im Aufbau einer Kinderkrippe und eines Kindergartens helfen mir, richtige Entscheidungen zu treffen und das Vertrauen der Zielgruppe zu gewinnen.

KÖNNEN MÜNCHNER MÜTTER AUCH OFFLINE ÜBER SIE SACHEN RUND UMS KIND ERWERBEN?

Wir veranstalten regelmäßig „Tauschevents". Die Mütter geben ihre Waren ab und bekommen dafür einen Gegenwert z.B. in Form von Schokotalern. Mit diesen können sie wiederum andere Dinge erwerben. Kaufen mit echtem Geld geht nicht, das Credo heißt Tauschen! Parallel dazu geht es darum, eine schöne Zeit zu haben und es gibt Aktivitäten für die Kinder, z.B. einen Bastelstand, Spielecken oder Fotowände.

EIN LETZTES WORT AN DIE MÜNCHNER MÜTTER?

Legt keinen Perfektionismus an den Tag und bleibt authentisch!

Regina (Schwabing)

reginakids.de

089 / 33 03 82 52

Siegfriedstr. 8a * 80803 München

DI, DO, FR 10.oo-18.oo

MI 13.oo-18.oo * SA 10.oo-13.oo

REGINA ist klein, aber gut sortiert und hat Kinderkleidung und Schuhe im Programm. Von H&M bis Petit Bateau findest du dort alles und wenn es etwas nicht gibt, geben die Besitzerinnen gute Tipps, in welchen Geschäften du das Gesuchte bekommen kannst. Regina befindet sich in Laufweite zur Münchner Freiheit.

kleidsam (Neuhausen)

kleidsam-muenchen.de

089 / 54 04 34 34

Blutenburgstr. 112 * 80636 München

DI-FR 10.oo-18.oo * SA 10.oo-14.oo

KLEIDSAM gehört zur „diakonia GmbH" und verkauft ausschließlich gespendete Kinderware für kleines Geld. Die Verkäuferinnen sind allesamt Frauen, die langzeitarbeitslos waren und wieder ins Berufsleben eingegliedert werden. Eine gute Initiative, die man durch einen Einkauf oder das Spenden ausgedienter Kinderkleider unterstützen sollte.

SHOP HERZENSDINGE IN NEUHAUSEN

Internet-Secondhand

kleinanzeigen.ebay.de

eBay hat neben den klassischen Auktionen einen Bereich „Kleinanzeigen", in dem du Secondhandware zu festgelegten Preisen erwerben kannst. Möchtest du die Kleidung vor dem Kauf ansehen, kannst du über die Postleitzahlensuche auf Anbieter aus der Nähe eingrenzen und die Sachen persönlich abholen.

Kiba-berlin.de

KIBA ist ein Secondhand-Onlineshop, der sich auf „sustainable kids and baby clothing" spezialisiert hat. Seine Besonderheit sind die zusammengestellten Sets wie das Newborn-Starter-Set für 50 Euro, in dem du die gesamte Erstausstattung für dein Neugeborenes bekommst. Ab 10 Euro wird deutschlandweit versandkostenfrei verschickt und bei Nicht-Gefallen hast du ein Rückgaberecht.

Mamikreisel.de

MAMIKREISEL ist der neue, große Online-Familienflohmarkt, der von der Münchnerin Günes Seyfarth ins Leben gerufen wurde. Über die Webseite kannst du gebührenfrei alles rund um Kinder, Schwangere und Mamis tauschen, verkaufen oder verschenken. Während des Tauschens einigst du dich mit anderen Mitgliedern auf ein passendes Gegenstück, z.B. Buggy gegen Laufrad. MAMIKREISEL zeigt erfolgreich, dass Konsum ohne Geld möglich ist. Das beweisen auch die über 130.000 registrierten Mitglieder, die sich im Blog regelmäßig über aktuelle Mama-Kind-Themen austauschen.

Do it yourself

Ob Wimpelketten, hübsche Applikationen auf dem Shirt oder selbst genähte Kissen, „Do it yourself – DIY" heißt der neue Trend in München. Gerade die Elternzeit kannst du nutzen, um zu nähen, zu stricken, zu schneidern oder zu hämmern. Auf unzähligen Internetseiten warten tolle Inspirationen und DIY-Anleitungen. Der Fantasie sind keine Grenzen gesetzt und täglich stellen Blogger aller Nationen neue Ideen ins Internet.

Der Charme am Selbstgemachten ist das „nicht ganz Perfekte". Die Nähte sind leicht schief und hier und da schimmert der Kleber durchs Papier. Aber das macht nichts. Das T-Shirt mit lustigem Froschmotiv und dem Namen des Kindes ist selbstgemacht und einzigartig. Das gezeichnete Bild im eigenen Stoff-Bilderrahmen sieht toll aus und du bist stolz, mit selbstgemachten Gegenständen Freude zu machen. Also ran an die Nähmaschine oder raus mit der Heißklebepistole und los geht's!

Für einfaches Nachnähen bringt das Nähmagazin Ottobre Kinderausgaben mit tollen Schnittmustern heraus. Praktisch ist, dass pro Schnittmuster auch jeweils genau beschrieben wird, welche Stoffe sich eignen und wo man diese kaufen kann. Die Fachzeitschrift Ottobre erscheint viermal pro Jahr für 11,35 Euro pro Heft.

Shops

TOP TIPP

....

Stoff & Co. (Maxvorstadt)

Stoff-and-co.de
0172 / 89 40 42 1
Augustenstr. 76 * 80333 München
🕐 MO 10.oo-16.3o * DI-FR 10.oo-19.oo
SA 10.oo-16.3o

Die Besitzerin des schnuckeligen, kleinen Ladens STOFF & CO. ist eine Französin und hat eine große Auswahl an ausgefallenen, farbenfrohen und geschmackvollen Kinderstoffen im Programm. Außerdem bietet sie regelmäßig Nähkurse an und verkauft Schnittmuster, bunte Bänder und bereits fertig Genähtes für Kinder. Die Stoffe und das Nähzubehör kannst du auch online ansehen und bestellen. Auf der Webseite kannst du praktischerweise nach „Baby", „So Girl" oder „So Boy" filtern und bekommst eine tolle Auswahl an passenden Stoffen vorgeschlagen.

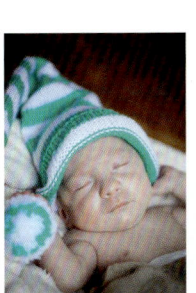

froh + bunter (Altstadt, Schwabing)

froh-und-bunter.de

089 / 38 98 92 56

Sebastiansplatz * 80331 München-Alstadt

Görresstr. 17 * 80798 München-Schwabing

🕐 Altstadt: SO-DI 14.oo-19.oo

MI-SA 11.oo-20.oo

🕐 Schwabing: MI-SA 14.oo-19.oo

FROH + BUNTER ist ein sympathisches Geschäft, in dem du mit deinem Nachwuchs Keramik selbst bemalen und brennen lassen kannst. Die Mitarbeiter sind freundlich, geben Tipps und helfen dabei, individuelle Keramik-Schmuckstücke zu kreieren. Die Auswahl an weißen, noch nicht bemalten Keramikgegenständen ist vielfältig. Eine gute Idee auch als Geschenk für Großeltern, Freunde und Verwandte.

Das Personal von froh + bunter hat mir bei der Umsetzung viele gute Tipps gegeben. (Alex mit C.)

Keramikkunst und Pinselstrich (Haidhausen)

keramikunst-pinselstrich.de

089 / 61 46 89 90

Sedanstr. 18 * 81667 München

🕐 MO 14.oo-18.oo * MI-DO 14.oo-20.oo

FR 11.oo-20.oo * SA 11.oo-18.oo

SO 11.oo-16.oo

KERAMIKKUNST UND PINSELSTRICH bietet ein ähnliches Konzept wie froh + bunter. Auch hier suchst du einen Keramikgegenstand aus und bemalst diesen nach Lust und Laune. Die ganze Farbpalette steht zur Auswahl und deiner Kreativität sind keine Grenzen gesetzt.

UNSER TIPP

KERAMIKKUNST

FROH + BUNTER und KERAMIKKUNST UND PINSEL-STRICH haben auch sonntags geöffnet.

Schokibabe (Trudering)

schokibabe.de

089 / 33 09 11 47

Kirchtruderinger Str. 21 * 81829 München

🕐 MO-FR 9.oo-18.oo * SA 9.oo-13.oo

Schokibabe, ein Stoff- und Kreativshop, ist für die Besitzerin Gertraud Wittmann die Erfüllung eines Traums. In dem gemütlichen DIY-Shop bekommst du einen guten Kaffee und kannst dich in Ruhe von Stoffen und Schnittmustern inspirieren lassen. Im Anschluss heißt es entweder selbst kreativ werden oder die Schneiderin nach deinen Wünschen beauftragen. Auch hübsche Krabbeldecken oder knisternde Schmusetücher gehören zum Sortiment.

Roly Poly (Glockenbach)

rolypolystore.de

0171 / 48 91 27 9

Klenzestr. 63 * 80469 München

🕐 MO-FR 10.oo-19.oo * SA 10.oo-17.oo

ROLY POLY bietet ansprechende Kinderstoffe und fertigt handgemachte Kleinigkeiten an, z.B. individualisierte Kissen, Turnbeutel oder hübsche Aufbewahrungsboxen.

Tante Berta (Sendling)

tanteberta.com

089 / 74 11 86 60

Lindwurmstr. 195 * 80337 München

🕐 DI, MI und FR 10.oo-16.oo * DO 10.oo-12.oo und 14.oo-19.oo * SA 10.oo-14.oo

Neben der großen Auswahl an fröhlichen Kinderstoffen, stehen Kissen, Kinderdecken, Kindergartentaschen und Babyhandtücher zum Verkauf. Gerne kannst du dir auch deinen Lieblingsstoff aussuchen und etwas nach deinen Wünschen schneidern lassen.

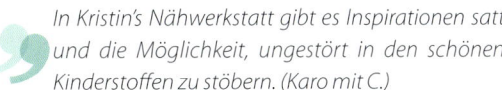

Karusa (Untergiesing)

karusa.de

089 / 61 46 64 24

Humboldtstr. 6 * 81543 München

🕐 MO-FR 11.oo-19.oo * SA 11.oo-15.oo

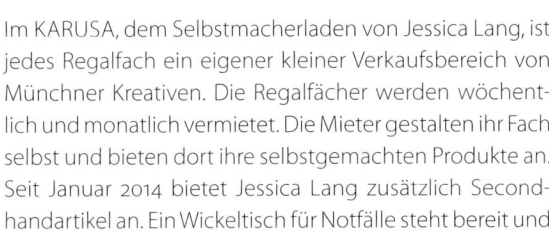

Im KARUSA, dem Selbstmacherladen von Jessica Lang, ist jedes Regalfach ein eigener kleiner Verkaufsbereich von Münchner Kreativen. Die Regalfächer werden wöchentlich und monatlich vermietet. Die Mieter gestalten ihr Fach selbst und bieten dort ihre selbstgemachten Produkte an. Seit Januar 2014 bietet Jessica Lang zusätzlich Secondhandartikel an. Ein Wickeltisch für Notfälle steht bereit und Kinder sind herzlich willkommen.

Il coccolino - Nähladen und Manufaktur (Westend)

il-coccolino.de

089 / 37 96 25 05

Schwanthalerstr. 168 * 80339 München

🕐 MI-FR 10.oo-16.oo * SA 10.oo-13.oo

Im Nähladen IL COCCOLINO bekommen alle tapferen Schneiderlein und jene, die es werden wollen, zauberhafte Kinderstoffe und Nähzubehör. Originell sind die Nähpakete inklusive Anleitung, z.B. für das Handtuch „Susi Sauberschwein" oder den Kuschelquilt „Matroschkatanz". Gleichzeitig fertigt IL COCCOLINO in der kleinen Manufaktur Unikate nach deinen Wünschen. Dort kannst du z.B. Namenskissen mit Münchner Lebkuchenherz oder einen personalisierten Arztkoffer aus Wollfilz kaufen.

Kristin`s Nähwerkstatt (Westend)

kristins-nähwerkstatt.de

089 / 74 34 12 41

Ligsalzstr. 31-*-80339 München

🕐 DI-MI 12.oo-18.oo * DO-FR 10.3o-19.oo
SA 10.oo-18.oo

KRISTIN`S NÄHWERKSTATT ist ein bunter Stoffladen mitten im Westend. Kristin bietet neben vielen Stoffen in frischen Farben auch Nähkurse und bereits fertig Genähtes an. Für Kinder findest du hübsche Sachen, z.B. Stoffgirlanden oder Halstücher.

In Kristin's Nähwerkstatt gibt es Inspirationen satt und die Möglichkeit, ungestört in den schönen Kinderstoffen zu stöbern. (Karo mit C.)

Kokonille (Neuhausen)

kokonille.de

089 / 18 95 42 09

Landshuter Allee 42 * 80637 München

🕐 DI-FR 10.oo-18.oo * SA 10.oo-16.oo

KOKONILLE verkauft bunte Stoffe, praktisches Nähzubehör und nette Accessoires. Der Laden sieht schon von außen einladend aus und bietet Baumwoll- und Filzstoffe, Bänder, Borten, Knöpfe und alles was du sonst fürs Nähen benötigst. Selbstgenähte Kindertaschen, Dirndl-, Hand- oder Kosmetiktaschen stehen ebenfalls zum Verkauf. Wie die meisten Stoffläden bietet auch KOKONILLE Nähkurse an.

ndodo - handmade (Laim)

ndodo.de

0172 / 28 77 32 3

Sandrartstr. 24 * 80687 München

🕐 Eingeschränkte Öffnungszeiten, s. Webseite

In liebevoller Handarbeit produziert NDODO farbenfrohe und fröhliche Kinderkleidung und Accessoires. Sämtliche Modelle sind Einzelstücke oder in Kleinserie produziert. Zur Wiesnzeit stehen beispielsweise handgefertigte Kinderdirndl hoch im Kurs. Für alle, die lieber selbst Hand anlegen, bietet NDODO hochwertige Stoffe, Kurzwaren und bei Bedarf den passenden Kinder-und Erwachsenen-Nähkurs an. Die Kurse dauern in der Regel zwei bis drei Stunden.

Internet-Shops

Frautulpe.de

FRAU TULPES Kleinigkeiten wie Rasseln, Knöpfe, Schnullerbänder-Klipse und Glöckchen sind perfekt, um sie zu hübsch aussehenden und lustig klingenden Kinderspielzeugen zu verarbeiten. Außerdem gibt es tolle Stoffe und eine riesige Auswahl an Kurzwaren wie Bänder und Borten in allen Farben und Mustern. Ab 50 Euro Bestellwert ist der Versand kostenlos.

dawanda.com

DAWANDA ist der größte Online-Marktplatz für handgefertigte Unikate, die du direkt von den Kreativen kaufen kannst. Dort findest du alles, von selbstgenähten Babydecken über lustige Mützen bis hin zu selbstdesignten Kinderzimmerlampen. Wenn du es gleich selbst machen möchtest, gibt es auf dem Blog (**blog.dawanda.com**) kreative Ideen und DIY-Anleitungen, um alleine oder gemeinsam mit den Kindern kreativ zu werden.

die-traumwerkstatt.de

DIE TRAUMWERKSTATT besticht durch eine große Anzahl an Jersey- und Cordstoffen. Die Hilco Stoffe überzeugen durch bezaubernde Motive für Kinder.

 Gut an diesem Onlineshop ist der schnelle Versand, häufig kommen die bestellten Stoffe bereits am nächsten Tag mit der Post an. (Tina mit L. und T.)

lillesolundpelle.de

Bei LILLESOL & PELLE findest du Schnittmuster zum Nähen von Kleidungsstücken und Taschen. Die Schnittmuster sind in detailliert beschriebenen E-Books im pdf-Format verpackt und beinhalten ausführliche Schritt-für-Schritt-Fotoanleitungen zum Ausdrucken und einfachen Nachnähen. Die E-Books kosten zwischen 5 und 5,40 Euro und sind unterteilt in „Basics" für Beginner und „Stars" für die Profis.

neuerstoff.knobz.de

In regelmäßigen Abständen stellt die Düsseldorferin Anja Reitemeyer detaillierte Beschreibungen ihrer neuesten Kreationen ins Netz. „Upcycling" nennt sie es, wenn sie aus ausgedienten Sachen neue näht und so aus alten, unnützen Dingen, neue Lieblingsstücke kreiert. Wer lieber kauft als selber macht, kann Anjas einfallsreiche Kreationen bei DaWanda erwerben.

supercraftlab.de

Eine gute Idee, um in der Babypause den Kopf frei zu bekommen sind die zweimonatlichen DIY-Kits für kreative Selbermacher, die es unter **supercraftlab.de** gibt. Du erhältst die originellen Handarbeits-Pakete inklusive der Anleitungen und Material und kannst sofort loslegen. Es macht Spaß und die liebevoll selbstgemachten Fotoalben, Kissen oder Wimpel eignen sich perfekt als Deko fürs Kinderzimmer. Zum Ausprobieren empfiehlt es sich, erstmal nur ein DIY-Kit bei SUPERCRAFTLAB.DE zu bestellen und bei Gefallen auf das etwas günstigere Abo umzusteigen.

Zauberwaeldchen-designs.de

Die Inhaberin von ZAUBERWAELDCHEN-DESIGNS schneidert neben Kissen, Babydecken oder U-Hefthüllen auch liebevoll gestaltete Taschen für deine Kleinen – auf Wunsch ist alles personalisierbar. Für die Mamas gibt es inzwischen ein umfangreiches Schmuckangebot und ausgefallene Armbanduhren.

Kinderflohmärkte

Unzählige Münchner Jung-Mamas streifen jeden Frühling und Herbst begeistert über Flohmärkte und Basare, immer auf der Jagd nach dem schönsten Stück und dem besten Schnäppchen. Die Münchner haben den Trend erkannt und inzwischen veranstalten viele Krippen, Kindergärten, Schulen und Gemeinden so genannte Kinderflohmärkte oder Kinderbasare.

Auf den Kinderflohmärkten bezahlen die Verkäufer für einen Standplatz einen Unkostenbeitrag an den Veranstalter des Flohmarkts und verkaufen selbst an den bunt gemischten Verkaufstischen. An den, über den ganzen Flohmarkt verteilten Tischen, wird gestöbert, entdeckt und gehandelt. Im Gegensatz dazu geben die Verkäufer auf Kinderbasaren die Waren im Vorfeld mit genauer Preisangabe an den Veranstalter ab. Dieser organisiert den gesamten Verkauf, sortiert die Waren nach Größe und Art des Angebots und stellt sie, z.B. nach Größen oder Thema geordnet, aus. Die Basargänger stöbern zielgerichtet auf den sortierten Tischen und bezahlen die ausgewählten Schätze an Kassen im Eingangsbereich. Etwa 10% der Erlöse gehen an den Veranstalter, nicht verkaufte Dinge gehen an die Eltern zurück.

Kinderflohmärkte und Basare

Krippen, Kindergärten oder Münchner Gemeindehäuser

Viele KRIPPEN, KINDERGÄRTEN oder MÜNCHNER GEMEINDEHÄUSER veranstalten über die ganze Stadt verteilt spezielle Kinderflohmärkte und Basare. Besonders gut erhaltene Kleidung und Spielzeuge findest du häufig in Vierteln wie z.B. in Haidhausen, Gern oder Grünwald. Dort bezahlt man zwar etwas mehr, bekommt dafür aber häufig Top-Markensachen.

Eine Übersicht über Kinderflohmärkte gibt es auf der Webseite muenchen.babynews.de unter „Nächste Flohmärkte und Basare".

KINDERFLOHMARKT

* Als Schwangere kommt man bei vielen Kinderflohmärkten eine halbe Stunde früher rein, um mit Babybauch in Ruhe stöbern zu können. Als Nachweis ist der Mutterpass erforderlich.

Die Flohmärkte sind nach Datum geordnet.

Parallel dazu bietet kidsgo.de/termine/babybasar.php nach Stadtteilen sortiert eine gute Möglichkeit, die Flohmärkte in deiner Nähe auf einen Blick zu erfassen.

Hinterhofflohmärkte

Eine wahre Fundgrube für Kindersachen sind die HINTERHOFFLOHMÄRKTE, die einmal im Jahr, meist im Frühling und Sommer, von einigen Münchner Stadtvierteln organisiert werden. Im Rahmen dieser Nachbarschaftsprojekte verkaufen die Hausbewohner im eigenen Hinterhof oder auf der Straße ihre alten Schätze. Im Angebot sind häufig auch Kinderkleidung, Spielzeug oder Kinderbücher. Neben dem originellen Angebot ermöglichen die HINTERHOFFLOHMÄRKTE einen spannenden Blick in die Hinterhöfe und Gärten der Anwohner.

Wenn du dich für die HINTERHOFFLOHMÄRKTE interessierst, lohnt es sich unter hofflohmaerkte.de vorbeizuschauen. Dort gibt es eine gute Übersicht über alle Hof- und Gartenflohmärkte der jeweiligen Saison. Auch Stadtteilpläne mit Standortbestimmung der teilnehmenden Häuser findest du auf dieser Webseite.

Flohmarkt auf der Theresienwiese

Ein Flohmarkt-Pflichttermin ist der große FLOHMARKT AUF DER THERESIENWIESE während des Frühlingsfestes. Im Schatten der Bavaria bieten unzählige Aussteller auch Kinderkleidung und weiteres Zubehör rund ums Baby und Kind an. Um die besten Stücke zu ergattern lohnt es sich, früh dort zu sein. Nähere Informationen zu dem jährlichen Termin gibt es unter fruehlingsfest-theresienwiese.de.

Kinderschuhe

Die ersten Schuhe auszusuchen ist für viele Eltern etwas Besonderes, bedeutet es doch, dass das eigene Kind so langsam aus dem Babyalter herauswächst und die ersten eigenen Schritte macht. Kinderfüße sind weich und formbar und daher sind gut sitzende Schuhe, die weder einengen, noch beim Krabbeln stören, enorm wichtig.

In München gibt es eine Reihe von Kinderschuhläden, die sich auf Baby-, Kleinkind- und Kinderschuhe spezialisiert haben. Auch größere Schuhläden wie Tretter, bartu, Raab oder Roland haben Kinderabteilungen. Ausgefallene Krabbelschuhe findest du z.B. in Babyausstattungsgeschäften oder Kinderboutiquen.

Shops

TOP TIPP Der Kinderschuh (Sendling, Schwabing)

kinderschuh.de
089 / 33 74 77 * Karl-Theodor-Str. 42
80803 München-Schwabing
089 / 72 43 48 * Kochelseestr. 10
81371 München-Sendling
🕐 MO-FR 10.oo-13.oo und 14.oo-18.oo
SA 9.3o-14.oo

Die zwei Kinderschuhläden in Sendling und Schwabing haben sich charmant auf ihr kleines Publikum eingestellt. Der Laden in Sendling ist mit viel Holz gestaltet und überzeugt durch gute Beratung. Eine Holzgalerie mit Rutsche im Verkaufsraum macht den Kindern Spaß, dazu gibt es viele Holzschaukeltiere. Während die Kleinen spielen, findest du mithilfe des freundlichen Personals hochwertige Schuhe aus der großen Kinderschuh-Auswahl. Der Laden in Schwabing ist etwas kleiner.

Im Sendlinger Kinderschuh hatte ich bisher die beste Kinderschuh-Beratung und konnte aus einer Vielzahl von Marken auswählen. (Tina mit L. und I.)

Camper (Altstadt)

camper.com/de_DE
089 / 24 21 01 79
Theatinerstr. 16 * 80333 München
🕐 MO-SA 10.oo-19.oo

Der CAMPER-Schuhshop in den Fünf Höfen bietet eine gute Auswahl an Camper-Kindermodellen im typischen Camper-Stil. Es gibt Camper-Schnürschuhe, Ballerinas und neuerdings auch praktische Sneakers mit Klettverschluss zum einfachen Hineinschlüpfen. Ab Schuhgröße 31 lassen sich die Innensohlen auswechseln, so dass ein Schuh später auch von einem Geschwisterkind gut getragen werden kann.

Cool sind die WABI-Gummistiefel mit Neopren-Schaft, die stylisch aussehen und gleichzeitig flexibler als normale Gummistiefel sind. (Janna mit A. und L.)

der kleine Schuh (Moosach)

der-kleine-schuh.com
089 / 14 08 97 77
Baubergerstr. 30 * 80992 München
🕐 MO, MI, DO, FR 9.oo-12.oo und 14.oo-18.oo * SA 9.oo-13.oo

DER KLEINE SCHUH bietet eine große Schuhauswahl und fachkundige Beratung. Neben Kinderschuhen aller bekannten Marken wird funktionale Kinderkleidung von Kopf bis Fuß angeboten. Während die Eltern shoppen, spielen die Kleinen im Geschäft oder sehen sich einen Kinderfilm an. Auch für die Mamas gibt es in der neu bezogenen Ladenfläche Schuhe und ausgesuchte Textilien.

GUT ZU WISSEN

KINDERSCHUHE

Das erste Paar ♥

Viele Orthopäden empfehlen, bei Babys und Kleinkindern solange wie möglich auf festes Schuhwerk zu verzichten. Die Tendenz geht dahin, im Babyalter je nach Jahreszeit mit Krabbelschuhen (Lederschläppchen) zu beginnen. In diesen weichen Schuhen haben die Füße der Kinder genug Bewegungsfreiheit und können den Boden gut spüren. Schuhe aus reinem Leder sind darüber hinaus ein Naturprodukt und atmungsaktiv. Im Gegensatz zu Socken, die sich die Kleinen gern vom Fuß ziehen, halten die flexiblen Gelenkbänder der Krabbelschuhe die Schuhe gut am Fuß. Sollte die Sohle der Lederschläppchen glatt gelaufen sein, kann man sie mit feinem Sandpapier oder einer Wildlederreinigungsbürste wieder anrauen.

Oft folgen Lauflernschuhe mit flexibler Sohle, die dem Kind mehr Halt geben und besser vor Kälte und Feuchtigkeit schützen. Die Sohle sollte so biegsam sein, dass das Kind die Füße gut bewegen kann. Das ist besonders wichtig, wenn die Kleinen endlich die lang ersehnten ersten Schrittchen machen. Bei den ersten Schuhen kommt es weniger auf das Design oder die Marke an, sondern vielmehr auf die Verarbeitung und die Passform an den individuellen Kinderfuß. Es empfiehlt sich gerade bei den ersten Schuhen in den stationären Schuhhandel zu gehen. Dort messen professionelle VerkäuferInnen die Füße der Kinder aus und wählen den richtigen Schuh in der richtigen Schuhgröße aus. Es ist nicht nur erforderlich, die passende Schuhlänge zu ermitteln, sondern auch auf die Schuhweite zu achten. Damit zierliche wie breite Kinderfüße ausreichend Platz und Halt finden, gibt es schmale, mittlere und weite Kinderschuhe. Diesbezügliche Bezeichnungen findet man neben den Größenangaben der Kinderschuhe.

Das Messen der Füße sollte man bei jedem Schuhkauf wiederholen, da die Füße unglaublich schnell wachsen. Vorne sollte genug Platz sein, damit man nicht nach vier Wochen wieder neue Schuhe kaufen muss. Optimal ist ein Spielraum vorne von etwa einem Zentimeter. Bewährt hat sich die Methode, die Füße des Kindes auf einem Blatt Papier nachzuzeichnen und auszuschneiden. Die Schablonen können im Geschäft in die Schuhe gelegt werden, um so die richtige Schuhgröße herauszufinden. Moderner ist die Methode, sich eine Fußmess-App, z.B. von Naturino herunterzuladen und mithilfe des Tablets die Füße exakt auszumessen.

Für das Wachstum der Kinderfüße pro Jahr gelten folgende Richtlinien:

* Baby- und Krippenalter: Zwei bis drei Größen pro Jahr

* Kindergartenalter: Zwei Größen pro Jahr

* Schulalter: Eine Größe pro Jahr

Flic Flac (Haidhausen, Trudering)

kinderschuhe-online.com

089 / 48 00 26 96 * Weissenburger Platz 6
81667 München-Haidhausen
089 / 45 46 15 99 * Truderinger Str. 289
81825 München-Trudering
🕐 MO-FR 10.oo-19.oo * SA 10.oo-17.oo
(im Winter je eine Stunde kürzer)

Wenn du als Haidhausener „um die Ecke" Schuhe shoppen gehen möchtest, kommst du um FLIC FLAC am Weißenburger Platz kaum herum. Es bietet eine grundsolide Auswahl an Schuh-Qualitätsmarken, z.B. Aigle, Superfit, Giesswein, Mod8 oder Naturino. Neuerdings gibt es dort auch Funktionskleidung wie Regenjacken oder Matschhosen. Das Schwesterngeschäft in Trudering verkauft zusätzlich trendige Kinderkleidung von Diesel, Replay oder Cakewalk.

Kinderschuhklub (Trudering)

kinderschuhklub.de

089 / 30 70 58 94
Wasserburger Landstr.186 * 81827 Müchen
🕐 MO-FR 10.oo-12.3o und 14.3o-18.oo
SA 10.oo-13.oo

Der KINDERSCHUHKLUB im Münchner Osten hat für jedes Kind die richtigen Schuhe. Im Kleinkindbereich ab Größe 19 bietet der Kinderschuhklub ausschließlich Schuhe aus Europa an, z.B. die Marken bellybutton, Pom Pom, Naturino oder Dulis.

SHOPPING BEI BAMBINI

* Zwei Mal im Jahr veranstaltet BAMBINI einen Lagerverkauf, einige Häuser neben dem Hauptgeschäft in der Gaßnerstraße 11. Er dauert mehrere Tage und es gibt jede Menge günstige Angebote, teilweise bis zu 70% reduziert.

* Nach Registrierung erhält man per E-Mail eine persönliche Einladung zum Lagerverkauf.

Bambini Kinderschuhe (Nymphenburg)

bambini-kinderschuhe.com

089 / 17 81 39 7
Gaßnerstr. 3 * 80639 München
🕐 MO-FR 10.oo-18.oo * SA 10.oo-14.oo

Kleiner Laden in Nymphenburg, der sich wegen seiner guten Beratung und seiner gelungenen Auswahl an Kinderschuhen einen Namen unter Münchner Eltern gemacht hat. Der Laden besteht bereits seit über 20 Jahren.

willibald (Laim)

willibald-kinderschuhe.de

089 / 58 92 94 54
Willibaldplatz 1 * 80689 München
🕐 MO-FR 10.oo-13.oo und 14.3o-18.oo
SA 10.oo-13.oo

Christiane Marks, Inhaberin des WILLIBALDS, stellt die Kinderschuhkollektion mit Liebe zum Detail zusammen. Die Auswahl reicht von Erstlingsschühchen über Lauflernschuhe bis zum coolen Sneaker für Jugendliche. Los geht es bereits bei Größe 18. Das Verkaufsteam überzeugt durch erstklassige Beratung und Begeisterung für seine jungen Besucher.

Spielzeug und Accessoires♥

Ein Baby zu bekommen ist eine gute Gelegenheit, selbst wieder in Spielzeugläden zu stöbern. Es ist herrlich sich zu erinnern wie es als Kind war, als ein Spielzeugladen einem wie das Paradies auf Erden vorkam. In den ersten Monaten brauchen die Babys allerdings noch kein Spielzeug, denn sie zeichnen sich vor allem durch eines aus: sie unterbrechen ihren Schlaf zum Essen und das Essen um zu schlafen. Mit Spielzeug können sie noch nicht viel anfangen. Etwa ab dem dritten Monat nimmt das Interesse an Dingen in der Umgebung sprunghaft zu. Wenn du die Kleinen jetzt unter ein Mobile oder ein Babytrapez legst, werden sie es interessiert betrachten und irgendwann anfangen, die baumelnden Gegenstände zu greifen. Erste Babyspielsachen kommen zum Einsatz und werden mit zunehmendem Alter interessanter. Spannend finden es die Kleinen, wenn die Spielzeuge z.B. mit Rasseln oder Glöckchen ausgestattet sind und Geräusche machen.

Mit zunehmendem Alter der Kinder, kommt mehr Bewegung ins Spiel. Die Koordination der Hände wird besser und Zusammenhänge werden erforscht. Mit etwa einem Jahr spielen die Kinder noch viel für sich allein, mögen Steck- und Sortierspiele und fangen langsam an zu bauen. Auch musikalische Spielzeuge wie ein Xylophon stehen jetzt hoch im Kurs. Mit etwa zwei Jahren können sich die Kinder besser ausdrücken und beginnen, sich aktiv mit anderen Kindern zu beschäftigen. Sie brauchen nun Spiesachen, mit denen sie gemeinsam bauen oder spielen können. Klassiker für etwa Zweijährige sind z.B. die Duplosteine von Lego, eine Holzeisenbahn oder eine Kinderküche. Anders als früher gibt es inzwischen auch viele elektronische Spielzeuge. Sie machen z.B. Geräusche oder Blinken und sind oft der Renner bei den Kindern. Aber Vorsicht, häufig sind die elektronischen Spielsachen laut und mit der Zeit anstrengend.

Wir stellen in diesem Kapitel schöne Kindergeschäfte vor. Das heißt aber nicht, dass es nicht weitere tolle Läden gibt und daher sind wir für Anregungen auf unserer Webseite mycitybaby-muenchen.de dankbar.

GUT ZU WISSEN

KINDERSPIELZEUG

* Kinderspielzeug sollte die Phantasie der Kinder anregen. Je vielfältiger die Formen, Materialien, Farben und Düfte sind, desto länger bleibt das Spielzeug interessant.

* Schön ist, wenn das Spielzeug einen Bezug zur Erlebniswelt des Kindes hat. Nach einem Urlaub am Meer eignet sich z.B. ein kleines Boot.

* Gutes Spielzeug ist langlebig und belastbar. Beim Spielzeugkauf ist es daher wichtig, auf stabile und solide Verarbeitung zu achten.

* Je jünger das Kind, desto größer sollte das Spielzeug sein. Diese Regel ist wichtig, weil kleine Kinder alles in den Mund stecken und Spielzeug leicht verschlucken können. Altersangaben auf der Spielzeugverpackung geben eine gute Orientierung.

* Scharfe Ecken und Kanten, Haken oder sich lösende Kleinteile haben an Spielzeug nichts zu suchen. Das CE-Zeichen kennzeichnet, ob das Produkt den geltenden Anforderungen genügt. Außerdem lohnt ein regelmäßiger Blick in die Zeitschriften Stiftung Waren- und Ökotest.

Shops

 en petit (Haidhausen)

stefaniedullien.de

Details s. TEIL 2 * S. 105

Individuelles Spielzeug und ausgesuchte Geschenke sind neben der Kleidung das Besondere an EN PETIT. Die Besitzerin Stefanie Dullien hat ein Händchen dafür, ausgefallene Accessoires anzubieten. Es gibt beispielsweise Djeco Spielzeug für jede Altersklasse.

 Unser aktuelles Lieblingsstück für Kindergartenkinder bei en petit ist ein Regenschirm zum selbst Bemalen. (Janna mit A. und L.)

Stadtkind (Altstadt)

stadtkind-muenchen.de

089 / 18 94 41 80

Sendlinger Str. 1 * 80331 München

🕐 MO-FR 10.oo-18.oo * SA 10.oo-16.oo

2012 eröffnete das STADTKIND mit einer Prise Vintage-Schick in der Sendlinger Straße. Dort bekommst du ein buntes Sortiment an Spielzeugen und Kindermode, genauso wie Deko, Accessoires, Schmuck oder Taschen für dich selbst.

Kugelspiel (Altstadt)

kugel-spiel.de

089 / 38 59 47 45

Reichenbachstr. 15 * 80469 München

🕐 MO-SA 10.oo-19.oo

Wenn du etwas Besonderes aus München suchst, bist du im KUGELSPIEL und beim Kuscheltier „Frau Berta" richtig. Frau Berta ist eine Art selbstgenähter Stoffhund, den das KUGELSPIEL-Team erfunden hat und in vielen Stoff- und Farbmustern schneidert. Jede Berta ist ein Unikat und kostet 19,90 Euro. Neben Frau Berta bekommst du

123

UNSER TIPP — BABYSPIELZEUGE

* Mobiles sind über dem Wickeltisch ein toller Blickfang und fesseln die Aufmerksamkeit der Kleinen ab dem dritten Monat beim Wickeln und Anziehen.

* Kleine Glöckchen bekommt man in Stoffläden oder Kaufhäusern und kann sie ganz einfach selbst ans Babyspielzeug anbinden.

für Kinder ausgefallene Strampler, Bodys, Brotzeittaschen oder Schmusekissen und für dich selbst eine bunte Mischung aus Mode, Hüten und Schmuck.

Obletter (Altstadt)

obletter.de
089 / 55 08 95 10
Karlsplatz 11 * 80335 München
🕐 MO-SA 10.oo-20.oo

OBLETTER ist mit rund 16.000 Spielwarenartikeln das größte Münchner Spielwarengeschäft und schon seit vielen Jahren eine Institution in der Münchner Innenstadt. Die große Auswahl auf zwei Etagen bietet für jedes Alter und jeden Geschmack etwas. Im OBLETTER wirst du mit Sicherheit fündig, auch wenn es wahrscheinlich nicht die individuellsten Spielzeuge sind. Aufgrund der zentralen Lage und dem universellen Angebot ist das Geschäft oft gut besucht.

Kunst und Spiel (Schwabing)

kunstundspiel.de
089 / 38 16 27 0
Leopoldstr.48 im Rückgebäude
80802 München
🕐 MO-FR 9.3o-19.3o * SA 9.3o-18.oo

Eines der ältesten Holzspielzeugwarengeschäfte Münchens steht im Geiste der Waldorfpädagogik. Es bietet hochwertiges Holzspielzeug, Bastelmaterialien, Postkarten, Kinderbücher und Naturtextilien, die häufig aus reiner Merino- oder Schurwolle sind. Der Fokus dieses Geschäfts liegt auf Holzspielzeug und es gibt eine große Auswahl an Bastelmaterialien wie Filz, Ton oder Glasperlen. In der Bastelabteilung hast du die Chance, zahlreiche Techniken auszuprobieren. In Schwabing ist KUNST UND SPIEL der „alternativ" angehauchte Treffpunkt für alle Mamas, die ihren Kleinen etwas Gutes tun wollen. Für einen entspannten Einkauf stehen für die Kinder Spielecken bereit.

Lanai (Isarvorstadt)

lanai-home.de
089 / 89 08 30 55 0
Lindwurmstr. 3 * 80337 München
🕐 MO-SA 10.oo-19.oo

Bei LANAI findest du hübsche Baby- und Kinderaccessoires. Es gibt individualisierbare Bilderrahmen und ausgefallenes Spielzeug aus geschmackvollen Stoffen.

Das Kinderzimmer (Schwabing)

das-kinderzimmer.de
089 / 27 16 80 0
Kurfürstenstr. 55 * 80801 München
🕐 MO-Fr 9.3o-18.3o * SA 9.3o-14.oo

Bereits seit 45 Jahren bietet DAS KINDERZIMMER Spielwaren- und Kindermöbel in München an. Sorgfältig ausgewählte Spielzeuge wie Kugelbahnen, Holzbausteine oder Puppen für jedes Alter warten in den ansprechend gestalteten Räumen. Die Besonderheit am KINDERZIMMER ist die gute und persönliche Beratung, die dir wertvolle Tipps in Sachen Kinderzimmer, Kinderwagen und Co. gibt. Auch der Service ist exzellent und DAS KINDERZIMMER ist eine der wenigen Anlaufstellen in München, wenn du einen Brio-Kinderwagen erwerben möchtest.

Lili & Milou (Schwabing)

lilietmilou.com
089 / 38 88 88 67
Kurfürstenplatz 8 * 80796 München
(Eingang Hohenzollernstraße)
🕐 MO-FR 10.oo-19.oo * SA 10.oo-18.oo

LILI & MILOU ist eine Kinderboutique mit französischem Flair, in der du in entspannter Atmosphäre kunterbunte Spielwaren, Deko und Kleidung entdecken kannst. Marken wie Noa Noa, bengh per principesse, Tyrell Katz oder Anna und Paul sind geschmackvoll ausgewählt und ansprechend präsentiert. Ins Auge stechen die bunten, gehäkelten Spielzeuge und Stofftiere von anne-claire petit, die zurzeit total „in" sind. Das Geschäft verpackt Geschenke kostenlos mit dem fröhlichen LILI & MILOU Geschenkpapier.

Engel und Bengel (Haidhausen)

engelundbengel.com
089 / 44 21 85 36
Innere Wiener Str. 61 * 81667 München
🕐 MO-FR 10.oo-18.oo * SA 10.oo-16.oo

ENGEL UND BENGEL ist ein liebevoll dekoriertes Kindergeschäft im Herzen von Haidhausen. Die angebotene Kleidung, Schuhe, kleine Mitbringsel, Spielzeug und Möbel im nostalgischen Ambiente sind durchweg Markensachen und nicht ganz günstig, aber dafür etwas Besonderes. Schön sind auch die angebotenen Einrichtungsgegenstände, z.B. die Teppiche, Tagesdecken oder die Themenwelten für Kindergeburtstage. Von der Piraten- oder Prinzessin-Einladung über Becher, Servietten oder Deko bietet ENGEL UND BENGEL alles an. Während du dich umschaust, vergnügen sich die Kleinen in einer gemütlichen Spielecke.

Chika - so Kind (Haidhausen)

chi-ka.de
089 / 66 56 16 17
Weißenburger Str. 21 * 81667 München
🕐 MO-FR 9.3o-19.oo * SA 10.oo-18.oo

Das sympathische Geschäft CHIKA – SO KIND begrüßt dich mit einem bunten Farbgewitter bestehend aus Postkarten, Dekoartikeln fürs Kinderzimmer und allerlei Kleinigkeiten.

 Im Chika finde ich für jeden Kindergeburtstag das richtige Geschenk. (Alex mit C.)

Zuckerschnürl (Isarvorstadt)

zuckerschnuerl.de
089 / 30 70 31 32
Auenstr. 29 * 80469 München
🕐 MO-FR 10.oo-18.3o * SA 10.oo-16.oo

Bunte Lampions in klein und groß von „la case de cousin paul" stechen ins Auge, wenn du den Kinderladen ZUCKERSCHNÜRL am Baldeplatz betrittst. Das Sortiment besteht aus vielen spanischen, französischen oder nordischen Marken, z.B. coole Karten von mon petit art oder schickes Plastikgeschirr und individuelle Boxen von rice. Kleidung gibt es von der Marke „mini rodine" aus Schweden. Unmittelbar daneben befindet sich das Zoozies (Wittelsbacherstr. 15, 089 / 20 10 05 9), ein nettes Café für einen Zwischenstopp.

Der Laden (Sendling)

derladen-kinder-kunst.de
089 / 41 85 65 11
Waldfriedhofst. 60 * 81377 München
🕐 DI-FR 10.oo-18.oo * SA 10.oo-13.3o

Ein originelles Spielwarenangebot von Djeco, Vilac, Pat&Patty, Trousselier, Jellycat oder Kapla wartet darauf, von Groß und Klein entdeckt zu werden. Ein schönes Mitbringsel ist die Baby-Schnecke. Sie ist aus 100% Baumwolle und wird in Hamburg individuell mit bunten Kinderstoffen handgefertigt. Perfekt zum Schlummern, Kuscheln und Spielen für Babys für knapp 40 Euro. Für Geburtstagskinder wird ein besonderer Service – ein Geburtstagskörbchen – angeboten, in das du potenzielle Geschenke für deinen Nachwuchs legen kannst. Die Gäste können sich ein passendes Geschenk aussuchen und haben so die Gewissheit, das Richtige zu schenken.

Haenselgret (Westend)
haenselgret.de
089 / 72 63 23 77
Details s. TEIL 2 * S. 107

Nostalgisch geht es in Angela Rupps HAENSELGRET zu, das im Westend schon mehrfach wegen Platzmangels in jeweils größere Läden umgezogen ist. Es bietet Kostbarkeiten an, die Eltern in ihre eigene Kindheit zurückversetzt, z.B. die Kinderpost, die an Postspiele vergangener Zeiten erinnert. Schmusepuppen, individualisierbare Kissen oder Schaukelpferde verzaubern die Kinder. Neben all diesen liebevollen Kleinigkeiten gibt es bunte Kleidung oder selbst gestrickte, warme Wollsocken.

Brauseschwein (Neuhausen)
089 / 13 95 81 12
Frundsbergstr. 52 * 80637 München
🕐 MO-FR 10.oo-13.oo und 15.oo-18.3o
SA 11.oo-14.oo

Das BRAUSESCHWEIN ist ein Neuhausener Geheimtipp und bietet eine gute Mischung aus „Spiel, Spaß und Süßem". Es ist ein nostalgisches Geschäft im Herzen von Neuhausen, in dem du dich 30 Jahre in der Zeit zurückversetzt fühlst. Hier kannst du herumstöbern und ausgefallene Sachen finden, die an deine Kindheit oder sogar an die deiner Omas erinnern. Blechspielzeug, Murmeln, Flummis, Lampen oder Postkarten mit indischen Motiven, alles bezaubernde Kleinigkeiten, die man gerne besitzen

möchte. Auch Kinder können am BRAUSESCHWEIN kaum vorbeigehen, denn neben den Spielzeugen gibt es für sie allerlei kleine Zuckerl.

 Nicht viele der Sachen braucht man unbedingt und trotzdem bin ich aus dem Brauseschwein noch nie mit leeren Händen herausgegangen. (Susanne mit I.)

Spieloase (Neuhausen)
089 / 16 79 04 4
Volkartstr. 19 * 80634 München
🕐 MO-FR 10.oo-18.oo * SA 10.oo-14.oo

Die SPIELOASE zieht sich über drei kleine Verkaufsräume und bietet Babyspielzeug, Fühlbücher, Puzzles oder Mitbringsel ab der Geburt. Du suchst ein Geschenk oder eine Kleinigkeit? In der SPIELOASE wirst du bestimmt fündig.

murmel (Neuhausen)
murmelimnetz.de
089 / 12 02 21 66
Volkartstr. 6 * 80634 München
🕐 MI-FR 10.oo-18.oo

MURMEL ist ein kleiner Kinderladen, der ausgefallenes Spielzeug im Retrostil verkauft. Dort bekommst du hübsches Kindergeschirr, Puzzles, Aufbewahrungsboxen und allerlei sonstige Kleinigkeiten.

Flügels Spiel- und Holzwerkstatt (Nymphenburg)

089 / 17 76 82
Nördliche Auffahrtsallee 62
80638 München
🕐 MO-FR 10.oo-13.oo und 15.oo-18.oo
SA 10.oo-13.oo

Murmelbahnen, Tierfamilien aus Holz, Mobiles und bunte Wimpel, bei FLÜGELS gibt es eine große Auswahl an Spielzeugen und anderen liebevoll ausgesuchten Accessoires. Wer im Laden nichts für die Kleinen findet, kann sich in der angrenzenden Werkstatt seinen persönlichen Spielzeugtraum erfüllen lassen. Die zugehörige Schreinerei fertigt in der vierten Generation individuelle Spielzeuge auf Bestellung.

Wolke 7 (Obermenzing)

089 / 87 57 81 00
Georg-Hann-Str. 5 * 81247 München
🕐 MO-FR 9.3o-18.oo * SA 10.oo-13.oo

Bunte Spielzeugkisten, nette Accessoires und die schönen Stoffe machen die Atmosphäre dieses Geschäftes für Spielzeug und Accessoires in Obermenzing aus. Außerdem findest du dort geschmackvolle Dekoartikel für dich selbst.

Schaukelpferd (Pasing)

schaukelpferd-welt.de
089 / 82 07 38 22
An der Schäferwiese 24 * 81245 München
🕐 MO-FR 10.oo-18.oo * SA 9.oo-13.oo

Spielzeug, Spielzeug und noch mehr Spielzeug gibt es in diesem hellen Laden in Pasing, in dem die Besitzerinnen viele bekannte Spielzeugmarken wie HABA, Brio, Götz, Djeco oder die Spiegelburg anbieten.

SPIELZEUG ZUM AUSLEIHEN

* Über die Webseite **meine-spielzeugkiste.de** kann man Spielzeuge, z.B. von HABA, Selecta oder Brio individuell aussuchen, online in eine Kiste packen und sich schicken lassen. Die Idee dahinter ist, dass Kinder ihre Spielzeuge häufig erst heiß lieben und dann nicht mehr beachten. Abhilfe schafft DIE SPIELZEUGKISTE, über die man das Spielzeug in regelmäßigem Turnus austauschen kann. Das Kind hat so regelmäßig etwas Neues und es stapeln sich weniger große Spielzeugberge zu Hause. Es gibt die Kisten in den Größen S, M und L für 14, 24 oder 34 Euro pro Monat.

Minikönig (Pasing)

mini-koenig.de
089 / 52 03 24 67
Spiegelstr. 8 * 81241 München
🕐 MO-FR 10.oo-18.oo * SA 10.oo-15.oo

Im maritim angehauchten MINIKÖNIG bekommst du individuelle Spielwaren, Bücher und bunte Accessoires. Ins Auge stechen die blau-weiß-roten Stoffe, aus denen Kissen, Decken, Lampenschirme und Aufbewahrungsboxen geschneidert sind. Auf Wunsch werden die Stoffartikel mit deinem Wunsch-Namen bestickt.

Zahnärzte für Kinder-
und Jugendzahnheilkunde:
Dr. Heike Pfau,
Dr. Nina Back
Dr. Bettina Engler-Hamm, MSc.

Fachzahnärzte für
Kieferorthopädie:
Dr. Felix Kirchner
Dr. Christina Raptarchis

Umfassende Kompetenz für die Zähne Ihrer Kinder

 **Zahninsel**

**Praxis für Kinder- und
Jugendzahnheilkunde**
im Münchner Norden

Praxis für Kieferorthopädie

Milbertshofener Str. 90
80807 München
www.zahninsel.de
Tel. 089 18 94 59 50

 **Zahninsel**

**Praxis für Kinder- und
Jugendzahnheilkunde**
am Rotkreuzplatz

Donnersbergerstr. 5
80634 München
www.zahninsel-rotkreuzplatz.de
Tel. 089 990 16 46-0

PRIVATPRAXIS FÜR KINDERZAHNHEILKUNDE UND KIEFERORTHOPÄDIE BOGENHAUSEN

Dr. Heike Pfau,
Dr. Nina Back
Dr. Bettina Engler-Hamm, MSc.
Dr. Felix Kirchner

Cuvilliésstr. 14 a, 81679 München
Tel. 089 552 97 13 30
www.meine-privatpraxis.de

Kinderbücher

Vorlesen, vorlesen und nochmal vorlesen und das schon ab dem Kleinkindalter, denn so bekommen die Kinder Spaß an Büchern, lernen neue Wörter und tauchen in spannende Welten ab. Gut ist, das Lesen in den Alltag zu integrieren und feste Rituale daraus zu machen. Beginnen kannst du mit Fühlbüchern, das sind Bücher aus fester und robuster Pappe mit Fühlelementen. Danach kommen Bücher in handlichen Formaten, oft mit Farben oder großen Abbildungen von Tieren oder Gegenständen aus dem täglichen Leben.

Ab einem Alter von etwa zwei Jahren haben die Bücher schon mehr Text und die Kleinen sind begeistert, wenn sie ein neues Buch entdecken können. Wichtig ist, die Interessen der Kinder zu berücksichtigen, denn ein Baggerfan wird sich nicht unbedingt für Märchen interessieren und ein Pferdenarr nicht für Bücher mit Fahrzeugen.

Attraktiv ist das Angebot der Münchner Stadtbibliotheken, in denen Kinder umsonst Bücher, Zeitschriften, CDs oder DVDs ausleihen können. Wer die Bücher selbst für kleines Geld besitzen möchte, schaut sich auf Flohmärkten um, auf denen es günstige Secondhandbücher gibt.

....

Münchner Stadtbibliotheken
↪ mehrere Standorte
muenchner-stadtbibliothek.de
089 / 48 09 83 31 3
🕐 Am Gasteig: MO-FR 10.oo-19.oo
SA 11.oo-16.oo
🕐 Stadtteilbibliotheken: MO, DI, DO,
FR 10.oo-19.oo * MI 14.oo-19.oo

In allen MÜNCHNER STADTBIBLIOTHEKEN kannst du mit einem kostenlosen Bibliotheksausweis nach Belieben Bücher, CDs, Kassetten oder Kinderzeitschriften ausleihen. Erst nach vier Wochen müssen die Bücher zurückgegeben werden, genug Zeit, um die Bücher ausführlich anzusehen

LESEN MIT KLEINKINDERN

* Das Kind sollte entscheiden, was es sich anschauen oder lesen möchte. Dies steigert die Vorfreude und zeigt dem Nachwuchs, dass man seine Wünsche respektiert. Je älter die Kinder werden, desto gezielter entscheiden sie sich für bestimmte Bücher.

* Während des Lesens ist ein ruhiges Umfeld wichtig. Die kleinen Leser können sich am besten auf die Geschichten konzentrieren, wenn man gemeinsam auf einem gemütlichen Sofa sitzt oder aneinander gekuschelt im Bett in die Bücher eintaucht.

* Schön ist, wenn aus dem Lesen ein Ritual wird. Gerade mittags zur Mittagsruhe oder abends vor dem Schlafengehen ist das Lesen eine schöne Entspannungs- oder Zubettgeh-Routine.

* Häufig können sich Kinder bis zu drei Jahren noch nicht lange auf eine Geschichte konzentrieren und finden es spannend, selbstständig das Buch vor- und zurückzublättern. Man sollte darauf eingehen und das Kind das Tempo bestimmen lassen.

* Kreativität ist beim Vorlesen erlaubt. Die Kinder mögen es, wenn es Bezüge zum eigenen Leben gibt und die Geschichten dadurch greifbarer und realistischer werden.

* Eltern sollten mit gutem Beispiel vorangehen und Kindern das Lesen vorleben. Dazu gehört auch, sparsam mit dem Fernsehkonsum umzugehen und öfter mal zum Buch zu greifen, denn schließlich sind Mama und Papa die größten Vorbilder des Kindes.

oder durchzulesen. Ein tolles Angebot, das allen Kindern den Zugang zu spannenden Büchern ermöglicht. Falls Mahngebühren für zu spätes Abgeben anfallen, bezahlt man mit dem Kinderausweis geringere Mahngebühren.

Der größte Standort der Münchner Kinder- und Jugendstadtbibliothek befindet sich im Untergeschoss des Gasteigs und ist auch mit Kinderwagen gut erreichbar. Eine gemütliche Leseecke lädt zum Schmökern ein und regelmäßig werden Vorlesestunden angeboten. Neben dem deutsch-sprachigen Angebot kannst du auch fremdsprachige Kinderbücher, z.B. auf Englisch oder Französisch ausleihen.

Shops

LeseLotte (Glockenbach)

leselotte-muenchen.de

089 / 13 92 92 38

Reichenbachstr.30 * 80469 München

MO 14.oo-18.3o * DI-FR 10.3o-18.3o

SA 10.3o-16.oo

Die LESELOTTE im Glockenbach ist ein Leseparadies für Münchner Kinder. Das Sortiment umfasst Stoffbücher, Pappbilderbücher, Fühlbücher, Bilderbücher und noch viel mehr Lesestoff. Hörbücher, Spiele, Postkarten, Stifte und Stempel runden das kinderfreundliche Angebot ab. In der gemütlichen LESELOTTE mit Schmökerecke zum Anschauen und Probelesen dürfen kleine wie große Besucher Bücher entdecken, ertasten und anlesen. Einige der Kinder-Bilderbücher sind sogar auf Englisch.

Hugendubel Kinderabteilung

➲ mehrere Standorte

hugendubel.de

🕐 MO-SA 9.oo-19.oo

kann je nach Standort variieren

In jedem HUGENDUBEL gibt es Kinderbereiche, in denen du ein umfangreiches Sortiment für Kinder jeden Alters findest. Das Sortiment umfasst eine große Auswahl an Büchern und Spielsachen, die du in Ruhe in den Geschäften ansehen kannst. Filialen in deiner Nähe findest du unter **hugendubel.de/filialen**.

Lesetraum (Altstadt)

Lesetraum.de

089 / 23 22 54 20

Herzog-Wilhelm-Str. 5 * 80331 München

🕐 MO-SA 10.oo-19.oo

Die Buchhandlung LESETRAUM ist eine ruhige Insel mitten in München, ein kleines Paradies für Familien mit Kindern. Sie bietet Bücher für die ganze Familie, von Fühl- und Bilderbüchern über Bücher zum Vorlesen bis hin zu Kinderbüchern. Das Sortiment wird ergänzt durch Hörbücher und Spielwaren. Schön sind die vielen Lesetipps der Mitarbeiter der Buchhandlung.

KOKON Lenbach-Palais (Altstadt)

kokon.com

089 / 55 25 14 12

Lenbachplatz 3 * 80333 München

🕐 MO-SA 10.oo-19.oo

Das Einrichtungsgeschäft KOKON mit außergewöhnlichen Möbeln, Textilien und Accessoires hat eine kleine aber feine Kinderbuchecke, in der du ausgefallene Kleinkindbücher von Autoren aus der ganzen Welt erwerben kannst.

Die Bücher bei Kokon haben das gewisse Etwas, z.B. mit 3D Bildern oder Tönen, die sie für die Kinder spannend machen. Auch zum Verschenken sind sie ideal, da sie immer ein wenig aus der Reihe fallen. (Janna mit A. und L.)

Lehmkuhl (Schwabing)
lehmkuhl.net
089 / 34 70 75
Leopoldstr. 45 * 80802 München
🕐 MO-FR 9.3o-20.oo * SA 9.3o-18.oo

Die Buchhandlung LEHMKUHL gehört zu den renommiertesten Buchhandlungen in München. Sie liegt zentral bei der Münchner Freiheit und hat eine gut sortierte Kinder- und Jugendbuchabteilung. LEHMKUHL zeichnet sich durch gute Beratung, geschultes Personal und eine große Auswahl an Kinderbüchern aus.

Buch & Café Lentner (Haidhausen)
Buchlentner.de
089 / 18 91 00 96
Balanstr. 14 * 81669 München
🕐 MO-FR 10.oo-19.oo * SA 10.oo-15.oo

Das BUCH & CAFÉ LENTNER verkauft Stoffbücher, Badewannenbücher, Wimmelbücher, Vorlese- und Selbstlesebücher, dazu hat es freundliches Personal und einen zuvorkommenden Service. Es fühlt sich fast an wie zu Hause im Wohnzimmer, wenn du mit deinen Kindern gemütlich auf der Couch sitzt und in den Kinderbüchern stöberst.

Haidhauser Buchladen (Haidhausen)
haidhauserbuchladen.de
089 / 44 80 77 4
Weißenburger Str. 29 * 81667 München
🕐 MO-FR 9.oo-19.oo * SA 9.oo-16.oo

Im HAIDHAUSER BUCHLADEN gibt es jede Menge Kinderbücher. Für interessierte Eltern und ErzieherInnen veranstaltet Jutta Bühler Informationsabende, an denen sie neue Bilder-, Sach- und Vorlesebücher vorstellt. Für ihre Kompetenz und ihr Engagement in Sachen Kinderbuch wurde das Team um Jutta Bühler mit einem „Gütesiegel für vorbildliche Leseförderung" ausgezeichnet.

Buch in der Au (Au)
buch-in-der-au.de
089 / 62 26 96 65
Humboldtstr. 12 * 81543 München
🕐 MO-FR 9.oo-19.oo * SA 9.oo-16.oo

Der kleine BUCHLADEN IN DER AU besticht durch viel Charme und einen gemütlichen Verkaufsraum. Für die kleinen Kunden wurde ein netter Kinderbereich geschaffen, in dem sie alles finden, was das kleine Leserherz begehrt. Die beiden Inhaberinnen stehen ihren Kunden mit guten Tipps zur Seite.

Buch & Bohne (Isarvorstadt)
buchbohne.de
089 / 37 41 40 60
Kapuzinerplatz 4 * 80337 München
🕐 MO-FR 10.oo-20.oo * SA 10.oo-16.oo

BUCH & BOHNE ist ein gemütlicher Buchladen mit integriertem Café am Kapuzinerplatz, in dem es Spaß macht, zu schmökern, sich einen Cappuccino zu gönnen und neue

Bücher zu entdecken. Währenddessen vergnügen sich die Kinder zufrieden in dem Kinderbereich mit einem großen Sortiment an Kinder- und Jugendliteratur. Auch den Kleinsten macht dieses Buchgeschäft Spaß, denn es gibt gemütliche Kindersessel und eine kleine Spielecke. Bücher-Neuentdeckungen stellt das fachkundige Personal gerne vor und auch die Buchempfehlungen von Kunden sind hilfreich.

Wortwahl (Glockenbach)
wort-wahl.net
089 / 26 01 93 11
Reichenbachstr. 15 * 80469 München
🕐 MO-SA 10.oo-20.oo

Mit ihrer Spezialisierung auf Kinderbücher, Kunst und Design überzeugt WORTWAHL seine Kunden durch eine große Auswahl an Bilderbüchern für Kinder und Erwachsene. Ein Drittel des Ladens ist Kinderbüchern gewidmet, die die BesitzerInnen alle selbst gelesen oder empfohlen bekommen haben. Außerdem überzeugen die sympathischen Mitarbeiter, die Kunden gut beraten und nicht vorrätige Bücher gerne bestellen.

Sendlinger Buchhandlung (Sendling)
sendlinger-buchhandlung.de
089 / 76 69 51
Daiserst. 2 * 81371 München
🕐 DI-FR 10.oo-18.3o * SA 10.oo-14.oo

Die breite Auswahl an Kinderbüchern überzeugt kleine Leseratten, die in der Kinderbuchabteilung in Ruhe Bücher entdecken können. Wenn sich die Kleinen bereits entschieden haben und die Eltern noch schmökern, erfreuen sich die Kinder an den Spielgeräten im Verkaufsraum.

Bücher Hacker (Laim)
buecherhacker.de
089 / 54 67 41 11
Fürstenrieder Str. 44+46a
80686 München
🕐 MO-FR 9.oo-19.oo * SA 9.oo-16.oo

BÜCHER HACKER ist ein charmanter Buchladen in Laim. Die Eltern schätzen die gute Beratung und die kleinen Mitbringsel zusätzlich zum Buch. Die Kinder mögen Spiel-Accessoires wie die große Janosch-Ente im Laden.

Colibris (Neuhausen)
089 / 16 93 26
Leonrodstr.19 * 80634 München
🕐 MO-FR 9.3o-19.3o * SA 10.oo-16.oo

Der kleine Laden fällt von außen kaum auf und verkauft viele individuelle Bücher. Er hat eine kleine Kinderecke mit gut ausgewählten Kinderbüchern. Besonders hervorzuheben ist die Beratung, die tatkräftig bei der Kaufentscheidung unterstützt.

special topic

PERFEKTER BABY-SHOPPING-TAG IN HAIDHAUSEN♥

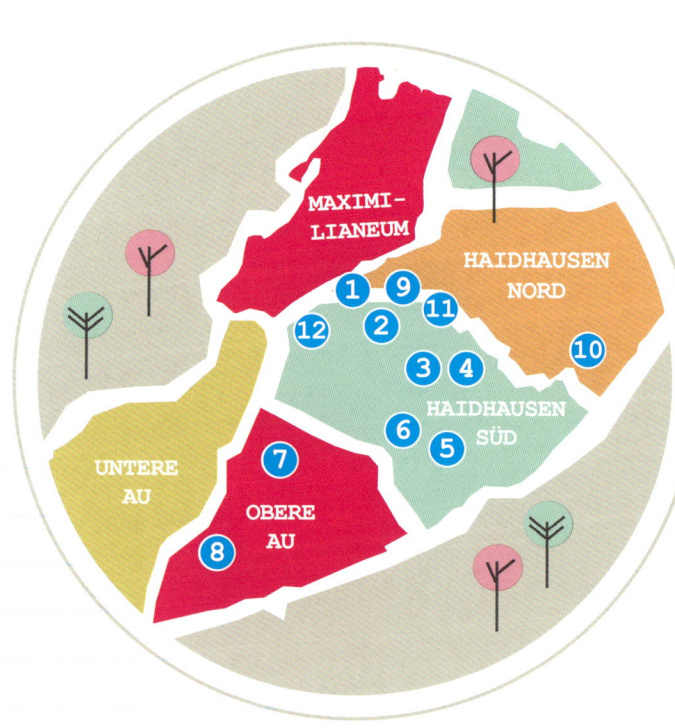

ADRESSÜBERSICHT

1. Engel und Bengel * Innere Wiener Str. 61
2. en petit * Johannisplatz 13
3. Rapunzel * Preysingstr. 67
4. Preysinggarten * Preysingstr. 69
5. Glückspilz * Pariser Str. 39
6. Mia und Henry * Sedanstr. 29
7. Flic Flac * Weißenburger Platz 6
8. Buch & Café Lentner * Balanstr. 14
9. dm * Innere Wiener Str. 50
10. Café Glückskind * Seeriederstr. 9
11. Hofbräukeller * Innere Wiener Str. 19
12. Eisdiele Amorino * Markt am Wiener Platz

Vielen Schwangeren und jungen Müttern macht es Spaß, sich nach Kleinigkeiten für das Baby oder das Kinderzimmer umzuschauen. Die besten Ideen und Tipps für einen Freundinnen-Baby-Shoppingtag in Haidhausen findest du hier.

MORGENS/MITTAGS: Der Wiener Platz ist ein guter Ausgangsort, um Haidhausen mit seinen vielen Geschäften und Cafés zu entdecken. Das Babyaccessoires- und Bekleidungsgeschäft **Engel und Bengel** (s. S. 124) ist der erste Kinderladen, in dem es z.B. hübsche Tagesdecken, individualisierbare Kissen und schicke Lampen gibt. Weiter geht es ins **en petit** (s. S. 105 & 122), in dem die Besitzerin mit Herzblut ihre neusten Errungenschaften für Kinder zeigt. Besonderer Hingucker sind die herzallerliebsten Kinderdirndl. Im Anschluss lohnt ein Abstecher in den Laden **Rapunzel** (s. S. 105) mit seiner bunten, oft outdoorfähigen Kinderkleidung und einer kleinen Näherei. Wenn allmählich der Hunger kommt, bietet sich ein Mittagessen in dem daneben liegenden **Preysinggarten** an. Das ist ein beliebtes Restaurant in Haidhausen und eignet sich besonders im Sommer gut, um mit Kinderwagen draußen zu sitzen.

NACHMITTAGS/ABENDS: Nach dem Mittagessen geht es weiter in den **Glückspilz** (s. S. 86 & 105). Dort gibt es hochwertige Kinderkleidung und Accessoires, z.B. die Babymützen von Koeka. Nur einen Katzensprung entfernt liegt das Geschäft **Mia und Henry** (s. S. 106), das in seiner Werkstatt-Laden-Kombi originelle Kreationen aus Naturmaterialien für Kinder anbietet. Lasse dich als nächstes im Kinderschuhladen **Flic Flac** (s. S. 120) von den bunten Kinderschuhen inspirieren und bewundere die große Auswahl an Kinderbüchern im **Buch & Café Lentner** (s. S. 130). Nach einem Abstecher zu **dm** (s. S. 90), unserem Lieblings-Drogeriemarkt für Tagesartikel rund ums Baby, ist das **Café Glückskind** (s. S. 188) in der Seeriederstraße ein schöner Abschluss des Baby-Shopping-Tages in Haidhausen. Wer lieber Biergarten- und Münchner Gasthausflair hat, besucht alternativ den kinderfreundlichen **Hofbräukeller** (s. S. 189) am Wiener Platz mit Spielplatz und Spielzimmer. Ein weiterer Sommertipp ist das unschlagbar leckere Mango-Eis in der **Eisdiele Amorino** mitten auf dem Wiener Platz. ♥

teil 3

. . . .

DIE ERSTE ZEIT ♥

Schlaf gut,
mein Kleiner

Mein Top-Guide

Kinder-
kliniken

Geburts-
karten

Baby-
Fotografen

Still-Beratung

Papierkram

Perfekter Tag
in Neuhausen

MAMA WERDEN

FRISCH GEBACKENE MAMA

Die ersten Tage und Wochen zu Hause mit dem Neugeborenen sind oft aufregend. Alles ist einzigartig, fantastisch, neu und manchmal auch anstrengend. Normalerweise geht die erste turbulente Zeit aber schnell vorbei und dann heißt es den Rest der Welt von deinem Glück wissen zu lassen, mit dem Nachwuchs spazieren zu gehen, während des Fütterns in Babymagazinen zu blättern oder Formulare für die Beantragung des Kinder- oder Elterngeldes auszufüllen.

Dieses Kapitel gibt Anregungen für Orte in München, an denen du deinen Nachwuchs in der Stadt stillen, füttern oder wickeln kannst. Außerdem bekommst du eine Übersicht über Stillberatungen und andere Anlaufstellen für Münchner Familien. Nicht zuletzt empfehlen wir einige Erste-Hilfe-Kurse mit Spezialisierung auf das Kind und geben einen Überblick über die Kinderkliniken und Notdienste in München.

Still-Beratungen

Stillen ist in den ersten Monaten die beste Ernährung für Neugeborene und Säuglinge. Es deckt die Bedürfnisse des Kindes genau ab und ist zusätzlich günstig und häufig praktischer als ein Fläschchen dabei zu haben. Außerdem bekommen gestillte Kinder über die Muttermilch wichtige Abwehrkräfte mit auf den Weg und sind daher seltener krank. Auch du profitierst gesundheitlich, denn dein Körper stellt sich nach der Geburt besser auf den neuen Zustand ein. Viele Mütter sagen darüber hinaus, dass das Stillen die innige Beziehung zu ihrem Nachwuchs verstärkt. Guter Nebeneffekt: durchs Stillen nimmst du oft schneller die zusätzlichen Kilos ab, da sich das Kleine all seine Kalorien über die Muttermilch holt.

Obwohl sich das Stillen praktisch und einfach anhört, dauert es manchmal ein paar Tage, bis sich dein Körper nach der Geburt auf das Stillen eingestellt hat. Milchstau oder die Sorge „bekommt mein Kind genug" sind einige der Themen, die viele Mütter beschäftigen. Falls du Fragen zum Stillen hast, wende dich frühzeitig an das Krankenhauspersonal oder deine Hebamme, denn sie können mit praktischen Tipps schnell helfen.

Wenn sich das Stillen eingespielt hat, ist eine Milchpumpe praktisch, um von Zeit zu Zeit Muttermilch abzupumpen. Das gibt dir die Möglichkeit, einen kleinen Vorrat an Milch anzulegen, um z.B. einen Rückbildungskurs ohne Kind zu besuchen. Für einen häufigeren Gebrauch bietet sich eine elektrische Milchpumpe z.B. von Medela an, die man sich in Apotheken ausleihen kann. Die Mietgebühr ist allerdings relativ teuer und wird nur in Einzelfällen von der Krankenkasse übernommen. Eine günstigere Alternative sind Handpumpen, z.B. von Avent. Sie reichen aus, wenn man nicht täglich Milch abpumpt.

Auf der Webseite muenchen.de findest du unter dem Suchbegriff „Stillen" beim Referat für Gesundheit und Umwelt eine Reihe praktischer Broschüren, Anlaufstellen, Links und Artikel rund um das Thema Stillen. Genauso gibt es eine Liste aller aktuellen Stilltreffs in München. Neben dem Rat professioneller Stillberaterinnen, triffst du dort andere Mütter in ähnlicher Situation und tauschst dich mit ihnen aus, das hilft oft ungemein!

La Leche Liga Deutschland e.V.
lalecheliga.de
0571 / 40 49 48 1

Aus der Überzeugung heraus, dass Stillen ein wichtiges Element für die gesunde Entwicklung des Kindes ist, bietet die LA LECHE LIGA (LLL) stillenden Frauen Ermutigung, Information und Unterstützung. Speziell dafür ausgebildete, ehrenamtlich tätige LLL-Beraterinnen begleiten Frauen während der Stillzeit und bieten durch monatliche Stilltreffen und Stillberatung emotionale Unterstützung und Hilfe bei Stillschwierigkeiten an. Die LA LECHE LIGA DEUTSCHLAND hat unter der Nummer 0571 / 40 49 48 1 (Ortstarif) einen Ansagedienst eingerichtet, der dir für jedes Bundesland eine Stillberatungs-Kontaktperson nennt.

Arbeitsgemeinschaft freier Stillgruppen
stillberatung-bayern.de
0228 / 92 95 99 99

Die ARBEITSGEMEINSCHAFT FREIER STILLGRUPPEN (AFS) stellt eine Hotline ehrenamtlicher Stillberaterinnen zur Verfügung, die täglich unter der Nummer 0228 / 92 95 99 99 (Ortstarif) von 8.00 bis 21.00 Uhr erreichbar ist. Über den Hauptsitz in Bonn wirst du über eine Rufumleitung mit einer Stillberaterin verbunden. Über die AFS-Webseite erhältst du außerdem Informationen über Stillgruppen in deiner Nähe.

Stillen, Zufüttern, Fragen zum Baby im Café Netzwerk (Isarvorstadt)
natuerliche-geburt.de
089 / 55 06 78 0
Häberlstr. 17 * 80337 München

Jeden Mittwochvormittag findet der Stilltreff von Vivian Weigert im CAFÉ NETZWERK in einem der hinteren Räume statt. Die Teilnahme kostet 2 Euro.

Stillcafé im Kriechbaumhof (Haidhausen)

08122 / 54 08 40 3
Preysingstr. 71 * 81667 München

Im Stillcafé in Haidhausen trifft sich jeden Dienstagvormittag eine Stillgruppe mit der Stillberaterin Anja Bier. Es wird ein Unkostenbeitrag von 5 Euro erhoben.

Stilltreff Frauenklinik Dr. Geisenhofer (Lehel)

089 / 38 31 25 9
Hirschauer Straße 6 * 80538 München

Das Stillcafé im Elternzentrum des Dr. Geisenhofer Klinikums veranstaltet jeden zweiten Donnerstagvormittag einen Stilltreff. Der Kurs findet direkt in den Räumlichkeiten des Klinikums statt.

Baby- und Stilltreff im VaMuKi (Westend)

vamuki.de
089 / 55 05 58 86
Gollierstr. 61 * 80339 München

Jeden ersten Mittwochnachmittag im Monat findet ein offener Stilltreff im VAMUKI statt. Eine Stillberaterin beantwortet alle Fragen rund ums Stillen. Jeder Termin steht unter einem bestimmten Motto, das im Kreis stillender Mütter besprochen wird. Es fällt ein Unkostenbeitrag von 6 Euro für Mitglieder und 8 Euro für Nicht-Mitglieder an.

Wickel- und Stillstationen in der Münchner City

Wenn du mit Baby in der Innenstadt unterwegs bist, ist es oft gar nicht so einfach das Kleine „mal eben" zu wickeln oder zu stillen. Wir sind auf die Suche gegangen und haben für dich einige verlässliche Wickelstationen in München ausfindig gemacht – oft verbunden mit der Möglichkeit, einen guten Kaffee zu trinken oder andere Mütter kennenzulernen. Auch die später im Buch vorgestellten Kleinkindercafés (s. TEIL 5, S. 187) sind perfekt geeignet, um eine Wickel- oder Stillpause einzulegen.

TOP TIPP

Münchener Kindl am Marienplatz (Altstadt)

familienservice.de
089 / 24 23 16 00
Burgstr. 6 * 80331 München

Eine ideale Rückzugsmöglichkeit zum Stillen oder Wickeln während eines Stadtbesuchs ist das MÜNCHNER KINDL, in dem Kinder über den Familienservice (s. HOT TOPIC, S. 81) betreut werden. Geschwisterkinder können während des Stillens in einem hellen Raum mit verschiedenen Spielbereichen spielen. Es gibt einen Waschraum mit kindgerechten Toiletten sowie einen Wickeltisch. Jeder kann das MÜNCHNER KINDL ohne Voranmeldung besuchen. Das MÜNCHNER KINDL ist geöffnet, wenn Kinder zur Betreuung anwesend sind, also in der Regel von 9.00 bis etwa 18.00 Uhr. Du musst klingeln, um hereinzukommen.

Oberpollinger (Altstadt)

oberpollinger.de
089 / 29 02 30
Neuhauser Str. 18 * 80331 München

Der OBERPOLLINGER punktet mit einem sauberen, abschließbaren Still- und Wickelraum in der Nähe des

Restaurants. Dort kannst du in Ruhe stillen, füttern oder das Kind wickeln. Im Anschluss bietet sich ein Zwischenstopp im zugehörigen Restaurant LeBuffet an, in dem du leckere Snacks bekommst und im Sommer auf der Dachterrasse des OBERPOLLINGERS hoch über München sitzt.

Ein guter Treffpunkt mit Kindern mitten in der Stadt. (Karo mit C.)

....

Esprit (Altstadt)

esprit.de

089 / 21 26 84 0

Kaufingerstr. 24 * 80331 München

Im Obergeschoss des ESPRIT steht ein Wickeltisch. Angenehm ist, dass es häufig recht leer und entsprechend ruhig ist. Auf einer kleinen Bank kann man einen kurzen Stillstopp einlegen.

....

Ludwig Beck (Altstadt)

kaufhaus.ludwigbeck.de

089 / 23 69 10

Marienplatz 11 * 80331 München

In der Kinderabteilung des LUDWIG BECK kannst du das Baby wickeln, die größeren Kinder im Bällebad toben lassen und durch hübsche Kinderkleidung stöbern.

....

Konen Bekleidungshaus (Altstadt)

konen.de

089 / 24 44 22 0

Sendlinger Str. 3 * 80331 München

Das Bekleidungsgeschäft KONEN hat im Untergeschoss einen großen Wickelraum, in dem eine gemütliche Bank zum Stillen steht. Wenn du schon im KONEN bist, kannst du auch noch schnell in die Kinderabteilung mit einer großen Auswahl an Markenkleidung reinschnuppern.

San Francisco coffee company

➲ mehrere Standorte

sfcc.de

Auf einer der Ledercouches im hinteren Bereich der SAN FRANCISCO COFFEE COMPANY (SFCC) entspannt stillen, gemütlich einen Caramel Macchiato trinken und andere Mamas kennenlernen, genau dafür ist die SAN FRANCISCO COFFEE COMPANY perfekt. In den Kaffeebars triffst du unter der Woche viele andere Mütter, die dort genau wie du gemütlich einen Kaffee trinken. In München gibt es zurzeit zehn SFCC Standorte, z.B. am Odeonsplatz, am Kurfürstenplatz oder am Isartorplatz.

....

Starbucks

➲ mehrere Standorte

starbucks.de

Ähnlich wie die San Francisco Coffee Company eignet sich STARBUCKS gut, um einen Wickel- oder Stillstopp einzulegen und dies mit einem guten Latte Macchiato zu verbinden. STARBUCKS-Filialen findest du über ganz München verteilt.

....

dm

➲ mehrere Standorte

dm.de

In fast jedem DM Markt gibt es einen Wickeltisch mit gratis Windeln und Feuchttüchern, ein super Service. Das DM-Sortiment von Schnullern über Windeln bis hin zu Kleidung ist ebenfalls gut, es lohnt dort für Kinder einkaufen zu gehen.

Die dm Märkte habe ich, seitdem ich Mutter bin noch mehr schätzen gelernt. Die gesamte Windel- und Babybreizeit war ich dort Stammgast. (Sonja mit J. und M.)

Erste-Hilfe-Kurse für das Kindesalter

Was tust du im Notfall, wenn ein Kind sich verletzt, es blutet oder etwas verschluckt hat? Schnelle Hilfe und ruhig bleiben sind gefragt, gar nicht so einfach in einer solchen Extremsituation. Insbesondere weil Notfälle nicht vorhersehbar sind und meist ganz plötzlich passieren.

Daher bieten verschiedene Veranstalter in München Erste-Hilfe-Kurse für Babys und Kinder an, in denen Eltern Notsituationen und die richtige Reaktion darauf kennenlernen. Das ist wichtig, um im entscheidenden Moment nicht in Panik zu geraten, sondern besonnen und angemessen zu handeln. Erste-Hilfe-Kurse, die wir selbst ausprobiert haben oder die uns empfohlen wurden, stellen wir jetzt vor. 🐝

Erste-Hilfe-Kurse im Haus der Familie (Maxvorstadt, Neuhausen, Nymphenburg)
hausderfamilie.de
WÄHLE DEINEN STANDORT
089 / 28 81 31 0 * Schraudolphstr. 1
80799 München-Maxvorstadt
089 / 15 71 65 6 * Dantestr. 1
80637 München-Neuhausen
089 / 17 95 18 62 * Menzinger Str. 48
80638 München-Nymphenburg

In den Kursen des HAUSES DER FAMILIE lernst du praxisnah, wie du in Notsituationen Erste Hilfe leisten kannst und hast ausreichend Gelegenheit, das Erlernte praktisch zu üben. Es wird empfohlen, sich eine Kleinigkeit zu Essen für die Pause mitzunehmen. Der Kurs kostet 46,50 Euro pro Person und 80 Euro für Paare.

Der Kurs im Elternzentrum des Klinikums Dritter Orden war komprimiert und sehr praxisnah. Im Kurs wurde ein Heftchen zu Notfällen im Kindesalter
verteilt, in das ich noch immer reinschaue. (Janna mit A. und L.)

Praxis Dr. Arslan (Altstadt)
089 / 95 44 76 33 0
Sendlingerstr. 62 * 80331 München

In dieser beliebten Kinderarztpraxis am Sendlinger Tor lernst du Notfällen vorzubeugen und erfährst, wie du die Wohn- und Lebenswelt der Kinder sichern kannst. Die Kurse umfassen nahezu alle kindspezifischen Notfallsituationen. Nicht zuletzt erlernst du das frühzeitige Erkennen von Kinderkrankheiten und bekommst Tipps zur Vermeidung und Linderung durch spezielle Behandlungsmöglichkeiten. Der Kurs findet einmal pro Monat an einem Samstag zwischen 14.00 und 17.00 Uhr statt. Für eine Einzelperson fallen 50 Euro, für ein Paar 70 Euro Kursgebühren an. Du kannst die Kurse direkt über die Kinderarztpraxis buchen.

Erste Hilfe Häberlstraße (Isarvorstadt)
haeberlstrasse-17.de
089 / 55 06 78 0
Häberlstr. 17 * 80337 München

In diesem Erste-Hilfe-Kurs für Säuglinge wird das notwendige Handwerkszeug vermittelt, um bei Notfällen Ruhe zu bewahren und sich richtig zu verhalten. Der Einzelpreis liegt bei 35 Euro, der Paarpreis bei 60 Euro.

Erste Hilfe bei Säuglingen und Kindern
➲ mehrere Standorte
erste-hilfe-fuer-kinder.de
089 / 89 46 07 66

Die Erste-Hilfe-Kurse von Janko und Mirjam von Ribbeck (Rettungssanitäter und Kinderkrankenschwester) finden in ganz München statt. Es gibt z.B. Kurse im Babyzentrum Kopffüßler oder der Krippe Elly & Stoffl. Die exakten

Termine und Kursorte findest du auf der Webseite. Die Kurse schließen mit einer anerkannten Bestätigung (z.B. für Erzieher) ab und laufen über sechs Stunden. Ergänzend bietet Janko von Ribbeck sein Buch „Schnelle Hilfe für Kinder" an. Pro Kurs fallen 40 Euro für eine Person und 70 Euro für Paare an.

Erste-Hilfe-Kurse bei
„Elly Heuss-Knapp" (Altstadt)
efbs-muc.de
089 / 55 22 41 0
Herzog-Wilhelm-Str. 24/I
80331 München

Die Erste-Hilfe-Kurse der evangelischen Familienbildungsstätte ELLY HEUSS KNAPP stellen die anatomischen und physiologischen Besonderheiten im Säuglingsalter vor. Außerdem bekommen Eltern Tipps für eine sinnvolle Hausapotheke und erlernen das richtige Verhalten bei Notfällen wie Bewusstlosigkeit, Asthma, Verbrennungen, Zeckenbissen oder Vergiftungen. Die Kursgebühr beträgt 40 Euro pro Person.

Kindernotfalltraining Alexander
Verschl (Schwabing / Neuhausen)
kindernotfalltraining.de
0176 / 53 42 67 99

Der Rettungssanitäter Alexander Verschl bietet informative Kinder Erste-Hilfe-Kurse an. Er veranstaltet die Seminare z.B. in den Kursräumen des Bauchraums in Schwabing oder im hemma Studio in Neuhausen. Auf Anfrage kommt er gerne in Krippen, Kindergärten, Schulen oder Krankenhäuser. Viele Übungen geben Sicherheit und die Kursinhalte werden innerhalb von vier Stunden sachlich und trotzdem locker vermittelt. Die Teilnahme am Kindernotfalltraining kostet abhängig vom Veranstaltungsort 35 bis 39 Euro pro Person. Details zu den Terminen und Veranstaltungsorten gibt es auf der Webseite.

Kinderkliniken und Notdienste

Als Großstadt bietet München seinen Familien eine große Anzahl an allgemeinen Kinderärzten, Spezialisten für z.B. Augen- oder Zahnheilkunde genauso wie Fachleuten für alternative Heilmethoden. Wir konzentrieren uns in diesem Kapitel auf die Kinderkliniken und Kindernotdienste, die dir im Notfall mit Kind zur Seite stehen.

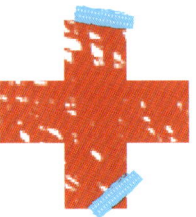

 Eine Liste mit Münchner Kinderarztpraxen inklusive Adressen haben wir für dich unter mycitybaby-muenchen.de/Kinderarztpraxen zusammengestellt. Für viele der Kinderarztpraxen gibt es dort inzwischen Bewertungen.

UNSER TIPP KINDERARZT

* Da viele Kinderarztpraxen überlaufen sind, sollte man sich früh genug um einen Kinderarzt kümmern.

* Idealerweise liegt die Kinderarztpraxis in der Nähe des Wohnortes, denn es ist anstrengend, mit einem kranken Kind durch die halbe Stadt zu fahren.

* Hebammen kennen die Kinderärzte in der Umgebung und haben häufig gute Kinderarzt-Tipps für frisch gebackene Eltern.

Ärztliche Hilfe-Nummern

Ärztlicher Bereitschaftsdienst

089 / 11 61 17

Krankentransport

089 / 19 22 2

Giftnotruf

089 / 19 24 0

Allgemeine Impfberatung

089 / 23 33 76 57

Kinderkliniken

Klinik für Kinder- und Jugendmedizin (Schwabing)
klinikum-muenchen.de/kliniken-zentren/schwabing
089 / 30 68 0
Kölner Platz 1 * 80804 München

Das KINDERKLINIKUM SCHWABING verfügt über eine große, interdisziplinäre Intensivstation, eine Früh- und Neugeborenenstation und eine Säuglingsstation. Die Kindernotaufnahme ist 24 Stunden am Tag geöffnet.

Kinderklinik und Poliklinik im Dr. von Haunerschen Kinderspital (Isarvorstadt)
klinikum.uni-muenchen.de/Kinderchirurgische-Klinik-und-Poliklinik-im-Dr-von-Haunerschen-Kinderspital
089 / 51 60 28 11
Lindwurmstr. 4 * 80337 München

Zu dem Haunerschen Kinderspital gehören die normale Kinderklinik und die Kinderchirurgische Klinik. In der Kinderklinik werden allgemeine Erkrankungen wie Fieber behandelt, während die Kinderchirurgische Klinik ihren Fokus auf sämtliche Bereiche der Kinderchirurgie legt. Es stehen ständig ein OP-Saal und ein Gipsraum zur Verfügung. Notfälle versorgt das DR. VON HAUNERSCHEN KINDERSPITAL rund um die Uhr.

Kinder- und Jugendmedizin Harlaching (Harlaching)
klinikum-muenchen.de/kliniken-zentren/harlaching/fachbereiche-kh/kinder-jugendmedizin
089 / 62 10 27 17
Sanatoriumsplatz 2 * 81545 München

Die KINDER- UND JUGENDKLINIK in Harlaching hat am Wochenende bis 20.00 Uhr eine Kinderbereitschafspraxis für Notfälle eingerichtet. Die Klinik kümmert sich um Kinderkrankheiten vom Neugeborenen- bis zum Jugendalter und kooperiert bei Spezialkrankheiten mit einer Reihe anderer Münchner Kliniken.

Klinik für Kinder- und Jugendmedizin Dritter Orden (Nymphenburg)
dritter-orden.de
089 / 17 95 11 87
Menzinger Str. 44 * 80638 München

Das KLINIKUM DRITTER ORDEN behandelt sämtliche Erkrankungen von Kindern aller Altersstufen, vom Frühgeborenen bis zum jungen Erwachsenen. Es gibt eine 24-Stunden Notfallambulanz. Da es teilweise zu langen Wartezeiten kommen kann, rufe am besten im Vorfeld an, wie voll die Notaufnahme ist.

Anlaufstellen für Münchner Familien

Als junge Familie benötigt man manchmal schnelle Hilfe oder guten Rat von vertrauenswürdigen Experten. Dieses Kapitel gibt einen Überblick über hilfreiche Angebote für Kinder, Mütter und Väter in München.

Hilfe bei Schreibabys und Frühchen

Klinik für Kinder- und Jugendmedizin (Schwabing)

schreibaby.de

Unter schreibaby.de findest du eine hilfreiche Adresssammlung von Schreiambulanzen in deiner Nähe und Gruppen bzw. Fachkräfte, die sich mit Schreibabys auskennen. Wenn du glaubst, ein Schreibaby zu haben, suche Hilfe. Es gibt viele Eltern, die das gleiche Schicksal teilen und es hilft, sich mit ihnen auszutauschen.

kbo Kinderzentrum München (Schwabing, Großhadern)

kbo-kinderzentrum-muenchen.de
WÄHLE DEINEN STANDORT:
089 / 71 00 90 * Heiglhofstr. 63
81377 München-Großhadern
089 / 30 68 58 00 * Kölner Platz 1
80804 München-Schwabing

Das KBO KINDERZENTRUM MÜNCHEN ist spezialisiert auf die frühe Diagnostik und Therapie von Entwicklungsstörungen. Auch Hilfe bei Schreibabys wird gegeben. Die bedürfnisorientierte Begleitung der Familien in der konkreten Lebenssituation ist ein Herzensanliegen. Das Kinderzentrum besteht aus der sozialpädiatrischen Ambulanz und der Fachklinik für Sozialpädiatrie und Entwicklungsrehabilitation.

Hilfe für Eltern mit Schreibabys im Haus der Familie (Maxvorstadt, Neuhausen, Nymphenburg)

hausderfamilie.de
Details s. TEIL 3 * S. 141

Beratung und Entlastung für Eltern von Säuglingen und Kleinkindern, die lange und heftig schreien, sich kaum beruhigen lassen, nur schwer einschlafen, nachts unruhig sind und sich besonders trotzig verhalten.

Beratung von Eltern mit Frühchen (Isarvorstadt)

089 / 55 06 78 0
Häberlstr. 17 * 80337 München

Selbsthilfegruppe für Eltern von frühgeborenen Kindern, um den Stress rund um die Frühgeburt besser zu bewältigen.

Familienunterstützung

Kinder- und Familieninformation im Rathaus (Altstadt)
089 / 23 32 50 25
Marienplatz 8 * 80331 München

Die KINDER- UND FAMILIENINFORMATION bietet umfassende Informationen zu allen Themen rund um Kinder und Familien. Sie lotst verlässlich durch die zahlreichen Angebote der Stadt. Sprechzeiten sind Dienstag und Donnerstag von 15.00 bis 19.00 Uhr.

Mütter- und Familienzentren in Bayern e.V.
↪ mehrere Standorte
muetterzentren-in-bayern.de

MÜTTER- UND FAMILIENZENTREN sind offene Einrichtungen von Familien für Familien. Hier tauschen Mütter,

Väter, Omas und Opas Erfahrungen aus, unterstützen sich gegenseitig im Alltagsleben und lernen voneinander. Mütter- und Familienzentren gibt es in fast jedem Stadtteil Münchens. Die genauen Adressen und Telefonnummern jedes einzelnen Zentrums bekommst du auf der Webseite.

· ·

Stadtjugendamt

➲ mehrere Standorte

muenchen.de/rathaus/Stadtverwaltung/
Sozialreferat/Jugendamt.html

089 / 23 34 96 97

Das STADTJUGENDAMT berät rund um die Themen Familie in München, Ferien- und Freizeitangebote oder Kindertagesbetreuung. Auf der Webseite bekommst du ausführliche Informationen, hilfreiche Links und gute Ideen für Kinder in München.

· ·

**Ebz - evangelisches Beratungszentrum
München e.V.**

➲ mehrere Standorte

ebz-muenchen.de

WÄHLE DEINEN STANDORT

089 / 59 04 80 * Landwehrstr. 15
80336 München-Ludwigvorstadt
089 / 83 48 86 6 * Pippinger Str. 97
81247 München-Pasing
089 / 67 82 02 24 * Lüderstr. 10
81737 München-Neuperlach

Die Mitarbeiter des EVANGELISCHEN BERATUNGSZENTRUMS MÜNCHEN (EBZ) beraten Frauen und Männer kostenlos zu allen Fragen rund um Partnerschaft, Familie, Schwangerschaft, Erziehung und Elternzeit. Sie geben Ratschläge zu gesetzlichen Regelungen oder finanziellen Leistungen. Die Beratung ist auf Wunsch anonym. Das Team der zugehörigen Telefonseelsorge hat rund um die Uhr ein offenes Ohr für die Probleme Ratsuchender. Die kostenfreie Nummer der Telefonseelsorge lautet 0800 / 11 10 11 1.

**KIDS- Kinderinformationsdienst der
Spiellandschaft Stadt (Neuhausen)**

spiellandschaft.de

089 / 18 33 35

Albrechtstr. 37 * 80636 München

KIDS informiert Kinder und Familien über Spiel-, Kultur- und Freizeitbeschäftigungen in München, z.B. über Spielaktionen, Ferienangebote, Spielhäuser, Spielgeräteverleih oder die Gestaltung von Kinderfesten. KIDS bietet ein Kinderinformationstelefon unter 089 / 18 33 33, das dir per Anrufbeantworter rund um die Uhr Informationen über aktuelle Aktionen zur Verfügung stellt. Bei KIDS kannst du auch den Familienpass (s. TEIL 5, S. 199) kaufen und bekommst leihweise Spielgeräte für Kindergeburtstage und andere Feste.

· ·

**Sozialdienst katholischer Frauen e.V.
München (Maxvorstadt)**

skf-muenchen.de

089 / 55 98 12 27

Dachauer Str. 48 * 80335 München

Die Schwangerenberatung des SOZIALDIENSTES MÜNCHEN berät in allen Fragen rund um Schwangerschaft, Geburt und das Leben mit Säugling und Kleinkind bis zum dritten Lebensjahr. Die Beratung ist kostenfrei, vertraulich und auf Wunsch anonym.

· ·

Familien-Notruf

familien-notruf-muenchen.de

089 / 23 88 56 6

Der FAMILIEN-NOTRUF bietet dir Hilfe und Beratung bei Ehe-, Familien-, Trennungs- und Scheidungskrisen.

Frauenanlaufstellen

Frauen beraten e.V. München

➲ mehrere Standorte
frauen-beraten.de
    WÄHLE DEINEN STANDORT:
089 / 59 99 57 0 * Herzog-Wilhelm-Str. 16
80331 München-Altstadt
089 / 74 72 35 0 * Lindenschmitstr. 37
81371 München-Sendling
089 / 67 80 41 04 0 * Albert-Schweitzer-Str. 66 * 81735 München-Neuperlach

Die staatlich anerkannte Beratungsstelle für Schwangerschaftsfragen bietet an drei Münchner Standorten eine allgemeine Schwangerenberatung und Schwangerschaftskonfliktberatung an. Das Hauptanliegen ist der Schutz des ungeborenen Lebens und die Sorge für die schwangere Frau und ihre Familie. Es wird Frauen Raum und Zeit für offene, vertrauensvolle Gespräche geboten.

Berufstaetige-muetter.de

Die Webseite des VERBANDS FÜR BERUFSTÄTIGE MÜTTER (VBM) bietet Informationen zu den Themen Beruf & Karriere, Betreuung & Bildung, Geld & Gesetze, Politik & Gesellschaft sowie Geschichten & Gespräche. Der Verband gibt einen guten Überblick über den aktuellen Stand der Diskussion zum Thema berufstätige Mütter. Er stellt Zeitungsartikel zur Verfügung und engagiert sich für die bessere Vereinbarkeit von Kindern und Beruf.

Whatineed.de

WHATINEED ist eine modern gestaltete Plattform für „Mompreneurs". Zielgruppe sind berufstätige Frauen mit Kindern bis zwölf Jahren, die in Städten wohnen. Einmal eingeloggt, findest du praktische Lösungen, die helfen Familien- und Berufsleben sinnvoll zu kombinieren. Es gibt gute Tipps zu den Themen Stadtleben mit Kind, Lifestyle, Betreuung oder Beruf.

Männeranlaufstellen

Vaterfreuden
vaterfreuden.de

VATERFREUDEN ist ein „Online Treffpunkt für Väter", in denen Papas alles rund um die Themen Vaterschaft, Partnerschaft oder Vaterfreuden erfahren und sich über eine Community mit anderen Vätern vernetzen können. Vaterfreuden gibt Papas Erziehungstipps für alle Lebenslagen.

Väterinitiative München e.V. (Westend)
089 / 50 00 95 95
Ligsalzstr. 24 * 80339 München

Treffpunkt für Väter für einen Erfahrungsaustausch zu Themen rund ums Leben mit Kind.

Papierkram nach der Geburt

Nach der Geburt gibt es einiges an Papierkram zu erledigen. Idealerweise hast du die meisten Dinge schon vor der Geburt vorbereitet und musst die Anträge jetzt nur noch mit den konkreten Geburtsinformationen füllen.

WAS?	WANN UND WO?	DAS BRAUCHST DU:
ANMELDUNG DES BABYS	* In der ersten Woche beim Standesamt. Einige Kliniken bieten einen Anmeldeservice an, das erspart einen Weg zum Amt (persönlich)	* Geburtsbescheinigung * Personalausweis von Vater und Mutter * Heiratsurkunde * Bei Ledigen: Geburtsurkunde der Mutter, ggf. Vaterschaftsanerkennung
ANMELDUNG BEI DER KRANKENKASSE	* Schnellstmöglich bei der Krankenkasse (schriftlich)	* Formular der Krankenkasse (kann per Anruf bei der Krankenkasse angefordert werden) * Geburtsurkunde
EINTRAG IN DIE LOHN-STEUERKARTE	* Sobald wie möglich im Einwohnermelde- oder Finanzamt (persönlich)	* Personalausweis * Lohnsteuerkarte * Geburtsurkunde des Kindes
ANTRAG AUF ELTERN-ZEIT	* Mindestens sieben Wochen bevor du in Elternzeit gehen möchtest beim Arbeitgeber (schriftlich)	* Formloser schriftlicher Antrag mit der Angabe wie lange die Elternzeit dauern soll
KINDERGELD-ANTRAG (FAMILIENKASSE.DE)	* Innerhalb der ersten sechs Monate bei der zuständigen Familienkasse (schriftlich)	* Kindergeldantrag * Geburtsurkunde des Kindes
ELTERNGELD-ANTRAG (FAMILIEN-WEGWEISER.DE)	* Innerhalb der ersten drei Monate bei der zuständigen Elterngeldkasse (schriftlich) * Die Elterngeldstellen für München sind aufgeteilt nach dem Geburtsdatum des Kindes	* Elterngeldantrag * Geburtsurkunde des Kindes * Bescheinigung der Krankenkasse über Mutterschaftsgeld * Bescheinigung Arbeitgeber über den Zuschuss zum Muttergeld * Gehaltsabrechnungen der letzten zwölf Monate
ANERKENNUNG DER VATERSCHAFT UND DES GEMEINSAMEN SORGE-RECHTS	* Jederzeit möglich, auch schon vor der Geburt beim Jugendamt (persönlich)	* Personalausweis beider Eltern * Geburtsurkunden der Eltern * Mutterpass (vor der Geburt), bzw. Geburtsurkunde

BABY MOMENTE FESTHALTEN

Babys und Kleinkinder sorgen für Begeisterung. Am liebsten möchten die Eltern die Zeit anhalten, jeden von ihrem Glück wissen lassen und die ersten Momente für immer festhalten und genießen. Da das bekanntermaßen nicht funktioniert, sondern die Zeit vielmehr zu fliegen scheint, solltest du gerade in der ersten Zeit viele Fotos machen und andere liebenswerte Erinnerungen an die ersten Lebensmonate des Babys festhalten. Besonders schöne Geburtskartenshops, unsere Lieblingserinnerungen an die Babyzeit und Familienfotografen stellen wir dir in diesem Kapitel vor.

Geschmackvolle Geburtskarten

Der langersehnte Nachwuchs hat endlich das Licht der Welt erblickt. Jetzt ist es an der Zeit, dem Rest der Welt deinen kleinen Schatz vorzustellen. Neben einer fast obligatorischen „Unser Baby ist da, 50 cm groß und 3.500 g schwer" Mail oder SMS, schicken viele frisch gebackene Eltern zusätzlich professionell gedruckte Geburtskarten an Freunde und Verwandte. Diese kann man unkompliziert im Internet erstellen und mit Fotos individualisieren. Einige Karten-Webseiten haben wir ausprobiert und stellen dir unsere Favoriten hier vor.

TOP TIPP

kartenmacherei.de

Die KARTENMACHEREI ist unser Karten-Favorit. Die Qualität der Karten ist hervorragend und wir sind oft auf unsere hübschen Geburtskarten aus diesem Shop angesprochen worden. Es gibt eine große Auswahl verschiedener Designs und Formate, die Konfiguration der Karten ist unkompliziert und das Service-Team bei Rückfragen entgegenkommend. Auch komplett selbst gestaltete Karten sind über die Webseite kein Problem. Speziell für Zwillinge gibt es dreiteilige Karten, auf denen Platz für zwei Kinder ist. Passend zur Karte kann man Briefumschläge, Einlegeblätter oder Absender- und Empfängeretiketten bestellen.

glücksdinge.de

Glücksdinge.de und meine-glueckskarte.de sind zwei Schwesterseiten, die beide individualisierbare Geburts- und Babykarten anbieten. Hinter den Seiten steht die Designerin Juliane Büschel. Neben klassischen, verspielten Kartendesigns, z.B. mit Vögelchen, gibt es auf dem Cover städtebezogene Klassiker wie die Münchner Frauenkirche. Kundenservice wird groß geschrieben, bei Fragen erreichst du Juliane unter 02242 / 96 94 31 6.

familiensache.com

Ein kleines Baby ist eine echte „Familiensache" und so passt der Name dieser Webseite gut, wenn es darum geht, als Familie eine der schönen Karten auszuwählen und mit Fotos des Neugeborenen zu personalisieren.

tsjipgeboortekaartjes.nl

Dieser niederländische Internetshop bietet etwas andere Kartenformate und Muster an als seine deutschen Mitstreiter. Da die Webseite nur auf Holländisch aufrufbar ist, musst du ein wenig Phantasie bei der Individualisierung der Karten und Begrifflichkeiten mitbringen. Aber diese Portion Phantasie lohnt und ist bekanntlich bei jungen Eltern immer gefragt.

WE LOVE !

Erinnerungen ❤

Hübsche Babyalben, Erinnerungsbücher und kleine Babyboxen sind perfekt, um die ersten Momente und Erinnerungen aufzuschreiben und Andenken wie die erste Haarlocke, Fotos und den ersten Schnuller aufzubewahren. All die Kleinigkeiten, die dich auch nach vielen Jahren an die schöne Babyzeit erinnern. Auch die Fußabdrücke des Neugeborenen z.B. mit Farbe oder in Gips sind eine tolle Erinnerung, wie winzig klein das Baby nach der Geburt war. 👓

Geschmackvolle Babyalben, mal nicht in rosa oder blau, gibt es von Silke Leffler. Ihre ansprechenden Illustrationen und die filigranen Figuren heben sich positiv vom Rest der Babymotive ab. Zu kaufen z.B. bei **amazon.de** für etwa 40 Euro.

Die **Aufbewahrungsbox von Graziela** ist kunterbunt und besticht mit dem Retro-Design der eigenen Kindheit. Es gibt sie über **bygraziela.com** für ca. 15 Euro.

Meine große Babybox – Babyglück von Coppenrath ist eine liebevoll gestaltete Babybox mit Herz und Babyglück auf der Vorderseite. Die Grundfarbe der Box ist hellblau, abgesetzt durch ein rotes Vichy und daher unisex verwendbar. Zu bestellen z.B. bei **amazon.de** für etwa 20 Euro.

Das **Fotoalbum Mein erstes Jahr** aus dem Ars Edition Verlag bietet Platz für die schönsten Erinnerungen des ersten Lebensjahres. Die 144 Seiten sind mit Liebe zum Detail farbig in einer Mädchen- und einer Jungenversion gestaltet. Es gibt genug Platz für Fotos, Einschübe für Grußkarten und Platz für besondere Momente mit dem Baby. Das Fotoalbum kostet etwa 25 Euro und ist bei **bücher.de** erhältlich.

Eine schöne Erinnerung ist es, das Kinder-Untersuchungsheft in einer **selbst genähten Hülle** aufzubewahren, die das U-Heft schützt und gleichzeitig toll aussehen lässt. Die größte Vielfalt an selbst gestalteten U-Hefthüllen haben wir auf dem Online-Marktplatz **dawanda.com** gefunden.

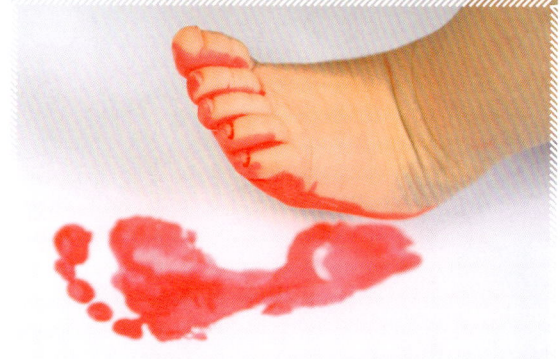

Individuelle Untersuchungshefthüllen entwirft außerdem die Designerin Codi Weymann von zauberwaeldchen-designs.de für etwa 17 Euro pro Hülle.

Eine schöne Idee ist, die **Fuß- oder Handabdrücke** des Kindes auf einer Tasse oder einem Teller zu verewigen. In München gibt es dafür die Geschäfte **froh + bunter** am Sebastiansplatz und **Keramikkunst und Pinselstrich** in Haidhausen, in denen du Keramik selbst bemalen und brennen lassen kannst (s. TEIL 2, S. 114). Die Mitarbeiter geben Tipps und helfen dir, die Hand- oder Fußabdrücke von deinem Nachwuchs auf das Porzellan zu bringen. Gut auch als Geschenk für Großeltern, Freunde und Verwandte.

Die **weiß-silberne Fußabdruckbox** mit stylischem „BABY"-Schriftzug enthält innen Trittschaum, in den du unkompliziert die Fußabdrücke deines Babys verewigen kannst. Warte damit nur nicht zu lange, damit die Füße des Nachwuchses noch gut in die Box passen. Erhältlich z.B. bei ausberlin.de für 23 Euro, zu finden unter dem Suchbegriff „Baby".

Das SPIEGELBURG **Baby Glück Set für Hand- und Fußabdruck** in hellblau und rosa beinhaltet zwei Bilderrahmen mit Stempelfarbe zur Fertigung eines Hand- und Fußabdrucks des Babys. Die Rahmengröße liegt bei 15 x 15 cm und ist für etwa 13 Euro bei baby-markt.de erhältlich.

Die Firma Baby Art bietet verschiedene **plastische Abdrucksets** in hübschen Dosen oder Bilderrahmen. Bei einigen Modellen ist zusätzlich zu dem Abdruck Platz für ein Foto des Babys. Die Kosten liegen je nach Modell zwischen 20 und 25 Euro, erhältlich z.B. bei baby-markt.de.

Familienfotografen

Eins, zwei, drei und bevor du dich versiehst, wird aus deinem Baby ein Kleinkind, ein Kindergartenkind und ein Schulkind. Da die Zeit nur so verfliegt, sollte man die schönsten Momente der Kinder mit Fotos und Texten festhalten. Neben den vielen eigenen Fotos ist es toll, einige professionelle Aufnahmen von einem Fotografen für eine bleibende Erinnerung machen zu lassen. In München haben sich einige Fotografen auf Kinderfotografie spezialisiert.

TOP TIPP

Baby Memories
babymemories.de
089 / 41 61 36 89
Johann-Strauß-Str. 24
85591 Vaterstetten

Irena Maucher ist selbst Mutter und hat die Baby- und Familienfotografie für sich entdeckt. Sie macht geschmackvolle Fotos ab dem Neugeborenen-Alter und kommt zum Fotografieren gern zu dir nach Hause. Viele der schönen Schwangeren- und Babyfotos in diesem Buch stammen aus ihrer Linse.

Susanne Krauss (Maxvorstadt)
susanne-krauss.de
0178 / 18 96 78 5
Erzgiessereistr. 1 * 80335 München

Susanne Krauss macht individuelle Familien-, Schwangeren- und Kinderfotos. Ihre Aufnahmen zeichnen sich durch ihre Natürlichkeit aus und sie hat bereits für mehrere Babybücher fotografiert.

Fotografie-Momente (Schwabing)

fotografie-momente.de

0178 / 70 51 00 2

Die junge Fotografin Viola Schütz spezialisiert sich auf Kinderfotografie. Ihre Fotosessions ab dem Neugeborenenalter dauern im Schnitt ein bis zwei Stunden.

Celine Theret Photographie (Isarvorstadt)

theret-photographie.com

0160 / 60 76 52 16 4

Adlzreiterstr. 30 * 80337 München

Die Französin Celine Theret lichtet ihre kleinen Motive gerne im Freien ab und überlegt mit den Eltern im Vorfeld, welche Orte sich gut für ein Fotoshooting eignen. Heraus kommen kreative und emotionale Kinderfotos.

Silvia Béres Fotografie (Westend)

beresfotografie.de

01578 / 15 29 13 6

Gollierstr. 47 * 80339 München

Style und Extravaganz dominieren auf den Bildern der Fotodesignerin Silvia Béres, auf denen man den Spaß während des Fotoshootings geradezu greifen kann. Tolle, ausgefallene Bilder.

Lina Gössing (Laim)

bbkinderfoto.de

089 / 32 49 70 37

Landsberger Str. 279 * 80687 München

Lina Gössing ist Expertin in Sachen Baby- und Kinderfotografie. Sie fotografiert regelmäßig in Münchner Krippen und Kindergärten. Auf Wunsch bereitet sie für jedes Kind ein Portfolio mit den besten Bildern vor.

Schelke Fotografie

⊃ mehrere Standorte

schelke-fotografie.de

0172 / 86 74 88 4

Schelke macht einfach schöne Fotos, egal ob Babybauch, Familie oder Hochzeit. Ähnlich wie wir wirst du bei ihr bestimmt zum „Wiederholungstäter" und buchst die sympathische Fotografin immer wieder.

Starkfoto (Stockdorf)

Starkfoto.de

0179 / 29 63 91 6

Andrea Stark trifft mit ihren Bilder den Stil, der zu dir und dem Baby passt. Sie fotografiert wahlweise bei dir zu Hause, in freier Natur oder in ihrem Fotostudio in Stockdorf.

INTERVIEW

MIT IRENA MAUCHER * BABYMEMORIES

IRENA MAUCHER

Irena Maucher ist Kinderfotografin und Mutter einer süßen Dreijährigen. Einige der tollen Bilder dieses Buches stammen aus ihrer Linse und wir sind froh, dass Irena und ihre Kunden unser Buch-Projekt unterstützt haben. Wer gerne mehr über Irenas Art der Fotografie erfahren möchte, stöbert am besten auf babymemories.de.

WIE BIST DU AUF DIE IDEE GEKOMMEN, BABYMEMORIES ZU GRÜNDEN?

Nach einiger Zeit der Hochzeitsfotografie (weddingmemories.de) wurde ich oft gefragt, ob ich auch weitere wichtige Schritte im Leben der Brautpaare in meinen Bildern festhalten könne. Bilder der Schwangerschaft und des süßen Nachwuchses sollten in derselben Bildsprache festgehalten werden. So entstand die Idee zu babymemories und unsere Webseite babymemories.de, die seither mit vielen Schwangerschafts-, Baby- und Familienbildern „gefüttert" wird.

WAS MACHT DIR AN DEINER ARBEIT AM MEISTEN SPASS?

Als Fotografin darf ich an einer wichtigen Zeit eines Paares Teil haben und es ist toll, diese besonderen Momente auf Fotos festzuhalten. Für mich ist immer wieder schön zu sehen, wie sich Menschen an, bzw. auf etwas freuen egal, ob im „weißen" Kleid, mit Babybauch oder als junge Eltern!

WIE SIEHT EIN TYPISCHES NEUGEBORE-NEN-SHOOTING AUS?

Einige Tage nach der Geburt des Kindes stehe ich voll gepackt mit vielen Accessoires vor der Tür der frisch gebackenen Familie. Der Fokus des Shootings liegt natürlich auf dem Baby und so entstehen viele hübsche Neugeborenenbilder. Wichtig ist mir auch, dass die Eltern viele „Kuschelbilder" mit ihrem Baby bekommen. Bilder, die ohne Worte zeigen, wie viel Liebe in einem Moment steckt. Weil ich die Familien in deren Wohnung fotografiere, entstehen so ganz persönliche Fotomotive.

WAS GIBST DU JUNGEN MÜTTERN IN MÜNCHEN MIT?

Wichtig ist, dass man die Elternzeit gut nutzt und viel unternimmt. Wenn man z.B. regelmäßig in Kindercafés oder Krabbelkurse geht, trifft man immer wieder auf die gleichen Mütter und so können wunderbare Freundschaften entstehen.

WAS IST DEIN LIEBLINGSAUSFLUG MIT DEINER TOCHTER?

Am liebsten sind meine Tochter und ich im Wildpark Poing. Sie liebt es, die Tiere zu füttern, die Flugshow anzusehen und den riesigen Wildpark-Spielplatz jedes Mal neu zu entdecken. Zum Abschluss machen wir auf einer der vielen Holzbänke ein kleines Picknick. Am Abend vor dem Einschlafen erzählen wir uns dann, welche Tiere wir gesehen haben und wie lustig es war.

HAST DU EINEN LETZTEN FOTO-TIPP FÜR UNSERE FAMILIEN?

Während des Fotografierens sollte man stets darauf achten, dass man Kinder auf deren Augenhöhe und bestenfalls nicht in der grellen Mittagssonne ablichtet. Am wichtigsten ist jedoch, sich nicht unter Druck zu setzen, selbst wenn die Bildqualität nicht 100% ist. Es ist absolut in Ordnung, wenn man nicht immer mit der Spiegelreflexkamera bewaffnet Ausflüge macht. Auch Handy-Kameras können erinnerungsstarke Momente schön festhalten.

special topic

PERFEKTER BABY-TAG IN NEUHAUSEN 💙

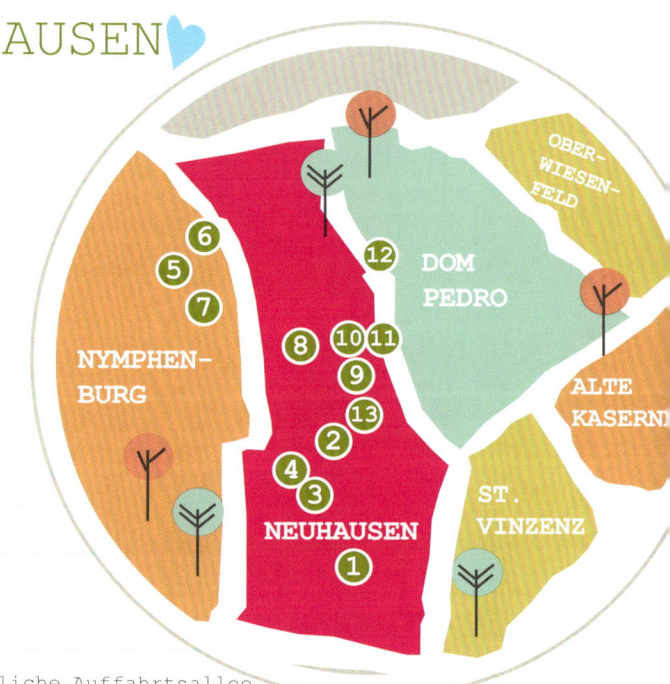

ADRESSÜBERSICHT

1. PEKiP in der Inklusions-Akademie
   Wilderich-Lang-Str. 6

2. Kindercafé Tibatong * Schlörstr. 4

3. Der Hollabusch * Schulstr. 34

4. Barista *-Schlörstr. 11

5. Nymphenburger Schlosskanal * Nördliche & Südliche Auffahrtsallee

6. Flügels Spiel- und Holzwerkstatt * Nördliche Auffahrtsallee 62

7. Grünwaldpark-Spielplatz * Südliche Auffahrtsallee

8. murmel * Volkartstr. 6

9. Lieblingsladen * Nymphenburger Str. 178

10. Neulinger * Volkartstr. 11

11. Spieloase * Volkartstr. 19

12. Brauseschwein * Frundsbergstr. 52

13. Sarcletti * Nymphenburger Str. 155

Das Baby ist auf der Welt und dein kompletter Rhythmus hat sich an das Kleine mit Stillen, Wickeln und Herumtragen angepasst? Keine Sorge, das geht allen frisch gebackenen Eltern so, also genieße die Zeit und mache dir möglichst viele perfekte „Babytage". Ideen für Neuhausen mit Baby findest du hier.

MORGENS/MITTAGS: Nach Baby füttern, wickeln, anziehen, wippen, bewundern und sich fragen, wo die Zeit nur bleibt, geht es auf in den Babykurs **PEKiP bei der Inklusions-Akademie** (s. S. 167). Einige Häuser weiter liegt das bunte **Kindercafé Tibatong** (s. S. 188), eine farbenfrohe Oase, die an ein gemütliches Wohnzimmer mit Couches und Spielbereichen erinnert. Im **Hollabusch** in der Schulstraße gibt es zur Mittagszeit leckere Salate und kleine Gerichte.

NACHMITTAGS/ABENDS: Für den Spaziergang am Nachmittag ist der Coffee-to-go vom Espresso-Spezialisten **Barista** die perfekte Begleitung. Der Weg am **Nymphenburger Schlosskanal** (s. S. 223) entlang eignet sich perfekt mit Kinderwagen, um die frische Luft und die Zeit mit deinem Baby zu genießen. Relativ weit hinten am Kanal liegt **Flügels Spiel- und Holzwerkstatt** (s. S. 126), ein liebevolles Spielzeuggeschäft mit einem Fokus auf Holzspielzeug. Auf dem Rückweg bietet sich ein Zwischenstopp auf dem gepflegten **Grünwaldpark-Spielplatz** (s. S. 202) an, auf dem dein Kleines seine ersten Sandkuchen backen kann. Richtung Rotkreuzplatz kannst du dich im Geschäft **murmel** (s. S. 125) von Retro-Accessoires inspirieren lassen oder im **Lieblingsladen** nach Lieblingsstücken für dich selbst schauen. Wenn du Lust auf ein leckeres Gebäck oder Brot hast, ist der Bäcker **Neulinger** in der Volkartstraße der Richtige. Weiter geht es zur **Spieloase** (s. S. 125), in der du vielfältige Spielzeuginspirationen bekommst. Von dort aus ist das **Brauseschwein** (s. S. 125) nicht weit, ein durch und durch nostalgisches Kindergeschäft, das Familien schon von außen freundlich begrüßt. Für den Rückweg bietet sich der Weg durch die **Bothmerstraße** an, sie ist eine der schönsten Straßenzüge Münchens. Das **Sarcletti** am Rotkreuzplatz mit seinen unzähligen Eissorten macht den Tag komplett. ♥

teil 4

· · · · · · · · · · · · · ·

BABY- & ELTERNKURSE ♥

Engelchen, flieg!

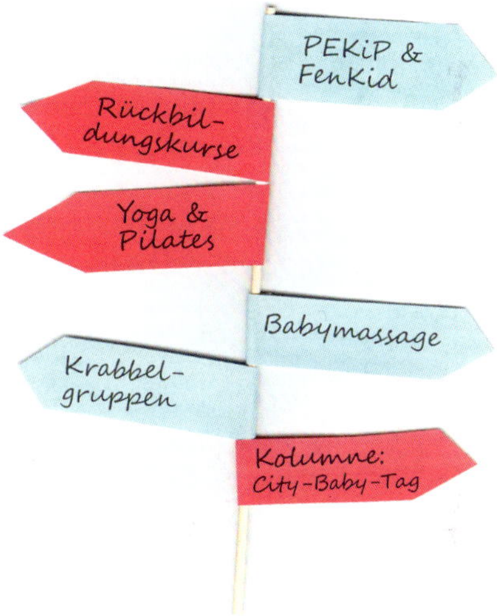

Mein Top-Guide

PEKiP & FenKid

Rückbil-dungskurse

Yoga & Pilates

Babymassage

Krabbel-gruppen

Kolumne: City-Baby-Tag

SCHÖNE BABYZEIT

FITTE MAMA

Du willst möglichst schnell wieder in Form kommen und sehnst den Moment herbei, in dem du nach der Geburt wieder in deine Lieblingsjeans passt? Das geht vielen Frauen so und daher kann man nach der Geburt langsam und in Absprache mit dem Arzt wieder mit Sport beginnen. Viele junge Mütter erleben sportliche Betätigung nach der Geburt als entspannend, da sie in der Zeit ganz bewusst etwas für sich selbst tun. Die Bewegung baut den täglichen Stress ab und das ist auch für die Zeit mit Baby positiv, denn bei einer relaxten Mama ist das Kleine ebenfalls zufrieden.

Für den Anfang eignet sich Rückbildungsgymnastik gut. Du solltest dir jedoch im Klaren darüber sein, dass es dabei noch nicht gezielt an die Problemzonen geht, sondern viel mehr Übungen für den Beckenboden, die Bauchmuskulatur und den Rücken im Vordergrund stehen. Auch nach dem Rückbildungskurs hast du wahrscheinlich noch etwas mehr Gewicht als vor der Schwangerschaft. Versuche geduldig zu sein, denn das geht fast allen Frauen so. Mache einen Aufbaukurs, beginne langsam mit Yoga oder einer anderen sanften Sportart und gehe viel mit deinem Kind spazieren.

Erst nach etwa drei bis fünf Monaten haben deine Gelenke und Bänder ihre gewohnte Festigkeit wieder, bis dahin ist dein Verletzungsrisiko erhöht. Du solltest nicht zu früh wieder mit „erschütternden" Sportarten wie Joggen, Aerobic oder Ballsport anfangen, da der Beckenboden dabei einer hohen Stoßbelastung ausgesetzt ist.

TIME FOR ME

Rückbildungskurse

Der Bauchbereich und Beckenboden werden durch eine Schwangerschaft stark beansprucht. Daher sollte jede frisch gebackene Mutter nach der Geburt an einem Rückbildungskurs teilnehmen, um alles wieder in Form zu bringen. Beginne mit gezielter Rückbildung allerdings erst etwa sechs Wochen nach einer normalen Geburt und etwa acht Wochen nach einem Kaiserschnitt, da sich dein Körper erst wieder stabilisieren muss.

Rückbildungsgymnastik trainiert alle Muskelgruppen, die während der Schwangerschaft und Geburt besonders beansprucht wurden, also die Beckenmuskulatur, den Beckenboden und den Bauch. Zusätzlich tust du etwas für die jetzt stark geforderten Schultern, Rücken und Arme. Neben der körperlichen „Ertüchtigung" lernst du in den Kursen andere Frauen in der gleichen Lebenssituation und mit ähnlich alten Kindern kennen. Das ist angenehm, denn mit ihnen kannst du Geburts- und Babyerlebnisse austauschen und neue Freundschaften schließen. Da pro Kurs etwa zehn Frauen teilnehmen, ist häufig jemand dabei, der auf dergleichen Wellenlänge liegt.

Die Rückbildungskurse variieren unserer Erfahrung nach stark hinsichtlich Intensität, Dauer und Teilnehmerzahl. Während bei einigen der sportliche Aspekt im Vordergrund steht, geht es in anderen Kursen eher um den Erfahrungsaustausch mit der Kursleiterin und anderen Teilnehmerinnen. Vormittags- und Nachmittagskurse bieten häufig Kinderbetreuung an oder beziehen das Baby in den Kurs ein. So absolvierst du z.B. einige der Übungen mit Kind oder legst das Baby in die Mitte, damit es den Mamas zuschauen kann. Abendkurse finden in der Regel ohne Kinder statt. Dies ist für viele Mütter das erste Mal, dass sie von ihrem Baby getrennt sind. Als Vorteil der Kurse ohne Kind empfinden wir, dass man sich komplett auf die Übungen und den eigenen Körper konzentrieren kann. Rückbildungskurse finden normalerweise einmal pro Woche statt und laufen über etwa zehn Wochen.

In München bieten Geburtskliniken, Hebammenpraxen, Physiotherapeuten und Fitnessstudios Rückbildungs-

RÜCKBILDUNGSKURS

* Die Kurse ohne Kind sind eine gute Möglichkeit, um Papa und Baby gemeinsame Zeit verbringen zu lassen und dem Partner für kurze Zeit die alleinige Verantwortung zu übertragen.

* In der Regel erstatten die Krankenkassen die Kursgebühren von Rückbildungskursen. Voraussetzung ist häufig, dass die Kursleiter eine gewisse Qualifikation mitbringen und der Kurs bis neun Monate nach der Geburt beendet ist. Details sollte man bei der Krankenkasse erfragen.

kurse an. Normalerweise übernehmen die Kassen zehnstündige Kurse bei anerkannten Kursleitern, wie z.B. einer Hebamme. Kostet der Kurs mehr als der Regelsatz der Krankenkassen, musst du die Differenz selbst bezahlen.

Praxis Kidler 19 (Sendling)
kidler19.de * christine-zinsler.de
Details s. TEIL 1 * S. 30

Die PRAXIS KIDLER 19 ist „die" Anlaufstelle rund um die Geburt in Sendling. Es herrscht eine angenehme Atmosphäre, in der du richtig entspannen kannst. Der Kursraum hat eine schöne Holzdecke und ist sehr gemütlich. Die Wände sind bunt und es herrscht ein schönes indirektes Licht. Der Kurs startet mit einer kurzen Vorstellungs- und Fragerunde, in der die Mütter sagen können, was sie aktuell beschäftigt. Dadurch kann das KIDLER 19-Team individuell auf Probleme und Sorgen jeder einzelnen Frau eingehen und bei Fragen weiterhelfen. Die Rückbildungsübungen sind praxistauglich und gut in den Alltag integrierbar. Dazu gibt die Kursleiterin Hintergrundinformationen, die dir den Sinn und Zweck der Übungen erklären. Während du die Rückbildung machst, wird eine fachkundige Kinderbetreuung angeboten.

Ich finde die Kidler 19 Kurse gut, weil ich mich auf die Rückbildung konzentrieren konnte, während mein Baby in der liebevollen Betreuung war. Ich war mir sicher, dass mein Baby in guten Händen ist und gebracht wird, wenn es weint. Ich kann die Praxis rundherum weiterempfehlen und habe sogar mehrere Kurse dort besucht. (Eva mit H. und C.)

Rückbildung im Kriechbaumhof (Haidhausen)

hebammengemeinschaft-vermittlung-muenchen.de

089 / 21 11 12 78

Preysingstr. 71 * 81667 München

Die Rückbildungskurse des KRIECHBAUMHOFS geben nützliche Alltagstipps, wie du deine Figur und den Beckenboden wieder in Form bringen kannst. Es gibt Kurse mit und ohne Babybetreuung. Wenn du den Kurs mit Kinderbetreuung wählst, sind die Kleinen im Obergeschoss gut aufgehoben, während du unten im Sportraum deine Übungen absolvierst. Die Kursleiterin ist eine zertifizierte Beckenbodentrainerin.

Praktischer Kursort mitten in Haidhausen, von dem aus man im Anschluss gut etwas essen oder einkaufen gehen kann. Kleines Manko: der Sportraum ist relativ dunkel. (Janna mit A. und L.)

Rückbildung Taxisstraße (Neuhausen)

rotkreuzklinikum-muenchen.de/medizin_geburtshilfe_elternzentrum

089 / 15 70 67 20

Lenzfriederstr. 6 * 80637 München

Das ELTERNZENTRUM DER TAXISKLINIK bietet Rückbildungskurse in unterschiedlichen Formaten und Intensitätsgraden an. Sie finden ein- bis zweimal pro Woche mit oder ohne Kind statt. Wenn du nach dem ersten Kurs noch nicht genug hast, kannst du einen der Anschlusskurse, z.B.

"Fit nach der Rückbildung", "Back to shape" oder "Healthy Back" besuchen.

Ich habe den Rückbildungs-Intensivkurs ohne Kind besucht. Neben den normalen Rückbildungsübungen gab es Step Aerobic Elemente, Übungen auf dem Petsi Ball und Übungen für die Bauchmuskulatur. Da die Inhalte über die normale Rückbildung hinausgingen, musste ich 75 Euro extra bezahlen, das war mir der Kurs aber definitiv wert. (Tina mit L. und T.)

Rückbildungskurs im Balance (Neuhausen)

balance-muenchen.de

089 / 12 39 13 42

Thorwaldsenstr. 31 * 80335 München

Das kleine, private Fitnessstudio hat sich ganz seinem weiblichen Publikum verschrieben und bietet Frauenkurse in einer familiären "beeren-lila" Atmosphäre an. Während du dich der Rückbildung nach der Schwangerschaft widmest und dich darauf konzentrierst, überflüssige Schwangerschaftspfunde loszuwerden, ist dein Baby bei der Kinderbetreuung gut aufgehoben. Im Anschluss an die Rückbildung gibt es den Kurs "Pilates mit Baby". Vormittags wird für 3,50 Euro eine Kinderbetreuung angeboten.

Bauchraum – Rückbildungskurse (Schwabing)

bauchraum-muenchen.de

0179 / 53 87 23 2

Details s. TEIL 1 * S. 46

Durch Yoga- und Pilateselemente werden die während der Schwangerschaft und Geburt beanspruchten Muskelpartien gekräftigt. Starten kannst du die Kurse mit oder ohne Kind ab der sechsten Woche nach der Geburt. Im Anschluss an die Rückbildung werden Wirbelsäulengymnastik oder Pilates angeboten. Eine generelle Telefonnummer für Anfragen gibt es nicht. Kontakt kannst du über die Webseite aufnehmen.

Rückbildung Maistraße(Isarvorstadt)

klinikum.uni-muenchen.de/Kli-nik-und-Poliklinik-fuer-Frauenheilkun-de-und-Geburtshilfe-Innenstadt/

089 / 51 60 41 11

Maistr. 11 * 80337 München

Zu den Rückbildungskursen in den Räumlichkeiten der Physiotherapie finden sich vor allem Frauen ein, die in der Maistraße entbunden haben. In einer Gruppe von etwa zehn Müttern lernst du die wichtigsten Beckenboden-, Rücken- und Bauchübungen kennen.

Die Atmosphäre ist entspannt und die Kursleiterinnen leiten den Kurs klasse. Für zu Hause bekommst du viele bildliche Übungen und praktische Alltagstipps mit auf den Weg. (Alex mit C.)

Rückbildungskurse VaMuKi (Westend)

vamuki.de

Details s. TEIL 3 * S. 138

Klassiker des VAMUKIS sind verschiedene Rückbildungskurse, z.B. „Wellness für Mütter & Rückbildungsgymnastik" oder „Fit Mum". Sie sind praktisch, um andere Westender Mütter kennenzulernen. Die Kurse finden zu unterschiedlichen Zeiten statt, entweder vormittags mit Kind oder abends ohne Kind. Gerade die Vormittagskurse bieten sich an, um danach mit Gleichgesinnten einen Kaffee trinken oder ein Eis essen zu gehen.

VaMuKi bietet viele Kurse und regelmäßige Flohmärkte an, das muss man als Westender Mutter kennen. (Daniela mit L. und E.)

Yoga & Pilates

Yoga und Pilates nach der Geburt sind ein sanftes, aber effektives Ganzkörpertraining, welches Körper und Geist hilft, wieder in Einklang zu kommen. Die Übungen geben dir Ruhe und Kraft für die erste Zeit mit Baby. **Yogaübungen** fördern den Körper nach einer Geburt sinnvoll und lindern dadurch Beschwerden. Verspannte Körperpartien werden wohltuend gedehnt und ein Gefühl von Weite im Körper geschaffen. Einige Übungen aus dem Yoga wirken darüber hinaus belebend und kräftigend auf den Beckenbereich. Die **Pilatesübungen** zielen auf die Kräftigung des Rückens, der schrägen Bauchmuskulatur und des Beckenbodens ab. Außerdem trainierst du die Oberschenkel- und Gesäßmuskulatur. Während der Schwangerschaft und Geburt überdehnte Muskeln und Bänder erhalten ihre Funktion zurück.

Während das Angebot an Schwangeren-Yoga und Rückbildungsyogakursen in München relativ groß ist, haben wir nur verhältnismäßig wenig Pilateskurse für Frauen nach der Geburt gefunden. Viele davon werden in Yoga- oder Mütterzentren angeboten. Je nach Art des Anbieters und Dauer des Kurses bezahlst du 10 bis 16 Euro pro Kurseinheit.

YOGA & PILATES

* Da viele der Yoga- und Pilateskurse als Präventionskurse von den gesetzlichen Krankenkassen anerkannt sind, werden die Kurskosten größtenteils durch die Krankenkassen übernommen. Wichtig ist, dass die Kursleiter zertifiziert und entsprechend anerkannt sind. Dies sollte man am besten bereits bei der Anmeldung erfragen.

 TOP TIPP

JAYA Yoga (Glockenbach)
jaya-yoga.de
089 / 12 01 44 94
Westermühlstr. 28 * 80469 München

JAYA YOGA hat schöne, lichtdurchflutete Räumlichkeiten mit Bambusboden. Die Kursleiter bieten kleine, individuelle Yogagruppen und spezielles Mami & Baby Rückbildungsyoga für Frauen ab etwa sechs Wochen nach der Geburt an. Die Babys sind bei den Stunden dabei und werden teilweise in die Übungen miteinbezogen. Außerdem stehen PEKiP-Kurse und Kinderturnen auf dem Programm.

YogaBee (Westend)
yogabee.de
089 / 41 14 26 50
Heimeranstr. 49 * 80339 München

Sanfte Yogaübungen für Mütter mit Babys ab drei Monaten. Die Babys werden mitgebracht und dürfen ihren Mamas beim Yoga zusehen.

TriYoga Center (Altstadt)
triyogaflows.de
089 / 61 02 99 58
Tal 26 * 80331 München

Im TRIYOGA CENTER kannst du ab der sechsten Woche nach der Entbindung mit dem Kurs „Yoga für Mami und Baby" beginnen. Ziel des Kurses ist es, die Muskulatur nach der Geburt wieder zu kräftigen und zu entspannen. Es gibt keine extra Kinderbetreuung, vielmehr liegt das Baby während des Yogas auf einer Decke neben dir.

Yoga Mami & Me (Schwabing)
yoga-mami-me.de
0160 / 97 62 70 03
Belgradstr. 14 * 80796 München

MAMI & ME spezialisiert sich auf Schwangere und Frauen kurz nach der Geburt. In gemütlichen Räumlichkeiten mit Holzboden und dezenten Rosatönen bietet MAMI & ME Rückbildungskurse mit Yogaelementen an. Wenn dir das Studio gefällt, kannst du dort auch langfristig Yogakurse für dich oder Babykurse für deinen Nachwuchs belegen.

 Ich gehe gerne ins Mami & Me, die Atmosphäre ist durch die schönen Vorhänge und netten Kissen sehr entspannt. (Linda mit A.)

I feel good - Pilates (Schwabing)
cafe-de-bambini.de
0176 / 20 46 47 60
Marktstr. 7 * 80802 München

I FEEL GOOD - PILATES begleitet Mütter in allen Lebensphasen. Es gibt Kurse für Schwangere, für Frauen kurz nach der Entbindung und für Frauen, die fit und entspannt bleiben wollen. Mit etwa sieben Teilnehmern sind die Gruppen angenehm klein. Ziel ist es, auf jeden Teilnehmer einzeln einzugehen und dadurch einen intensiven Trainings- und Entspannungseffekt zu erreichen.

Yoga im Zuckertag (Glockenbach)
zuckertag.com
Details s. TEIL 1 * S. 48

Im Kindercafé ZUCKERTAG gibt es mehrere Yogakurse, die du im Anschluss an die Rückbildung besuchen kannst. Hierzu zählen z.B. Postnatal Yoga, Eltern-Baby-Yoga oder Jivamukti Yoga. Wer es aktiver mag, ist in den Kursen „Bauch Beine Po", „Fatburner" oder „Zumba" gut aufgehoben.

Mami-Yoga in der Praxis Kidler 19 (Sendling)
kidler19.de
Details s. TEIL 1 * S. 30

Aufbauend auf den Rückbildungskurs bietet die KIDLERSTRASSE 19 Mami-Yoga an. In diesem Kurs werden viele der Rückbildungsübungen vertieft. Es geht um Entspannungstechniken und die Stärkung des Beckenbodens bzw. der Bauchmuskulatur. Mami-Yoga ist ein regelmäßig stattfindender Kurs mit liebevoller Babybetreuung, der Frauen ab der sechsten Woche nach der Geburt aufnimmt.

Pilates für Frauen mit oder ohne Baby (Westend)
vamuki.de
089 / 57 96 84 16
Fritz-Endres-Str. 11 * 81373 München

Dieser Frauen-Pilateskurs wird über VAMUKI angeboten und findet in der Kindervilla Theresia statt. Dein Baby kannst du bis zum Krabbelalter mitbringen. Die Kursgebühren sind mit 6 Euro pro Kursstunde verhältnismäßig günstig. Nichtmitglieder zahlen einmalig einen Aufschlag von 15 Euro.

hemma Yoga & Pilates (Neuhausen)
hemma-yoga.de
089 / 12 12 72 48
Elvirastr. 4 * 80636 München

Das HEMMA YOGA STUDIO bietet in schönen Räumlichkeiten Yoga- und Pilateskurse an. Einige der Kurse finden abends statt, so dass auch berufstätige Eltern teilnehmen können. Darüber hinaus gibt es Kinderyoga, Kinderturnen, PEKiP-Kurse, Caipoeira und Akrobatik.

Pilates für Mütter mit Baby (Neuhausen)
rotkreuzklinikum-muenchen.de/frauen-klinik_muenchen.html
089 / 15 70 60
Taxisstr. 3 * 80637 München

Im Anschluss an die Rückbildung kann dieser beliebte Pilateskurs gebucht werden. Er findet in den Räumen der TAXISKLINIK statt. Während eine Gruppe von etwa 15 Mamas ihre Übungen macht, sind die Babys und Kleinkinder in der Obhut zweier Hebammen gut aufgehoben. Da der Kurs schnell ausgebucht ist, solltest du früh genug buchen.

Pilates House (Pasing)
pilateshouse.de
089 / 83 99 94 69
Bachbauernstr. 1b * 81241 München

Die beiden Kurse „Beckenbodentraining mit Pilates" und „Rückbildung mit Pilates" sind speziell auf Mütter ausgelegt. Die einstündigen Kurse werden von einer Hebamme mit Pilatesausbildung durchgeführt, die einen Fokus auf die Stärkung des Bauches und des Beckenbodens legt. Die Babys können mitgebracht werden und sind beim Kurs dabei.

Pilates + Baby im Physio Studio (Laim)

micaela.eu

089 / 58 92 76 08

Willibaldplatz 2 * 80689 München

Die PILATES + BABY-Kurse dauern jeweils eine Stunde, in der du nach der Schwangerschaft ausschließlich etwas für dich und deine Gesundheit tun kannst. Die Babys können mitgebracht werden. Die Kurse leitet eine ausgebildete Physiotherapeutin.

> *Das Studio besteht aus einem großen, lichtdurchfluteten Raum. Meine Kursleiterin Micaela Pfaffenzeller kannte ich bereits aus einem Schwangeren-Yogakurs. Ihre Kurse machen Spaß und bringen etwas. (Kerstin mit L.)*

Aquayoga zur Rückbildung im AquaSanum (Obermenzing)

aquasanum.de

Details s. TEIL 1 * S. 47

Das kleine AQUASANUM bietet Aquayogakurse zur Rückbildung an. Die Kurse finden abends statt und die Anmeldung ist online möglich.

Frauen-Fitness und Walking mit Baby

Buggyfit ist ein neuer Outdoor-Fitnesstrend für junge Mütter, die gesund und gezielt wieder in Form kommen möchten. Praktisch ist, dass du dein Baby im Kinderwagen oder Tragetuch dabei hast und dich trotzdem richtig auspowern kannst. Die Kosten pro Kurseinheit liegen zwischen 10 und 15 Euro. Wenn du einen festen Kurs buchst, erstatten viele Krankenkassen die Kurskosten als Präventionsmaßnahme anteilig zurück.

TOP TIPP

Buggy-Fit und Walken mit Baby

⤷mehrere Standorte

⤷ verschiedene Parks und Stadtviertel

buggyfit.de

0174 / 90 47 03 3

Das BUGGYFIT Trainingsprogramm bietet einfache Übungen, die du in verschiedenen Münchner Parks mit der BuggyFit-Gruppe und deinem Baby im Kinderwagen ausprobieren kannst. Routen führen, z.B. durch den **Englischen Garten**, **den Ostpark**, **den Luitpoldpark**, **den Hirschgarten** oder durch das **Isar-** und **Glockenbachviertel**. Das Buggy-Fit-Workout, genauso wie das Walken mit Baby ist speziell auf die Bedürfnisse von Frauen nach einer Schwangerschaft zugeschnitten. Auch in Spaziergänge mit deinem kleinen Schatz kannst du die Übungen nach Lust und Laune einbauen und dabei ganz nebenbei in Form kommen. Zum Ausprobieren gibt es eine Gratisstunde.

> *In diesem Kurs bewegt man sich viel und ist an der frischen Luft. Das Programm ist abwechslungsreich und es ist interessant, in verschiedenen Parks unterwegs zu sein. Mit dem Kinderwagen waren wir Walken, haben Stretchingübungen gemacht und sind Treppen hoch und runter gelaufen. Während wir Mamis mit Bodenübungen beschäftigt waren,*

durften sich die Kinder auf einer großen Decke kennenlernen. (Doris mit T. und L.)

Fit dank Baby

➲ mehrere Standorte
➲ verschiedene Parks und Stadtviertel
fitdankbaby.de

Die FIT-DANK-BABY-Kurse vereinen Fitnesstraining für die Mamas und spielerische Übungen für die Babys. Du hältst das Baby mit einem speziell entwickelten Gurt eng an deinem Körper. Das Gewicht des Babys nutzt du für deine Kräftigungsübungen, während dein Kind den intensiven Kontakt zu dir genießt. Starten kannst du diesen Kurs im Anschluss an die Rückbildung bis dein Baby etwa zehn Monate alt ist. Neben Übungen für die klassischen Problemzonen, steht das Training für Rücken und Beckenboden im Fokus. Es gibt mehrere Anbieter über ganz München verteilt, Details dazu findest du auf der Webseite.

Buggyrunners
(Westpark und Englischer Garten)
buggyrunners.com

Bei den BUGGYRUNNERS machst du unter Anleitung eines Trainers mit deinem Baby im Kinderwagen eine Mischung aus Ausdauertraining und gezielten Kraftübungen. Fester Bestandteil des Kurses sind die Stretching-Übungen, die du am Kinderwagen absolvierst. Die Kurse finden ganzjährig im **Englischen Garten** sowie im **Westpark** statt. Eine vorherige Anmeldung über die Webseite ist erforderlich.

Personal Training (Bogenhausen)
stefanie-kromer.de
089 / 55 06 71 83
Stefan-George-Ring 60 * 81929 München

Du möchtest nach der Geburt schnell wieder eine gute Figur haben? Dann probiere die Personal Trainerin Stefanie Kromer aus, die dir ein individuelles Fitness-Programm

zusammenstellt. Sie ist selbst Mutter und weiß genau was du brauchst, um schnell wieder in Form zu kommen.

Walking mit Baby im Tragetuch
(Neuhausen)
geburtshaus-muenchen.de
089 / 51 30 41 52
Nymphenburger Str. 147a * 80634 München

Das Geburtshaus München bietet NORDIC WALKING mit Baby im Tragetuch an. In bequemen Sportsachen läufst du mit dem Baby los, das eng an Mama geschmiegt meist sofort einschläft. Dies gibt dir Gelegenheit, dich mit anderen Müttern in Ruhe zu unterhalten, während du aktiv durch den Olympiapark oder das schöne Nymphenburg „walkst". Die Kursgebühr wird in der Regel von der Krankenkasse bezuschusst und Nordic-Walking-Stöcke können geliehen werden.

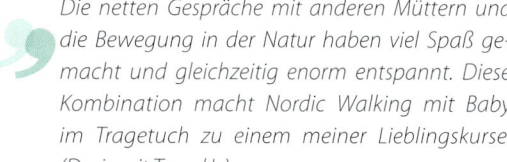

Die netten Gespräche mit anderen Müttern und die Bewegung in der Natur haben viel Spaß gemacht und gleichzeitig enorm entspannt. Diese Kombination macht Nordic Walking mit Baby im Tragetuch zu einem meiner Lieblingskurse. (Doris mit T. und L.)

BABY- UND KLEINKINDKURSE

ast du dir auch so viele Fragen gestellt, als dein Baby auf der Welt war? Was macht meinem Kind Spaß? Wann gebe ich meinem Baby das erste Mal feste Nahrung? Welche Spielangebote sind richtig für welches Alter? Wie kann ich mein Kind fördern ohne es zu überfordern? Fragen über Fragen, die sich junge Eltern stellen und über die man sich wunderbar mit anderen Eltern in einem der vielen Münchner Babykurse austauschen kann. Neben den Kontakten, die du dort knüpfst, bekommst du wertvolle Tipps und Anregungen rund um die Entwicklung, Erziehung und Ernährung deines Kindes.

PEKiP & FenKid

PEKiP, FenKid und andere Eltern-Kind-Programme haben gemeinsam, dass sie bereits kleine Babys darin fördern, mit allen Sinnen sich selbst, ihre Eltern und ihre Umwelt aktiv zu erkunden (s. GUT ZU WISSEN – PEKiP & FenKid S. 168). Die Spiele und Anregungen eignen sich schon für die Kleinsten und bereits mit wenigen Wochen kannst du mit deinem Neugeborenen starten. Die Gruppen werden nach dem Alter der Babys zusammengestellt.

Neben PEKiP und FenKid gibt es eine Reihe weiterer Eltern-Kind-Kurse wie Pikler, Elba oder Fabel, deren Inhalte sich nur geringfügig durch unterschiedliche pädagogische Schwerpunkte sowie durch das Alter der Babys bei Kursbeginn unterscheiden. Wenn du also keinen Platz mehr in deinem favorisierten Kurs bekommst, ärgere dich nicht, sondern suche nach einem vergleichbaren Kurs (s. Kapitel SPIEL- UND KRABBELGRUPPEN, S. 175). Die meisten Kurse laufen über 90 Minuten. Die Kurse in den Familienzentren oder Familienbildungsstätten sind häufig etwas günstiger als die Kurse der privaten Anbieter und beginnen bei 8 Euro die Stunde.

Aber wie findest du einen guten Eltern-Baby-Kurs in München und was ist eigentlich „gut"? Unsere Erfahrung ist: **Ein Kurs steht und fällt mit der Leitung!** Daher nutze entweder unsere Erfahrungen oder frage in deinem Freundeskreis nach Tipps für einen guten Kurs.

TOP TIPP ·
Die Inklusions-Akademie (Neuhausen)
inklusions-akademie.de
0172 / 84 77 03 6
Wilderich-Lang-Str. 6 * 80639 München

Die Kursleiterin Isolde Gertig hat langjährige Erfahrung mit Babys und gibt frisch gebackenen Mamas gute Tipps. Sie beobachtet das Kind genau und geht individuell auf die Kleinen ein. Außerdem ist schön, dass sie viel singt, den Eltern Kniereiter beibringt (Reime, bei denen die Kinder auf deinem Schoß sitzen und du Bewegungen machst) und es für die Kleinen abwechslungsreiche Spielideen

und themenbezogenes Spielzeug gibt. Neben PEKiP und Musikgarten für Babys und Kinder unter drei Jahren werden Seminare, Workshops und Beratungen für Eltern auf den Grundlagen der Grundgedanken des Familientherapeuten Jesper Juul angeboten.

> *Die Inklusions-Akademie habe ich selbst empfohlen bekommen und kann diese PEKiP-Kurse als Tipp nur weitergeben. Die Atmosphäre ist gemütlich und der Fokus der Kurse liegt auf der Beobachtung des Kindes und Gesprächen zwischen Isolde und den Eltern. (Tina mit L. und T.)*

· ·
PEKiP und Gemeinsam Wachsen 1-3 in den Familienbildungsstätten
➲ mehrere Standorte
fabi-muenchen.de
Details s. TEIL 1 * S. 30

In den MÜNCHNER FAMILIENBILDUNGSSTÄTTEN (FABI) gibt es für Babys mehrere PEKiP-Kurse und den selbst entwickelten Kurs GEMEINSAM WACHSEN, in dem die Selbstständigkeit der Kinder und ihre Neugier im Vordergrund steht. Die Kurse beginnen ab einem Alter von drei Monaten und es gibt aufeinander aufbauende Module, die dein Kleines während des ersten Lebensjahres begleiten. Pro Stunde steht ein spezielles Thema und ein Spielangebot im Vordergrund. Am einfachsten findest du den richtigen Kurs über die Webseite oder einen Anruf in der FABI. Wenn du am ganzen Programm interessiert bist, hole dir das umfassende Programmheft mit allen Kinder- und Familienkursen direkt in den Geschäftsstellen.

> *Im PEKiP-Kurs in der Fabi Thalkirchen durften die Kleinen aus verschiedenen Spielangeboten frei auswählen. Zusammen mit schöner Musik hat das den Kindern gut gefallen. Neben den Spiel-Angeboten hat die Kursleiterin mit uns ihre Beobachtungen zu den Babys diskutiert. Man hat im Kurs viel miteinander geredet und gute Tipps bekommen. (Doris mit T. und L.)*

GUT ZU WISSEN

PEKIP & FENKID

PEKiP ist unter den Eltern-Kind-Programmen bei jungen Eltern besonders beliebt und steht für **P**rager-**El**tern-**K**ind-**P**rogramm. Es geht auf den tschechischen Psychologen Dr. Jaroslav Koch zurück. Er entwickelte in den 60er-Jahren Spiel- und Bewegungsanregungen für Babys im ersten Lebensjahr, die als intensive Stimulation die gesamte Entwicklung des Säuglings fördern sollten. Die erste PEKiP-Gruppe in Deutschland wurde 1973 mit großem Erfolg gegründet. Inzwischen ist PEKiP ein geflügeltes Wort unter frisch gebackenen Münchner Müttern und viele nehmen an einem PEKiP-Kurs oder ähnlichen Baby-Entwicklungskursen teil.

Ziel eines PEKiP-Kurses ist es, das Baby durch Bewegungs-, Sinnes- und Spielanregungen in seiner Entwicklung zu fördern und zu begleiten. Gleichzeitig sollen Eltern und Baby gemeinsam eine schöne Zeit erleben und ihre Beziehung zueinander stärken. Der Kontakt zu Gleichaltrigen wird nicht nur beim Kind gefördert, auch frisch gebackene Eltern lernen Gleichgesinnte kennen und nutzen dies für einen intensiven Erfahrungsaustausch.

Das Besondere an PEKiP ist, dass die Babys bei Kursbeginn komplett ausgezogen werden, um ihre Körperwahrnehmung zu schärfen. PEKiP-Gruppenleiterinnen sind ausgebildete Sozialpädagogen oder pädagogische Fachkräfte. Für einen guten Überblick über PEKiP-Kurse gehe auf die Plattform des gemeinnützigen PEKiP e. V. im Internet unter **pekip.de/gruppen**, auf der du dich über das Programm und Veranstaltungsorte informieren kannst.

Da das Konzept **FenKid** von der Münchner „Beratungsstelle für Natürliche Geburt" entwickelt wurde, steht es unter Münchner Müttern neben PEKiP besonders hoch im Kurs. FenKid steht für **F**rüh**en**twicklung des **Kind**es. Es werden verschiedenste Spiele, Reime und Lieder ausprobiert, die die selbständige Entwicklung der Babys unterstützen sollen, ohne sie von außen zu drängen. Außerdem geht es um die aufmerksame Beobachtung des eigenen Kindes, um besser auf dessen Bedürfnisse eingehen zu können. Die Babys sollten etwa drei Monate alt sein, wenn sie mit FenKid beginnen. Ein Kurs geht meist über acht bis zwölf Treffen und wird von ausgebildeten pädagogischen Fachkräften angeboten.

Die Räumlichkeiten der FABI in Pasing gefallen mir, da sie angenehm hell sind und es unten ein Café gibt, in das man nach den Stunden einkehren kann. (Björn mit J. und M.)

TOP TIPP

FenKid in der Beratungsstelle für Natürliche Geburt (Isarvorstadt)

haeberlstrasse-17.de
089 / 55 06 78 0
Häberlstr. 17 * 80337 München

Die „Mutter" aller FenKid-Kurse bietet wochentags viele FenKid-Kurse zu unterschiedlichen Zeiten an. Die Atmosphäre ist sehr nett und du bekommst viele Anregungen, mit welch einfachen Dingen die Kinder begeistert spielen. Das kann eine leere Flasche mit Reiskörnern oder ein Pappkarton sein. Außerdem wird viel gesungen und die Kursleiterin gibt gute Tipps, wie du im täglichen Leben mit dem Baby richtig umgehst.

Mir hat der Kurs in der Häberlstraße gut gefallen. Es gab viele Erläuterungen zum Spielverhalten, z.B. was fördern wir mit diesem Spiel, was hat das Kind gerade gemacht und was steckt dahinter? Ich lernte, wie ich meine Tochter besser verstehe. (Oda mit T.)

PEKiP bei Elly Heuss Knapp (Altstadt)

efbs-muc.de
Details s. TEIL 3 * S. 142

In der Familienbildungsstätte ELLY HEUSS KNAPP in der Nähe des Sendlinger Tors starten die PEKiP-Kurse für Babys ab acht bis zwölf Wochen. Die Mütter beobachten das Baby in den Kursen intensiv und bieten ihnen Bewegungs-, Sinnes- und Spielanregungen. Die Kurse laufen etwa bis zur Vollendung des ersten Lebensjahres. Im Anschluss machen viele Eltern mit Miniclub-Kursen weiter, in denen Eltern und Kleinkinder in einer lockeren Atmosphäre gemeinsam spielen (s. TEIL 5, S. 175).

FenKid bei mein Schützling (Haidhausen, Bogenhausen)

mein-schuetzling.com
089 / 55 26 37 34
Max-Weber-Platz 2 * 81675 München-Haidhausen
SBZ Fideliopark * Fideliostr. 153
81927 München-Bogenhausen

Ein heller Raum und eine entspannte Atmosphäre erwarten dich in den Kursen mit FenKid-Elementen von Silvia Schütz. Ein großer Teil des Kurses beschäftigt sich mit dem Beobachten des Kindes und entsprechenden Kommentierungen. Daneben singt man in der Gruppe, macht mit den Kindern Handspiele und bietet ihnen Spielanregungen. Neben den FenKid-Kursen hat MEIN SCHÜTZLING auch Rückbildungskurse im Programm.

Ich fand es spannend zu beobachten wie mein Sohn spielt und wie er mit anderen Kindern während der Stunde interagiert. Die anschließenden Erläuterungen von Silvia über das Wesen des Kindes und seine Stärken haben sich später bestätigt. Erstaunlich, da L. während des Kurses nur fünf Monate alt war. (Janna mit A. und L.)

PEKiP in der Kidler 19 (Sendling)

kidler19.de
Details s. TEIL 1 * S. 30

PEKiP-Kurse im KIDLER 19 finden einmal pro Woche für 1,5 Stunden mit acht Teilnehmern statt. Die Leitung hat die Heilpraktikerin Petra Neisari-Tabrizi. Durch ihre langjährige Erfahrung mit Babys gibt sie wertvolle Tipps im Umgang mit dem Baby.

PEKiP Kinderkrippe Haar (Neuhausen)

kita-haar.de
089 / 46 20 54 49
Landshuter Allee 174 * 80637 München

In den Räumlichkeiten der KINDERKRIPPE HAAR finden in einem Sportraum PEKiP-Kurse statt. Sie bieten den Eltern und ihren Babys Spielanregungen und fördern den Austausch zwischen den Eltern.

PEKiP im Kopffüßler (Schwabing)

kopffuessler.eu

089 / 97 34 21 96

Clemensstr. 99 * 80796 München

Das Eltern-Kind-Kurszentrum KOPFFÜSSLER bietet mehrere PEKiP-Kurse an, in denen du mit deinem Baby ab der achten Lebenswoche startest. Die Kurse sind klein und persönlich, da pro Kurs maximal acht Babys mit ihren Eltern teilnehmen. Während der 1,5 Stunden gibt es ausreichend Gelegenheit, in der Gruppe und mit der Kursleitung über Babythemen zu diskutieren.

PEKiP und Eltern-Baby-Gruppe im FamilienZentrum Laim (Laim)

familienzentrum-laim.de

089 / 56 69 33

Valpichlerstr. 36 * 80686 München

In den PEKiP-Kursen des FAMILIENZENTRUM LAIMS beobachten, spielen und singen Mütter mit ihren Babys ab einem Alter von acht Wochen. Außerdem gibt es genug Raum, um mit der Kursleiterin Christine Holzkämper aktuelle Babythemen zu besprechen.

PEKiP in der Hebammenpraxis Aubing (Aubing)

hebammenpraxis-aubing.de

089 / 95 42 15 73

Aubinger Str. 148 * 81243 München

Eva Demler ist Hebamme und leitet diesen PEKiP-Kurs. Sie hilft jungen Müttern mit ihrer jahrelangen Erfahrung im Umgang mit den Säuglingen.

Babymassage

Eine Babymassage ist ein sanftes, rhythmisches Streicheln der Hände über den Körpers deines Babys. Sie bietet Gelegenheit, dir in aller Ruhe Zeit für dein Kind zu nehmen und geht einher mit der genauen Beobachtung der Körpersignale deines Babys. Massiert wird, wenn dein Kleines Signale zur Bereitschaft zeigt, also z.B. freudig mit den Beinchen strampelt. Es gibt Kinder, die es nicht mögen, komplett ausgezogen und massiert zu werden. Auch das ist normal und sollte respektiert werden. Gerade Jungen „pullern" gerne los, sobald sie ausgezogen sind, daher sollte man immer ein Ersatzhandtuch dabei haben. Die Babys sollten sechs Wochen bis drei Monate alt sein, wenn du mit der Massage beginnst. Die gelernten Massagegriffe kannst du auch zu Hause anwenden.

Der innige Kontakt zwischen Eltern und Babys während der Babymassage stärkt die Bindung zueinander. Außerdem hilft die Massage den Babys, besser zur Ruhe zu kommen und in einen gesunden Schlaf zu finden. Wenn dein Kind an Blähungen und Koliken leidet, werden diese Beschwerden häufig durch die Massage gelindert. Auch auf das restliche Immunsystem wirkt sich die Massage positiv aus. Untersuchungen belegen darüber hinaus, dass Babys, die regelmäßig gestreichelt und massiert werden, aufmerksamer und neugieriger sind und mit Stress besser fertig werden. Eine Babymassage ist jedoch nicht nur für das Kind entspannend, auch du wirst merken, dass man dabei gut abschalten kann. Der intensive Hautkontakt und die Berührung zwischen dir und deinem Baby sorgen auf beiden Seiten für die Ausschüttung von Entspannungshormonen.

In München gibt es ein umfangreiches Kursangebot mit verschiedenen Arten der Babymassage. Fast alle Hebammenpraxen und Krankenhäuser haben Babymassage in ihrem Programm und die Kursgebühren liegen bei etwa 10 Euro die Stunde. Unsere Babymassage-Favoriten sind hier aufgeführt.

Hebammen Praxis München (Lehel)

hebammenpraxismuenchen.de

089 / 29 16 97 91

Details s. TEIL 1 * S. 17

In den Babymassagekursen der HEBAMMEN PRAXIS MÜNCHEN massierst du dein Baby liebevoll und beobachtest es dabei genau. Die Kursleiterin gibt neben der normalen Babymassage jede Menge praktischer Tipps und hilft dir, das Baby besser zu verstehen. Die Atmosphäre des Kurses ist entspannt und positiv.

Haus der Familie (Maxvorstadt, Neuhausen, Nymphenburg)

hausderfamilie.de

Details s. TEIL 3 * S. 141

An den drei Standorten des HAUSES DER FAMILIE finden verschiedene Babymassagekurse statt. In der Elternschule des Dritten Ordens gibt es regelmäßig **spezielle Termine für Väter**.

Babymassage im Bauchraum (Schwabing)

bauchraum-muenchen.de

Details s. TEIL 1 * S. 46

Der BAUCHRAUM bietet die Kurse Schmetterlingsmassage für Babys ab vier Wochen und harmonische Babymassage nach Bruno Walter für Babys ab etwa zwölf Wochen an. Anfragen werden über die Webseite gerne entgegengenommen.

Babymassage in den Familienbildungsstätten

➲ mehrere Standorte

Fabi-muenchen.de

Details s. TEIL 1 * S. 30

Viele Mütter mit ihren Babys besuchen gern die Babymassagekurse der FAMILIENBILDUNGSSTÄTTEN (FABI). Es finden über ganz München verteilt Kurse statt und es gibt eine große Auswahl an Anschlusskursen für Babys und Kleinkinder.

Babymassage beim Kopffüßler (Schwabing)

kopffuessler.eu

Details s. TEIL 4 * S. 170

Zärtliche Babymassage in den bunten Räumen des KOPFFÜSSLERS. Der Kurs stärkt die Mutter-Kind-Bindung und fördert den Kontakt zu anderen frisch gebackenen Mamas.

Babymassage im Kriechbaumhof (Haidhausen)

hebammengemeinschaft-vermittlung-muenchen.de

Preysingstr. 71 * 81667 München

Daniela Langanki ist eine freiberufliche Hebamme und leitet den Babymassagekurs im KRIECHBAUMHOF. Sie lässt bei den Übungen ausreichend Zeit, damit du dich 100% auf das Kind und seine Reaktionen konzentrieren kannst.

 Daniela gibt viele gute Tipps, wie man sein Baby massieren, streicheln und beruhigen kann. Da sie Hebamme ist, konnte sie mir auch viele offene Fragen zum Thema Stillen und Kleinkind beantworten. (Janna mit A. und L.)

Babymassage - Zeit zu zweit (Isarvorstadt)

haeberlstrasse-17.de

089 / 55 06 78 0

Häberlstr. 17 * 80337 München

In der Beratungsstelle für natürliche Geburt werden in kleinen Gruppen mit maximal sechs Babys die Kurse Schmetterlingsmassage nach Eva Reich und indische Babymassage nach Frédérick Leboyer angeboten.

Die Kurse sind beliebt, weil sie viele anthroposophi-sche Elemente haben und extrem kind-bezogen sind. (Eva mit H. und C.)

··

Babymassage Kidler 19 (Sendling)

kidler19.de

Details s. TEIL 1 * S. 30

Babymassage in einer ruhigen, ganz aufs Baby ausgerichteten Umgebung. Während des Kurses hast du viel Zeit, auf dein Baby einzugehen und lernst hilfreiche Massagegriffe kennen.

··

Babymassage (Westend)

vamuki.de

Details s. TEIL 3 * S. 138

Bei der harmonischen Babymassage nach Bruno Walter hast du zu deinem Baby innigen Kontakt durch Berührung und lernst es nochmal besser kennen. Der Kurs ist für Babys im Alter von sechs Wochen bis fünf Monaten geeignet und findet in den Räumlichkeiten von VAMUKI statt.

··

Mobile Babyzeit (Ort frei wählbar)

mobilebabyzeit.jimdo.com

0177 / 50 51 40 8

Zu Hause professionell zur Babymassage angeleitet werden? Das funktioniert mit Katharina Haußmann, die sich mit ihrem Angebot MOBILE BABYZEIT nach dir richtet und eine zertifizierte Babymassage- und PEKiP-Gruppenleiterin ist. Sie kommt zu dir nach Hause und bietet dort klassische Babymassage oder die intensive, indische Babymassage nach Frédérick Leboyer an. Die Massagezeiten und den Teilnehmerkreis bestimmt ihr gemeinsam.

Babyschwimmen

Ein neugeborenes Kind kennt das Element Wasser bereits aus dem Mutterleib. Wasser stimuliert die Bewegungs- und Sinnesfähigkeit, es vermittelt neue Eindrücke und fördert die geistige Aufnahmefähigkeit.

In München ist Babyschwimmen einer der beliebtesten Babykurse. Viele städtische Hallenbäder bieten offene Babyschwimmkurse an, zu denen du jederzeit dazukommen kannst. Dort bezahlst du den regulären Schwimmbadeintritt zuzüglich einer moderaten Kursgebühr. Darüber hinaus gibt es private Bäder, die ebenfalls Babyschwimmkurse anbieten und zwischen 15 und 25 Euro pro Kursstunde verlangen. Doch wann ist der richtige Zeitpunkt mit dem Babyschwimmen zu beginnen?

Die Babys können ab einem Alter von etwa drei Monaten an Babyschwimmkursen teilnehmen, da sie dann weniger anfällig für Infekte sind und ihr Köpfchen schon stabiler halten können. **Als Faustregel gilt: je jünger die Babys, desto kürzer die Unterrichtsstunde.** Für Säuglinge reichen anfangs 15 bis 20 Minuten, ältere Babys machen normalerweise eine halbe Stunde gut mit. Wärme ist für Babys besonders wichtig, denn die Kleinen können ihren Wärmehaushalt noch nicht gut regulieren. Säuglinge empfinden eine Wassertemperatur von 32 bis 34 Grad als angenehm, ältere Kinder fühlen sich bei 29 bis 30 Grad wohl.

In den Babyschwimmkursen geht es vor allem darum, das Element Wasser zu erleben, Spaß am Planschen zu entwickeln und sich im engen Körperkontakt mit den Eltern fließend zu bewegen. Im Wasser gelingen den Säuglingen schon früh Bewegungen, die sie an Land erst zu einem späteren Zeitpunkt lernen. Das Strampeln und Bewegen im Wasser regt zudem die Durchblutung und den Kreislauf an. Viele der Babys schlafen daher nach dem Babyschwimmen besonders gut.

Natürlich kannst du mit deinem Baby auch ohne Schwimmkurs schwimmen gehen. Es ist jedoch wichtig darauf zu achten, dass das Baby am Bauch, Köpfchen oder in Rückenlage sicher gehalten wird.

UNSER TIPP — BABYSCHWIMMEN

* Um einer Erkältung keine Chance zu geben, kann man die Handtücher am Beckenrand bereitlegen und das Baby unmittelbar nach Verlassen des Wassers darin einhüllen.

* Es ist wichtig, das Baby sorgfältig abzutrocknen und auch die Ohren nicht zu vergessen.

* Häufig unterschätzt man in der warmen Schwimmbadluft die Außentemperatur. Daher nicht vergessen, das Baby nach dem Babyschwimmen warm anzuziehen und ein Mützchen aufzusetzen.

* Schwimmen macht hungrig. Daher sollte man ein Fläschchen oder einen Snack für die Kleinen dabei haben bzw. Zeit für eine Stillpause einplanen.

* Im Sommer ist ein Schwimmkurs besonders angenehm, da das warme Einpacken der Babys entfällt.

 Aqua & Soul (Fürstenried, Oberföhring)
aqua-soul.de
089 / 24 44 07 18 6
München-Maxhofstr. 9a
81475 München-Fürstenried
089 / 24 44 07 18 5 * Fritz-Meyer-Weg 55
81925 München-Oberföhring

Die beiden AQUA & SOUL Bäder in Fürstenried und Oberföhring sind zu einer „echten Institution" für Baby- und Kinderschwimmkurse in München geworden. Die komplette Infrastruktur der Bäder ist auf die Bedürfnisse der Babys ausgelegt. Das Ambiente ist kindgerecht und die Babykurse sind professionell aufgebaut. Die Becken haben angenehm warmes Wasser und sind zwar klein, aber der Platz reicht für die Eltern mit ihren Babys völlig aus. In der Umkleide gibt es dicke Matten bzw. einen Laufstall, um die Kleinen im Blick zu haben, während man sich umzieht. Während der Babyschwimmkurse kommt zu einer Stunde ein Fotograf und macht tolle Unterwasserfotos.

 Der Babyschwimmkurs im Aqua & Soul hat uns super gefallen. Das ganze Bad ist auf Babys ausgelegt und die Kursleiter bieten für jedes Babyalter die richtigen Wasserübungen und -spiele an. In einer Stunde kam ein Fotograf und hat die Kinder unter Wasser abgelichtet. (Udo mit A. und L.)

Babyschwimmen Nordbad (Schwabing)
swm.de
089 / 23 61 50 50
Schleißheimer Str. 142 * 80797 München

In den Babyschwimmkursen des NORDBADS singen und tauchen die Eltern mit den Kindern oder ziehen sie auf Schwimmbrettern durchs Wasser. Da die Teilnehmerzahl bei den Kursen begrenzt ist und teilweise ein großer Andrang zu den Babyschwimmkursen herrscht, sollte man die Karten im Internet vorreservieren. Alternativ sollte man etwa eine halbe Stunde eher dort sein, um sicher eine Karte an der Kasse zu bekommen.

Aquabell (Lehel, Neuperlach, Solln)
aquabell.de
089 / 69 37 17 40
Christophstr. 12 * 80538 München-Lehel
Staudingerstr. 56 * 81735 München-Neuperlach
blubb-aktiv.de
Wellness Solln * Franz-Kaim-Str. 15
81479 München-Solln

Lange Wartelisten sprechen für die Qualität der AQUABELL-Kurse. Die Kurse dauern 30 Minuten und bieten abwechslungsreiche Übungen und Spiele. Bei Gefallen kannst du dich nacheinander für das Babyschwimmen I, II und III anmelden.

 Mein Baby-Schwimmkurs in Solln hatte eine sehr sympathische Kursleiterin, die toll auf die Babys und Kleinkinder eingegangen ist. (Alex mit C.)

BABYSCHWIMMEN MIT PAPA

* Viele Väter nehmen mit ihren Kindern gerne an Babyschwimmkursen teil. Besonders am Wochenende sind viele der Teilnehmer Papas. Eine gute Möglichkeit, sich von Vater zu Vater auszutauschen und einen festen Termin mit dem Nachwuchs am Wochenende zu haben. Auch die Mamas schätzen ein paar Stunden für sich allein.

Die Kaulquappe (Schwabing, Oberföhring)

diekaulquappe.de
089 / 46 06 40 0
Barlachstr. 36b * 80804 München-Schwabing
Oberföhringerstr. 150 * 81925 München-Oberföhring

Christian Ott und sein Team führen Babys und Kleinkinder mit viel Spaß, Spiel und Leichtigkeit an das Element Wasser heran. Jedes Kind wird individuell, entsprechend seiner Vorkenntnisse und seines Wesens begleitet. Die Kurse à 40 Minuten starten für Babys ab zehn Wochen.

Babyschwimmen Michaelibad (Berg am Laim)

swm.de
089 / 23 61 50 50
Heinrich-Wieland-Str. 24 * 81735 München

Im MICHAELIBAD planschen, gleiten und spielen Babys mit ihren Eltern während der Babyschwimmkurse im warmen Wasser. Die halbstündigen Kurse gefallen Kindern und Eltern gleichermaßen.

Babyschwimmen Südbad (Sendling)

swm.de
089 / 23 61 50 50
Valleystr. 37 * 81371 München

Das SÜDBAD bietet offene Babyschwimmkurse für unterschiedliche Altersgruppen an, z.B. für Babys von drei bis sechs oder von sechs bis zwölf Monaten. Die Kursinhalte wie Tauchen oder durchs Wasser gleiten bauen nicht aufeinander auf. Es ist vielmehr ein von den Anforderungen her relativ gleichbleibendes Programm.

> *Das Babyschwimmen im Südbad fand ich gut, weil das Becken angenehm warm ist und die Lehrerin den Kurs sympathisch leitet. Da es kein fester Kurs ist, konnten wir spontan entscheiden, ob wir hingehen oder nicht. (Eva mit H. und C.)*

AquaSanum (Obermenzing)

aquasanum.de
Details s. TEIL 1 * S. 47

Das kleine AQUASANUM bietet ein Mini-Babybecken mit angenehmen 34 Grad. Auf dem Programm stehen Babyschwimmkurse, daran anschließende Eltern-Kind-Schwimmkurse und eine Familiensauna. Bei den Duschen und Umkleiden gibt es Platz zum Wickeln und einen Laufstall, in den du dein Kleines kurz legen kannst, wenn du selbst duschen möchtest.

> *Wir haben zwei AquaSanum-Babyschwimmkurse mit viel Planschen und Spielen besucht. Dadurch hat sich unsere Tochter gut an das Wasser und das Duschen gewöhnt. Seit den Kursen hat sie ihre Scheu vor Wasser komplett verloren. (Linda mit A.)*

Baby-, Spiel- und Krabbelgruppen

Häufig kommen Kleinkinder in Spiel- und Krabbelgruppen das erste Mal intensiv mit anderen Kindern zusammen, schauen sich Dinge von Gleichaltrigen ab und erlernen spielerisch neue Fähigkeiten. Der Spaß steht beim gemeinsamen Krabbeln, Spielen und Hochziehen sowie einfachen Liedern an erster Stelle.

Für Eltern sind Krabbelgruppen eine gute Möglichkeit, sich auszutauschen und aktuelle Themen, z.B. das Schlaf- oder Essverhalten der Kinder zu besprechen. Du wirst feststellen, dass viele andere Eltern genau die gleichen Fragen und Dinge beschäftigen und es gut tut, sich über Erfahrungen auszutauschen.

Während die Kursgebühren für Krabbelgruppen bei städtischen bzw. kirchlichen Einrichtungen bei etwa 5 bis 10 Euro pro Kursstunde liegen, verlangen die privaten Anbieter zwischen 10 und 20 Euro pro Kurseinheit. Krabbelgruppen finden in der Regel wöchentlich statt und dauern je nach Anbieter ein bis zwei Stunden.

> **» Talente sind wie Muskeln, sie nehmen zu, wenn man sie aufbaut «**

SPIELEN & FÖRDERN
TEJAY'S CAMPUS
Kursprogramm zur frühkindlichen Förderung

SPIEL- UND LERNGRUPPEN

★ Mutter-Kind-Gruppen

★ Spielgruppen am Nachmittag (1-3 Jahre)

★ „Minikrippeplätze" ab 3 Stunden pro Tag

★ Vorkindergartengruppen (2-4 Jahre)

KURSANGEBOTE

★ Sport- und Bewegungskurse (Kinderturnen, Koordinationstraining und Kindertanzen)

★ Kreativkurse (malen, formen und gestalten zur Förderung von Feinmotorik und Geduld)

★ Musikkurse (singen, musizieren, rhythmisch bewegen)

TOP TIPP

Miniclub (Altstadt)
efbs-muc.de
089 / 55 22 41 0
Details s. TEIL 3 * S. 142

Elly Heuss Knapp bietet nahe des Sendlinger Tors MINICLUBS für Kinder von neun Monaten bis drei Jahren an. Die MINICLUBS sind lockere Gruppen ohne festes Programm, vielmehr erkunden die Kinder verschiedene Spielangebote von der Miniküche über Bauklötze bis hin zur Holzeisenbahn. Darüber hinaus gibt es bei jedem Treffen ein spezielles Angebot, z.B. Malen mit Fingerfarben, Formen von Salzteigfiguren oder Turnen über den Krabbelparcour. Eine gemeinsame Brotzeit rundet das lockere Zusammensein zwischen Kindern, Eltern und Kursleitung ab.

★ TEJAY'S am Königsplatz
Richard-Wagner-Str. 3
80333 München
089 | 740 041 66

★ TEJAY'S in Alt-Solln
Sollner Str. 36
81479 München
089 | 790 865 38

TEJAY'S KINDERGÄRTEN UND MEHR

Mutter-Kind-Gruppe bei TEJAY'S (Königsplatz, Alt-Solln)

tejays.de

089 / 74 00 41 66

Richard-Wagner-Str. 3 * 80333 München-Königsplatz

089 / 79 08 65 38

Sollner Straße 36 * 81479 München-Alt-Solln

Die MUTTER-KIND-GRUPPEN von TEJAY'S werden von pädagogisch geschultem Personal geleitet, die erfahrene Spiel- und Gesprächspartner sind. Die Kinder dürfen in spannenden Bewegungslandschaften ihre eigenen Fähigkeiten erforschen, während die Eltern bei einem gemütlichen Kaffee die Möglichkeit haben, sich untereinander oder mit den BetreuerInnen auszutauschen. Viele Lieder, Rhythmen und Bewegungsspiele gefallen den Kindern und fördern gleichzeitig ihre Entwicklung.

feel im Haus der Familie (Maxvorstadt, Neuhausen, Nymphenburg)

hausderfamilie.de

Details s. TEIL 3 * S. 141

Das HAUS DER FAMILIE hat das Eltern-Kind-Konzept FEEL entwickelt. Im Mittelpunkt der Kurse steht die Stärkung der Eltern-Kind-Bindung und das freie Spiel. Die FEEL-Kurse gehen mit drei aufeinander folgenden Modulen auf verschieden alte Babys ein.

Der feel-Kurs in der Dantestraße hat meiner Tochter und mir viele praxisnahe Anregungen gegeben. Die Atmosphäre war sehr persönlich und gut gefallen hat mir das einmalige Papa-Frühstück, bei dem auch die Partner mit von der Partie waren. (Vanessa mit H.)

Leben mit dem Baby (Schwabing)

kopffuessler.eu

Details s. TEIL 4 * S. 170

Das Kopffüßler-Team hat das Konzept LEBEN MIT DEM BABY entwickelt und kombiniert PEKiP-Elemente mit Bestandteilen aus anderen Kinderkonzepten, z.B. von Maria Montessori, Emmi Pikler oder Jesper Juul. Es ist ein fester Babykurs, in dem die Kinder in jeder Stunde neue Anregungen bekommen und mit anderen Babys erste Kontakte knüpfen.

Schön war, dass die Kursleiterin mich als Vater gut eingebunden hat und einige PEKiP-Elemente integriert waren. (Jan mit H. und L.)

Lulu & Tintin – „New Moms Groups" ab Geburt (Haidhausen)

lulu-tintin.de

Details s. TEIL 1 * S. 30

Die „New Moms Groups" des frühkindlichen Förderzentrums LULU & TINTIN dienen neben der kindlichen Förderung auch als Forum für den Austausch zwischen Eltern. Die Besonderheit der LULU & TINTIN-Kurse ist, dass sie auf Englisch stattfinden und somit auch für ein **internationales Publikum** interessant sind. Je nach Alter der Kinder besuchst du die Gruppe HAPPY START ab zwei Wochen, TINY TOTS ab drei Monaten oder LITTLE MOVERS ab sechs Monaten.

Gymboree – Play and Music (Bogenhausen)

gymboreeDeutschland.de

089 / 23 23 29 96

Richard-Strauss-Str. 80 * 81679 München

GYMBOREE, einer der erfolgreichsten US-Anbieter für frühkindliche Förderung, hat seit 2010 auch einen Standort in Bogenhausen eröffnet. Das Kleinkindzentrum für Kinder von null bis fünf Jahren ist bunt, modern und gepflegt. Es bietet z.B. die Babykurse **Spiel der Sinne** oder

Entdeckungsreise an. Diese fördern die individuelle Entwicklung der Babys mithilfe musischer, kreativer und aktiver Elemente. In allen Kursen stehen soziale Fähigkeiten wie frühes miteinander spielen im Mittelpunkt. Dabei ist jede Stunde einem Thema gewidmet. Zum Ausprobieren gibt es die Möglichkeit einer kostenlosen Probestunde. Bei Gymboree bezahlst du einen Monatsbeitrag von etwa 69 Euro, in dem automatisch die Möglichkeit der Teilnahme an den offenen Spielstunden enthalten ist. Etwa 60% aller Kurse finden auf Englisch statt.

Abenteuerkinderwelt (Berg am Laim)
info-freiraeume.de
0172 / 84 66 03 0
Josephsburgstr. 56 * 81673 München

Das speziell entwickelte Konzept ABENTEUERKINDERWELT fördert Kinder ganzheitlich in den Bereichen Musik, Tanz, Kunst und Kreativität. Der Kurs wird im Familienzentrum Freiräume angeboten und wendet sich an Kinder ab sechs Monaten.

Mutter Baby Gruppe Aqua & Soul (Fürstenried, Oberföhring)
aqua-soul.de
Details s. TEIL 4 * S. 173

Dieser Mutter-Baby-Kurs richtet sich an Kinder bis etwa 1,5 Jahre. Er findet in einem Gymnastikraum statt, der an die AQUA & SOUL Bäder angeschlossen ist. In Fürstenried liegt der Raum zwar im Untergeschoss, ist aber mit hellem Parkett schön gestaltet und wirkt wie eine Art Ballettraum.

 Wir haben viel gesungen und gespielt. Die Kursleiterin bietet den Kindern Spielanregungen und leitet den Kurs locker und liebevoll. Bei uns haben sich aus dem Kurs nette Kontakte aus der Umgebung ergeben. (Doris mit T. und L.)

INTERVIEW
MIT CHRISTIAN FEZER
PAPA & KLEINKIND-KURSLEITER

Christian Fezer ist hauptberuflich Diplom-Handelslehrer und unterrichtet an der Berufsschule für Einzelhandel in München. In seiner Freizeit leitet der begeisterte Vater zweier Mädchen (drei und fünf Jahre) den Papaclub „Papa komm!" der Evangelischen Familien-Bildungsstätte ELLY HEUSS KNAPP und fährt zweimal im Jahr mit Vätern und ihren Kindern zwischen zwei und sechs Jahren auf eine Kleinkinderfreizeit.

WAS IST EIN PAPACLUB?
ELLY HEUSS KNAPP bietet Papas mit ihren Kindern alle drei bis vier Wochen die Möglichkeit, in dem Kleinkindkurs „Papa komm!" Zeit mit ihren Kindern zu verbringen. Die Besonderheit ist, dass ausnahmsweise nicht die Mütter mit ihren Kindern zum Kinderclub gehen, sondern ausschließlich Väter. In der lockeren Gruppe erkunden die Kinder verschiedene Spielangebote, singen gemeinsam Bewegungslieder, Turnen über den Babyparcour und machen eine gemeinsame Brotzeit.

WIE SIND SIE AUF DIE IDEE GEKOMMEN, DEN KLEINKINDKURS PAPACLUB ANZUBIETEN?

Ich habe jahrelang selbst mit meinen Töchtern die Miniclubs der Familienbildungsstätte und weitere Kinderkurse besucht. Ich war immer der einzige Vater. Irgendwann wurde ich gefragt, ob ich Lust hätte, die Stelle des Papakursleiters zu übernehmen – und das habe ich einfach mal ausprobiert.

CHRISTIAN FEZER

WAS IST IHR ZIEL ALS LEITER DES PAPA-CLUBS UND DER VATER-KIND-FREIZEITEN?

Ich habe das Gefühl, dass das Kindergroßziehen auch in einer offenen Stadt wie München noch immer Muttersache ist. Ich möchte einen kleinen Beitrag dazu leisten, dass Väter merken wie schön es ist, intensiv Zeit mit ihren Kindern zu verbringen. Besonders bei den Vater-Kind-Freizeiten wachsen die Väter mit ihren Kindern eng zusammen und teilen spannende Erlebnisse – das ist etwas, von dem die Kinder noch Jahre später erzählen.

ERLEBEN SIE EINEN UNTERSCHIED, JE NACHDEM OB MÜTTER ODER VÄTER AN EINEM KURS ODER EINER FREIZEIT TEILNEHMEN?

Die diskutierten Themen sind anders. Mütter sprechen vor allem über ihre Kinder, ihre Lebenssituation oder die Vereinbarkeit von Familie und Beruf. Väter hingegen reden viel über ihren Beruf. Deren Themen sind oft völlig losgelöst von der Familiensituation und den Kindern. Frauen nutzen Babykurse außerdem häufiger zum Netzwerken und treffen sich auch außerhalb der Kurse privat mit anderen Kursteilnehmerinnen. Bei Vätern ist das weniger der Fall.

WELCHE ERFAHRUNGEN MACHEN SIE ALS PAPA, WENN SIE MIT IHREN KINDERN IN MÜNCHEN UNTERWEGS SIND?

Mit der Zeit hat man einen Stammbäcker, -metzger, -spielplatz etc. Dort sind wir bekannt und es ist ganz normal, dass ich als Vater mit den Kindern unterwegs bin. Der Spielplatz ist so eine Art Stammkneipe. Wir müssen uns nicht verabreden, treffen immer Spielgefährten für die Kinder und ab und zu trinken die Mütter und ich mal ein Glas Sekt.

WAS GEBEN SIE PAPAS IN MÜNCHEN MIT?

Verbringt Zeit mit euren Kindern und lasst euch nicht davon abschrecken, dass mehr Mütter als Väter mit ihren Kindern unterwegs sind.

WAS GEBEN SIE MAMAS IN MÜNCHEN MIT?

Lasst eure Kinder von Zeit zu Zeit los und ermöglicht es den Männern, allein Zeit mit ihnen zu verbringen.

WAS SIND IHRE LIEBLINGSUNTERNEHMUNGEN MIT KINDERN IN MÜNCHEN?

Meine Familie und ich mögen alles rund um die Isar. Vom Grillen am Flaucher über Picknick im Englischen Garten bis zum Besuch des Tierparks. Auch bei schlechtem Wetter gehen wir raus. Mit einem Fahrradanhänger kommt man in München überall schnell hin und hat keine Parkplatzsorgen.

HABEN SIE EINEN LETZTEN TIPP FÜR UNSERE FAMILIEN?

Teilt euch die elterlichen Aufgaben und wechselt zwischen Mama und Papa möglichst oft ab. Das gilt für alles rund um das Kind, z.B. das Füttern, Wickeln, das ins Bett bringen oder den Babykursbesuch. Und lasst beim Kinderfahrrad von Anfang an die Stützräder weg!

Musikalische Früherziehung

Musikalische Frühförderung lässt schon Babys und Kleinkinder erleben, wie viel Spaß gemeinsames Singen, Musizieren und Tanzen macht. In Kleingruppen lernen die Kinder verschiedene Lieder und Instrumente, wie Klangstäbe, Rasseln oder Trommeln kennen und werden kleinkindgerecht an die Musik herangeführt.

Das Mitsummen und Singen der Kinderlieder hilft dem Kleinkind spielerisch, ein besseres Stimm-, Melodie- und Rhythmusgefühl zu erwerben. Durch Lieder mit integrierten Bewegungen wie z.B. „dem Lied von der Maus, die in den Weltraum fliegt" lernen die Kinder neben dem Gesang auch Bewegungen und Gesten kennen, die sie mit Begeisterung imitieren und dadurch ihre motorischen Fähigkeiten trainieren.

GUT ZU WISSEN

MUSIK FÜR KINDER

* Langzeitstudien haben gezeigt, dass Musik die ganzheitliche Entwicklung der Kinder fördert. Sie schult die Fähigkeit, aufmerksam zuzuhören und weckt Freude, sich schöpferisch auszudrücken.

Kopffüßler – Muckepuck (Schwabing)
kopffuessler.eu
Details s. TEIL 4 * S. 170

Singen, Klatschen, Trommeln, Rasseln, Tanzen – all das erleben Kinder von ein bis drei Jahren in dem Musikkurs **Muckepuck** von Jerker Kluge. Alle Kinder bekommen ein Instrument, z.B. eine Triangel oder eine Rassel und tauschen diese in regelmäßigen Abständen untereinander aus. Zu Beginn und zum Abschluss der Stunde wird gesungen und während der Stunde viel getanzt.

 Guter Kurs auch für Väter. Der Kursleiter, ebenfalls ein aktiver Papa, macht es locker und lässt es nicht in eine Mütterrunde abdriften. (Jan mit H. und L.)

Musikalische Eltern-Kind-Gruppen (Altstadt)
efbs-muc.de
089 / 55 22 41 0
Details s. TEIL 3 * S. 142

Das Erleben von Musik im Rhythmus (Kniereiter, Tanz) und Klang stehen im Fokus dieses Kurses für Babys ab drei Monaten. Klang-Materialien wie Rasseln, Klanghölzer oder Chiffontücher werden im Kurs verwendet.

Musikids (Schwabing)
musikschule-froehlich.de/Pagels
089 / 23 54 95 45
Marktstr. 7 * 80802 München

Die **Musikids**-Kurse für Kinder ab 14 Monaten finden in den Räumlichkeiten des CAFÉ DE BAMBINI in Schwabing statt. Es herrscht eine entspannte Atmosphäre, in der es Spaß macht zu singen, zuzuhören oder zur Musik zu tanzen. Ziel der Kurse ist es, die Anlagen des Gehörs weiter zu entwickeln und die Motorik durch Bewegungsspiele und Tänze zu schulen.

Freies Musikzentrum München (Haidhausen)

freies-musikzentrum.de

089 / 41 42 47 0

Ismaninger Str. 29 * 81675 München

Das FREIE MUSIKZENTRUM MÜNCHEN öffnet seine Pforten für Kinder ab etwa zwölf Monaten. Es gibt den **Musik-, Sing-** und **Tanzgarten I bis III** für verschiedene Altersgruppen von ein bis vier Jahren, in dem Kinder mit ihren Eltern tanzen, singen, Klänge und Farben entdecken und jede Woche ein neues Instrument kennenlernen. Im **Musik-** und **Rhythmusgarten** erleben Kinder ab 1,5 Jahren die Welt der Klänge und Rhythmen, während der Kurs **Musikus** einen Fokus auf das Singen bekannter Kinderlieder, Reime und Kniereiter legt. Begonnen und beendet wird die Stunde mit einem wiederkehrenden Begrüßungs- bzw. Abschiedslied. Die in den Kursen gewonnenen Anregungen kannst du zu Hause weiterführen und so bei den Kindern schon früh die Begeisterung für Musik wecken.

Lulu & Tintin – Kindermusik (Haidhausen)

lulu-tintin.de

Details s. TEIL 1 * S. 30

Die LULU & TINTIN Kinder-Musikstunden sind auf Babys ab drei Monaten abgestimmt. Nach dem Konzept des renommierten Anbieters **Kindermusik** erkunden die Kleinen erste Instrumente und werden durch Klänge, Lieder sowie rhythmische Bewegung an die Musik und die englische Sprache herangeführt.

Musikalische Früherziehung über VaMuKi (Westend)

vamuki.de

Details s. TEIL 3 * S. 138

Das VAMUKI bietet verschiedene Musikkurse für Kleinkinder an. Bei den **Sauseschrittflöhen** tanzen und schleichen Eltern mit ihren Kindern, steigen mit kleinen Zwergen auf hohe Berge, singen kleine Melodien mit der Gitarre oder lassen Luftballons tanzen. Der Kurs, die **Musikalische Rasselbande** musiziert gemeinsam. Durch viele Wiederholungen in der Gruppe können die Lieder, Tänze, Kniereiter, Verse, Bewegungsspiele oder der Umgang mit Instrumenten zu einem bereichernden Teil im Leben des Kindes werden. Beide Kurse sind für Kinder von ein bis drei Jahren.

Es fasziniert mich immer wieder, wie schnell Kinder mit Musik aufblühen, sie aufnehmen und begeistert mitmachen. Die Kleinsten mit Rasseln in der Hand oder beim Singen und Tanzen und die Größeren beim Trommeln, Klanggeschichten spielen oder Instrumente bauen. (Karola Arlt, Kursleiterin auf vamuki.de)

Singen mit den Kleinsten und Musikgarten im FamilienZentrum Laim (Laim)

familienzentrum-laim.de

089 / 56 69 33

Valpichlerstr. 36 * 80686 München

Der Kurs **Singen mit den Kleinsten** ist für Kinder ab etwa acht Monaten geeignet. Es ist ein fortlaufender Kurs, in dem die ersten Lieder mit den Babys bzw. Kleinkindern gesungen werden. Für Kinder ab zwei Jahren bieten sich im Anschluss die **Musikgartenkurse** an, in denen Kinder und Eltern auf spielerische Weise die Musik entdecken.

Musikschule Melodrom (Pasing)

musikschule-melodrom.de

089 / 87 12 28 5

Planegger Str. 125 * 81241 München

In den Musikstunden der Musikschule MELODROM singen Eltern mit ihren Kindern, lernen Kniereiter und Fingerspiele kennen oder probieren erstes Musizieren auf Orff-Instrumenten aus. Der Kurs gibt viele Anregungen für das Musizieren zu Hause mit.

kolumne

· · · · · · · · · · · · · · · · · · · ·

PERFEKTER
CITY-BABY-TAG♥

KOLUMNISTIN
KAROLINA SCHNEIDER

Heute steht bei uns Sport auf dem Programm! Mami-Baby- Yoga. Das Beste, um die Figur von „vorher" wieder zu bekommen. Neun Monate kommt der Bauch, neun Monate geht er – angeblich … Okay, Promimütter scheinen dieses Problem nicht zu haben, denn allem Anschein nach bestehen deren Bäuche aus Gummi, leiern nicht aus und springen sofort nach der Geburt wieder in die alte, straffe Form zurück.

Bei mir aber … nun gut, ich muss Sport machen. Hilft nix. Aufs Yogatraining freue ich mich aber jedes Mal, denn hier kann ich wirklich entspannen und für den kleinen Mann gibt's auch ein paar Übungen: Wir singen sein Lieblingslied (The wheels on the bus) und bewegen dazu Ärmchen und Beinchen. Er liebt es.

Dann machen wir erstmal erschöpft Mittagspause. Ich brauche Vitamine, deshalb hole ich mir einen frisch gemixten grünen Smoothie und setze mich draußen in die Sonne. Das Kind schläft und Mama genießt. Eine Packung Joghurt-Gums. Meine tägliche Portion Extrakalorien seit der Geburt. Eine kleine Umfrage im Mami-Kreis hat folgende weitere „Suchtmittel" ergeben: Erdnussbutter (zentimeterdick auf jedem Brot), Frozen Joghurt, Schokoladenbutterkekse und Kinderriegel. Klar, die Dinger heißen ja schon so!

Nach einem kurzen Zwischenstopp zu Hause geht`s am Nachmittag in den Bavariapark. Der kleine Mann und ich haben einen Lieblingsplatz: Unter einem tiefhängenden Ast eines Baumes schlagen wir unsere Picknickdecke auf. Er liebt es nämlich, die Blätter im Wind zu beobachten. Da kann ich meine Füße sonnen und ein bisschen Zeitung lesen.

Männer sind nicht multitaskingfähig, steht da. Das kann ich seit der Geburt unseres Sohnes unterschreiben! Hat ein Mann ein Kind auf dem Arm, kann er sonst nichts machen. Punkt. Der zweite Arm? Welcher zweite Arm? Bei Frauen dagegen: Links das Kind, rechts der Pürierstab, zwischen Ohr und Schulter noch das Telefon mit der Oma dran.

Am praktischsten wäre freilich, wenn einem mit dem Babybauch zusammen ein dritter Arm wachsen würde. Dann wäre man gegenüber dem Kind in der Überzahl, arm- und händetechnisch betrachtet. Ich stelle mir das so vor: mit dem linken Arm das Baby auf dem Schoß halten, mit dem rechten den Babybrei-Löffel zum Mündchen führen und mit dem dritten Arm verhindern, dass die Babyhände den Löffel wegpatschen und die Tapete ein schönes Möhrchen-Muster erhält.

Hach ja, schöne Idee, jetzt muss ich aber mit meinen zwei Armen unseren Kram zusammenpacken. Es wird Abend und der kleine Mann muss ins Bett. Und dann werde ich mich mit dem Papa zusammen auf den Balkon setzen und die Abendsonne bei einem Glas Wein genießen. ♥

teil 5

FREIZEITAKTIVITÄTEN

Auf Entdeckungs- tour

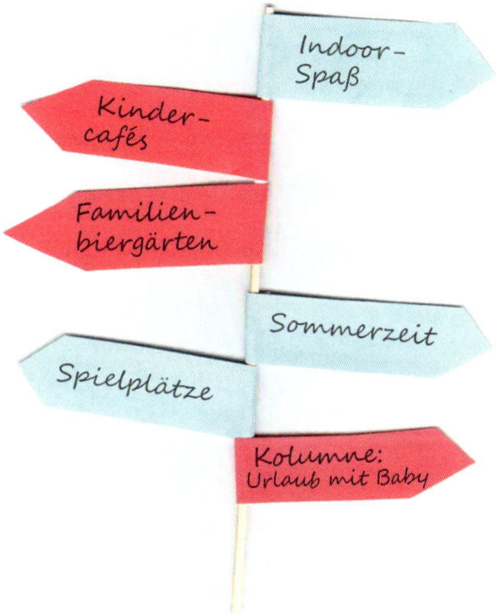

Mein Top-Guide

Indoor- Spaß

Kinder- cafés

Familien- biergärten

Sommerzeit

Spielplätze

Kolumne: Urlaub mit Baby

SPASS HABEN

ESSEN UND TRINKEN MIT KINDERN

In München vermehren sich langsam die Cafés für kleine Münchner und ihre Eltern. Gut so, denn wir mögen es nicht, schräg von der Bedienung angeschaut zu werden, weil der Kinderwagen im Weg steht oder das Kind zu laut ist!

Neben den klassischen Kleinkindcafés mit Spielecken, Kinderausstattung und besonders kinderfreundlichem Personal, haben wir für dich einige gemütliche Mama-Treffpunkte mit Babys und familienfreundliche Biergärten ausfindig gemacht.

Kleinkindcafés

Während im Glockenbachviertel mit dem KAISER OTTO schon lange ein echtes Kindercafé „thront", haben inzwischen mit dem ZUCKERTAG im Dreimühlenviertel, dem GLÜCKSKIND in Haidhausen , dem CAFÉ DE BAMBINI in Schwabing und dem TIBATONG in Neuhausen weitere „klassische" Kleinkindcafés geöffnet.

Beim Besuch eines der Kindercafés solltest du im Hinterkopf behalten, dass viele der Cafés ein Spielgeld verlangen. Dies ist notwendig, um regelmäßig das Spielzeug reinigen bzw. erneuern zu können.

Zuckertag (Glockenbach)
zuckertag.com
089 / 20 32 07 19
Ehrengutstr. 10 * 80469 München
🕐 MO-FR 9.oo-18.oo * SA-SO 10.oo-18.oo

„Enorm groß und liebevoll gestaltet" ist das Erste, was einem in den Sinn kommt, wenn man die verspielten Räume des ZUCKERTAGS betritt. Das Erdgeschoss eines Wohnhauses hat sich in ein Kinderparadies mit großzügigen Kursräumen für Eltern- und Kindkurse, zwei Spielzimmern und einem netten Café verwandelt. Dort bekommst du selbst gebackenen Kuchen, Pasta und Suppen. Vom Café aus geht es in ein Spielzimmer mit Bällebad, rotem Spielhäuschen und Kinderbierbänken, falls du den Kaffee in Sichtweite der Kinder trinken möchtest. Außerdem gibt es im Innenhof einen Spielplatz, so dass du auch bei schönem Wetter im ZUCKERTAG gut aufgehoben bist. Witzige Kleinigkeiten wie Bilder mit Stoffapplikationen und Kinderlampen stehen zum Verkauf und die Räumlichkeiten

sind für Kindergeburtstage zu mieten. Der Besuch im Spielzimmer ist nur nach Kauf einer Zehnerkarte für 29 Euro möglich. Pro Besuch und pro Kind wird ein Punkt „abgeknipst".

Die Idee des Zuckertags ist gut, gerade an verregneten Wochenenden, wenn einem zu Hause die Decke auf den Kopf fällt. Dieses Kindercafé bietet eine willkommene Abwechslung mit neuen Spielkameraden und Spielzeug. (Björn mit J. und M.)

Café de Bambini (Schwabing)
cafe-de-bambini.de
089 / 23 54 95 45
Marktstr. 7 * 80802 München
🕐 MO-FR 10.oo-18.oo * SA 11.oo-18.oo

Das CAFÉ DE BAMBINI ist ein neuartiges Konzept aus Café, Kinderladen, Spielbereich und Kursraum. Im Erdgeschoss wurde in den Ladenbereich eine Kaffeeecke integriert. Es gibt liebevoll designte Kinderkleidung und eine Kaffeebar, an der du kleine Snacks bekommst. Mit kleinen Kindern ist es angenehm, den Kaffee eine Etage tiefer im Spielparadies zu trinken. Dieses erreichen die Kleinen über eine Rutsche mit Kletterturm. Größere Kinder spielen dort alleine, während du sie über einen Bildschirm im Cafébereich sehen kannst. Oberhalb des Cafés gibt es einen hellen Kursraum, in dem z.B. Yoga, Pilates, Kindermusik oder Tanzkurse stattfinden. Dieser Raum kann auch für Festivitäten wie Kindergeburtstage, Taufen oder Müttertreffs angemietet werden. Auch Vorträge rund um das Thema „Eltern werden und sein" finden regelmäßig statt. Pro angefangene Stunde im Spielzimmer werden 1,35 Euro pro Kind fällig.

 Platz für Kinderwagen    Wickeltisch    Spielecke   Hochstuhl    Kindermenu / Kinderportionen   Snacks

Glückskind (Haidhausen)

cafe-glueckskind.de

089 / 41 17 16 67

Seeriederstr. 9 * 81675 München

🕐 DI-SO 9.oo-19.oo

Mit dem CAFÉ GLÜCKSKIND hat endlich ein Kindercafé in Haidhausen eröffnet. Innen ist alles dezent in Pastellfarben gehalten, außerdem gibt es zwei kleine Kinderbereiche mit Spielzeug, Malsachen und Büchern, welche die Kinder kostenfrei nutzen können. Das sympathische Personal rundet das kinderfreundliche Programm ab. Vor dem CAFÉ GLÜCKSKIND befindet sich ein großer Platz, auf dem viele Tische des Glückskinds stehen. Während du draußen gemütlich einen Kaffee trinkst, spielen die größeren Kinder zufrieden auf dem Platz. Aber aufgepasst: da direkt am Platz die Seeriederstraße verläuft, muss man immer ein wachsames Auge auf die Kleinen werfen.

Das Glückskind mögen wir total gerne. Es ist nie so voll, dass man keinen Tisch mehr bekommt. Man kann einfach hingehen und weiß, dass Eltern und Kinder zufrieden sind. (Janna mit A. und L.)

Kaiser Otto (Glockenbach)

kaiserotto.de

089 / 21 01 96 97

Westermühlstr. 8 * 80469 München

🕐 MO-SA 9.oo-19.oo * SO 9.oo-18.oo

Im Glockenbach „residiert" das KAISER OTTO mit eigener Kidslounge. Diese ist im hinteren Teil des KAISER OTTOS angesiedelt und in ihr locken statt typischer Cafétische jede Menge Spiel- und Spaßangebote für die Kleinen. Am Wochenende gibt es eine Kinderbetreuung von 10.00 bis 14.00 Uhr für 2,50 Euro pro halbe Stunde. Das ist praktisch, wenn die Eltern in Ruhe frühstücken oder einen Kaffee trinken möchten. Unter der Woche wird im Spielzimmer ein Unkostenbeitrag von 1 Euro je Kind unabhängig von der Nutzungsdauer erhoben.

Im vorderen Cafébereich ist das KAISER OTTO ein normales, schlichtes Café, auch wenn dort viele Mütter mit kleinen Kindern sitzen. Ein Wickeltisch und aufmerksame Servicekräfte sind Teil des kinderfreundlichen Konzepts. Am Wochenende zur Frühstückszeit solltest du unbedingt reservieren. Sonntags von 10.30 bis 13.00 Uhr wird ein Frühstücksbuffet angeboten.

Tibatong (Neuhausen)

cafe-tibatong.de

089 / 99 01 39 84

Schlörstr. 4 * 80634 München

🕐 MO-FR 10.oo-13.3o und 15.oo-18.oo

SA 15.oo-18.oo

Das TIBATONG ist ein Münchner Kleinkindcafé, das zwei große Spielecken für die Kinder und gemütliche Sofas für die Eltern bereit hält. Frische Farben in lila, lachs und rosé laden zum Verweilen ein. Für ein Spielgeld von 2,50 Euro für Kinder bis 1,5 Jahre und 5 Euro für ältere Kinder bekommen die Kleinen eine Saftschorle gratis und können Spielen bis sie umfallen. Für die Eltern steht eine kleine Auswahl geschmackvoller Produkte zum Kauf z.B. von „rice" oder „Brio" bereit.

Das Tibatong ist klasse und bereits für kleine Babys mit Spielteppich, Babytrapez und Babyspielzeug ideal. (Kerstin mit L.)

Treffpunkte mit Babys

Neben den ZUCKERTAGEN, GLÜCKSKINDERN und TIBATONGS dieser Stadt, gibt es weitere kinderfreundliche Cafés und Restaurants, in denen Familien herzlich willkommen sind. Sie punkten mit ausreichend Platz für Kinderwägen, Hochstühlen und vor allem durch kinderfreundliches Personal, was durch eine hohe Familiendichte belohnt wird. In vielen unserer Café- und Restauranttipps bekommst du leckere Snacks oder Mittagsmenüs. Das ist praktisch, wenn du mittags nicht extra für dich kochen möchtest.

TOP TIPP

Hofbräukeller (Haidhausen)
hofbraeukeller.de
089 / 45 99 25 0
Innere Wiener Str. 19 * 81667 München
🕐 täglich 9.oo-0.oo

Im Sommer wie Winter heißt dich der HOFBRÄUKELLER am Wiener Platz mit Kindern herzlich willkommen. Im Gastraum ist ein großzügiges Spielzimmer integriert, sonntags sogar mit Kinderbetreuung. Draußen gibt es einen Kinderbereich mit Rutsche, Sandkasten und Co. und zusätzlich einen abgegrenzten Kleinkinderbereich. Bei diesem Kinder-Rundum-Sorglos-Paket haben die Eltern Zeit, gemütlich zu frühstücken, Mittag zu essen oder bei gutem Wetter im Biergarten zu sitzen. Am Wochenende sollte man früh genug reservieren, um sich einen Platz in der Nähe des Spielzimmers zu sichern.

Die Kinderbetreuung ist klasse und im Sommer ist der Biergarten voll von Eltern mit Kindern aller Altersstufen. (Janna mit A. und L.)

San Francisco coffee company
↪ mehrere Standorte
sfcc.de
🕐 MO-FR 7.oo-19.oo * SA 8.oo-19.oo
SO 9.oo-19.oo, kann je nach Standort variieren

Die zehn Filialen der SAN FRANCISCO COFFEE COMPANY sind unter Müttern eine beliebte Anlaufstelle. Sie trinken auf den Ledercouches im hinteren Bereich der Cafés gemütlich einen Latte Macchiato und treffen sich dort gern mit anderen Müttern. Besonders großzügig und mit viel Platz für Kinderwagen sind die Filialen in der **Belgradstraße** oder am **Odeonsplatz**. Von letzterer aus kannst du nach dem Kaffee gut einen Spaziergang im Englischen Garten machen.

UNSER TIPP

KINDER-CAPPUCCINO

* Bei der SAN FRANCISCO COFFEE COMPANY gibt es für den Nachwuchs kostenlosen Kinder-Cappuccino. Das ist aufgeschäumte Milch, die stilgerecht in einem Mini-Kinderbecher serviert wird.

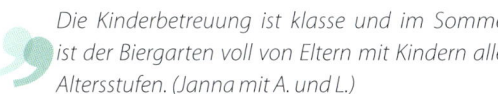

Starbucks
↪ mehrere Standorte
starbucks.de
🕐 MO-FR 7.oo-19.oo * SA 8.oo-19.oo
SO 9.oo-19.oo, kann je nach Standort variieren

Ähnlich wie die San Francisco Coffee Company bietet STARBUCKS über ganz München verteilt leckere Kaffee-Kreationen und Wohlfühl-Oasen an. Sie sind bei Eltern mit Kindern beliebt, um dort zu entspannen, zu stillen oder sich einen Coffee-to-go für einen Spaziergang zu holen.

 Platz für Kinderwagen    Wickeltisch    Spielecke   Hochstuhl    Kindermenü / Kinderportionen   Snacks

Café Clara (Maxvorstadt)

cafe-clara-muenchen.de

089 / 52 37 21 4

Isabellastr. 8 * 80798 München

🕐 DI-FR 10.oo-19.oo * SA 9.oo-19.oo

SO 10.oo-19.oo

Für junge Familien (und Quiche-Liebhaber) ist das CAFÉ CLARA in der Maxvorstadt ein guter Tipp. In der Spielecke gibt es Duplo-Steine, Bücher oder Puppen und für Kinderwagen ist ausreichend Platz. Das Café selbst ist hell und schlicht eingerichtet. Da es sich im Viertel als kinderfreundliches Café einen Namen gemacht hat, triffst du im CAFÉ CLARA auf viele kleine spielende Kinder mit „Eltern-Anhang".

Café Ludwig (Schwabing)

cafe-ludwig.net

089 / 32 21 17 66

Klopstockstr. 10 * 80804 München

🕐 täglich 10.oo-1.oo

Das großzügige CAFÉ LUDWIG liegt mitten im Petuelpark neben kleineren Spielplätzen und mehreren Wiesen. Bei schönem Wetter sitzt du draußen mit gutem Blick auf die Kinder, die um das Café herum spielen. Die Bedienungen sind freundlich und auf Nachfrage gibt es Stifte und Papier, Hochstühle und Wickelgelegenheiten.

GAST (Haidhausen)

gast-muenchen.de

089 / 48 09 82 72 0

Rosenheimer Str.5 * 81667 München

🕐 MO-DO 11.oo-1.oo * FR-SA 11.oo-2.oo

SO 10.oo-1.oo

Die gute Pizza und Pasta genauso wie der leckere Kaffee machen das GAST besonders vormittags und mittags für Mütter mit Kindern interessant. Im hinteren Restaurantteil gibt es einen gemütlichen Lounge-Bereich mit niedrigen Tischen. Man sitzt fast auf Augenhöhe mit dem Nachwuchs, der dort im Kinderwagen oder auf der Babydecke perfekt aufgehoben ist. Etwas größere Kinder können in der weitläufigen Lounge ungestört herumflitzen.

Café Netzwerk (Isarvorstadt)

nguf.de

089 / 53 07 51 01 7

Häberlstr. 17 * 80337 München

🕐 MO-DO 9.oo-14.3o

Das CAFÉ NETZWERK gehört zu der Beratungsstelle für natürliche Geburt und Elternsein und ist bei frisch gebackenen Müttern mit ihren Babys beliebt. Das stillfreundliche Essen ist lecker und günstig. Da es zur Mittagszeit oft voll ist, ist eine Reservierung empfehlenswert. Die

Bedienungen sind Mütter, die von AG II leben müssen. Durch deinen Besuch unterstützt du sie bei der Wiedereingliederung ins Berufsleben.

 Direkt an den Tischen gibt es praktische Babyhängematten, in die man bereits sein Neugeborenes hineinlegen kann. (Alex mit C.)

aus hippen Gärtnerplatz-Mamies, Kaffeeliebhabern und Philosophie-Studenten aus der Au, die sich eine leckere Kaffee- und (Pfann-)Kuchenauszeit gönnen.

 Das Hüller ist zu Recht berühmt für seine herzhaften Pfannkuchen. (Sonja mit J. und M.)

La Sophia (Au)

089 / 20 08 90 38

Kolumbusstr. 1 * 81543 München

🕐 täglich 9.oo-22.oo

Der 2014 eröffnete Italiener LA SOPHIA in der Au heißt Familien mit Kindern herzlich willkommen. Es gibt eine Spielecke, Kinderstühle und Wickelmöglichkeiten, vor allem aber familienfreundliches Servicepersonal. Die Einrichtung ist schlicht, mit kleinen Holztischen und großen Fenstern. An der Wand hängt ein großes Bild von Sophia Loren. Zu Essen gibt es leckere Pizza und Pasta für etwa 8 bis 10 Euro und für die Kinder „Bambini"-Portionen.

Café Hüller (Au)

cafe-hueller.de

089 / 18 93 87 13

Eduard-Schmid-Str. 8 * 81541 München

🕐 MO-FR 11.oo-23.oo * SA 10.oo-23.oo

SO 10.oo-22.oo

Das Eckcafé HÜLLER liegt nahe der Isarpromenade und ist ein entspannter Ort, der sich gut für einen Kaffee nach einem Isarspaziergang mit Kinderwagen eignet. Schon von draußen winken dir bunte Wimpel über der Tür entgegen und drinnen ist es leicht alternativ und gemütlich eingerichtet. Die Gäste des Hüller's sind eine bunte Mischung

Stemmerhof (Sendling)

stemmerhof.de

089 / 74 65 43 99

Plinganserstr. 6 * 81369 München

🕐 MO-SA 10.oo-00.oo * SO 10.oo-22.3o

Vormittags treffen sich im STEMMERHOF regelmäßig „PEKiP-Mamas" mit ihren Babys und trinken gemütlich einen Kaffee. Auch mittags ist das Restaurant wegen seines großen Angebots an Bio-Speisen sehr beliebt.

Zur Floßlände (Thalkirchen)

villa-flosslaende.de

089 / 54 04 36 06

Zentralländstr. 30 * 81379 München

🕐 DI-FR 17.oo-00.oo * SA 15.oo-0.oo

SO 11.oo-00.oo

Im Restaurant ZUR FLOSSLÄNDE werden Familien herzlich empfangen. An die große Terrasse grenzt eine eingezäunte Wiese mit Kletterstämmen, Trampolin und Babyrutsche. Während die Eltern ein Radler trinken, können sich die Kinder richtig austoben. Auch im Restaurant werden Kinder freundlich begrüßt. Es gibt Kinderstühle, eine Wickelmöglichkeit und Malutensilien zur Überbrückung der Wartezeit aufs Essen.

 Platz für Kinderwagen    Wickeltisch    Spielecke   Hochstuhl    Kindermenü / Kinderportionen   Snacks

PICKNICK

* Im Sommer bekommt man bei der FLOSSLÄNDE tolle Picknickkörbe inklusive Picknick-Accessoires und Leckereien. Die Family-Picknickversion für Familien mit zwei Kindern kostet etwa 70 Euro.

Café Neuhausen (Neuhausen)

cafeneuhausen.de

089 / 18 97 55 70

Blutenburgstr. 106 * 80636 München

🕐 täglich 9.oo-1.oo

Das CAFÉ NEUHAUSEN ist kein klassisches Familiencafé, ist aber wegen seines großzügigen Platzangebots im Innen- und Außenbereich bei Familien mit Kleinkindern beliebt. Die Kinderwagen finden neben dem Tisch Platz und unter der Woche gibt es leckere Mittagsmenüs. Am Wochenende hat sich das CAFÉ NEUHAUSEN als Frühstücks-Location einen Namen gemacht, falls du dort hingehen möchtest, unbedingt vorher reservieren.

Tribeca (Nymphenburg)

089 / 14 34 29 23

Klugstr. 134 * 80637 München

🕐 MO-SA 8.oo-20.oo * SO 9.oo-18.oo

Das TRIBECA liegt in der Nähe des Dantebads, mitten im idyllischen Wohngebiet Nymphenburg-Gern. Im Café sitzt man - egal ob im großzügigen Inneren oder draußen - auf Gartenmöbeln, was selbst an trüben Tagen ein Sommer-feeling aufkommen lässt. Der Name des Cafés weist auf einen New Yorker Stadtteil hin.

 Neben lecker belegten Ciabattas, Focaccias, Baguettes oder Salaten kommt man nicht umhin, einen Blick in die Kuchentheke zu werfen. Durch seine versteckte Lage bietet das Café tagsüber genügend Platz für Kinderwagen und das Personal ist immer

zu einem Schwätzchen mit den Kleinsten aufgelegt. (Vanessa mit H.)

Café Marais (Westend)

cafe-marais.de

089 / 50 09 45 52

Parkstr. 2 * 80339 München

🕐 DI-SA 8.oo-20.oo * SO 10.oo-18.oo

Das MARAIS ist ein tolles Café, um sich mit anderen Müttern zu einem Mittagssnack zu treffen und sich dabei in das Paris der 20er Jahre zurückversetzt zu fühlen. Die Einrichtung entspricht ganz dem Stil dieser Zeit und das gesamte Ambiente ist entspannt. Eine Besonderheit ist, dass man so gut wie alles kaufen kann, was es an Inventar und Kleinigkeiten gibt. Mit Kinderwagen kann es eng werden, man muss sie häufig im Eingangsbereich stehen lassen.

Langasthof Die Post (Aufkirchen, Starnbergersee)

post-aufkirchen.de

08151 / 44 61 20

Marienplatz 2 * 82335 Berg

🕐 täglich 10.oo-00.oo

Nahe des Starnberger Sees liegt dieser gemütliche Land-gasthof. Er ist im Sommer mit Kindern ein echter Geheim-tipp. Der große Spielplatz grenzt an eine sonnige Terrasse und die Schaukeln, Wippen und Rutschen sind bereits für kleinere Kinder geeignet. Während die Kinder toben, sitzen die Eltern an den Tischen mit Blick auf den Spielplatz. Am Wochenende ist eine Reservierung im Spielplatzbereich unbedingt empfehlenswert.

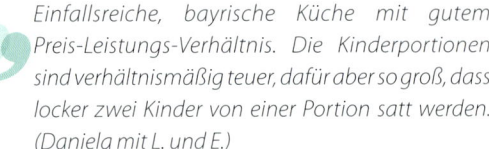 *Einfallsreiche, bayrische Küche mit gutem Preis-Leistungs-Verhältnis. Die Kinderportionen sind verhältnismäßig teuer, dafür aber so groß, dass locker zwei Kinder von einer Portion satt werden. (Daniela mit L. und E.)*

ANTJE MÜLLER

MIT ANTJE MÜLLER * KLEINKINDTREFFPUNKT CAFÉ DE BAMBINI

Antje Müller ist die Inhaberin des CAFÉS DE BAMBINI. Es befindet sich im Herzen von Schwabing direkt an der Münchner Freiheit und hat seit Mai 2012 seine Pforten für junge Familien geöffnet. Parallel dazu betreibt Frau Müller die Kinderkrippe Casa de Bambini und einen „Mobilen Kindergarten". Aus ihrer Erfahrung heraus weiß sie genau, welche Bedürfnisse Eltern und Kinder haben.

WAS ZEICHNET DAS CAFÉ DE BAMBINI AUS?

Das CAFÉ DE BAMBINI ist das „3 in 1" für werdende Familien und Familien mit kleinen Kindern. Es ist ein Ort mit vielfältigen Möglichkeiten und bietet ausgewählte Produkte für Babys und Kleinkinder. Außerdem gibt es spannende Vorträge und Kurse rund um das Thema Elternwerden und -sein. Das CAFÉ DE BAMBINI richtet sich speziell an Eltern mit Kindern in den ersten drei Lebensjahren. Hinzu kommt das Thema Erlebnis im CAFÉ DE BAMBINI. Während die Mamas, Papas, Omas und Opas im Laden stöbern oder einen Kaffee genießen, vergnügen sich die Kinder im Spielzimmer. So ist der Spaß für alle Beteiligten gewährleistet.

WANN UND WIE HAT ALLES BEGONNEN?

Ich arbeite bereits seit 17 Jahren mit Müttern und Kindern zusammen und gründete im September 2009 die Krippe „Casa de Bambini". Im Rahmen meiner Kinderkrippen-Arbeit stellte ich fest, dass in München ein Ort fehlt, an dem Eltern sich treffen und austauschen können und gleichzeitig professionellen Input bekommen. Das CAFÉ DE BAMBINI ist meine Antwort darauf.

WELCHE ANGEBOTE WERDEN VON SCHWANGEREN BESONDERS GUT ANGENOMMEN?

Viele Schwangere haben nicht wie früher die eigenen Eltern um die Ecke und sind interessiert daran, Tipps und Tricks rund um die Schwangerschaft und das Baby zu bekommen. Dies bieten wir mit unserem Angebot „Mamanpassion" oder Themen wie „gesunde Ernährung in der Schwangerschaft und in den ersten Wochen nach der Geburt" an.

WELCHE ANGEBOTE HABEN SIE SPEZIELL FÜR DIE ELTERN?

Das CAFÉ DE BAMBINI arbeitet mit vielen Kooperationspartnern zusammen, um den Eltern relevante Angebote zu machen. Je nach Bedarf der Eltern unterstützen wir fachlich durch Vorträge z.B. zu Themen wie „Elterngeld" oder „Sicheres Zuhause" und sportlich durch Eltern-Kind-Kurse. Durch die Vielfältigkeit der Angebote können Eltern und Kinder die Zeit bei uns genießen und Kraft tanken für den nächsten Tag.

WAS MACHT IHNEN AN IHREM JOB ALS GESCHÄFTSFÜHRERIN DES CAFÉ DE BAMBINI AM MEISTEN SPASS?

Mir ist wichtig, meine Kunden zu sensibilisieren, dass es auf Nachhaltigkeit, Ökologie und Soziales ankommt. Auch die Kooperation und die Integration von kleinen Labels sowie der Austausch mit den jeweiligen Inhabern finde ich spannend und inspirierend. Am schönsten ist es jedoch, das Strahlen der Kinderaugen zu sehen.

WAS GEBEN SIE MÜTTERN IN MÜNCHEN MIT?

Liebe Mamas, bleibt entspannt und lasst euch nicht unter Druck setzen. Wenn euch etwas gut tut, ist es auch für die Kinder gut. In der Ruhe liegt die Kraft, das gilt insbesondere für Eltern mit kleinen Kindern.

Familienbiergärten

Was gibt es Besseres als die bayrische Biergartenkultur mit Kindern zu genießen? Bei schönem Wetter sind Münchner Biergärten ein perfekter Ort, um zu entspannen, gemütlich etwas zu trinken und leckere Biergartenschmankerl zu essen. Währenddessen genießen es die Kinder an der frischen Luft zu sein und spielen zufrieden auf den Biergarten-Spielplätzen. Die kinderfreundlichsten Münchner Biergärten findest du hier. Aber Achtung, sie sind in der Regel nur bei gutem Wetter geöffnet.

 TOP TIPP

Flaucher Biergarten (Sendling)
zum-flaucher.de
089 / 72 32 67 7
Isarauen 8 * 81379 München
🕐 täglich ab 10.oo

„Geh `ma zum FLAUCHER" denken sich schon seit über 130 Jahren Familien, denn der schöne Biergarten an der Isar ist ideal, schon für die Kleinsten. Es gibt einen großen, an den Biergarten angrenzenden Spielplatz. Um ihn herum stehen einige Bänke, auf denen es sich die Eltern in der Sonne gemütlich machen können. Oder man sitzt auf einer der Bierbankgarnituren, von denen man ebenfalls einen guten Blick auf die spielenden Kinder hat. In der Nähe des Biergartens gibt es eine große Wiese, die zu einem Picknick einlädt, entweder mit selbst mitgebrachtem oder den Speisen und Getränken aus dem FLAUCHER-Biergarten. Da der Biergarten mit öffentlichen Verkehrsmitteln schlecht zu erreichen ist, kommt man am besten mit dem Fahrrad.

 Im Flaucher Biergarten sind wir immer gerne – für uns einer der schönsten Biergärten Münchens, egal ob mit oder ohne Kinder. (Eva mit H. und C.)

Hirschhau (Schwabing)
hirschau-muenchen.de
089 / 36 09 04 90
Gyßlingstr. 15 * 80805 München
🕐 MO-FR ab 11.3o * SA-SO ab 10.oo

Der Biergarten HIRSCHAU mit zugehörigem Gasthaus liegt etwas versteckt im Englischen Garten. Das Schöne für Familien ist der große eingezäunte Spielplatz, der von der Buddelkiste bis zur Affenschaukel viel Abwechslung für Kinder jeden Alters bietet. Praktisch sind die vielen Tische in der Nähe des Spielplatzbereichs. Am Wochenende gibt es Live-Musik.

 Wir mögen die Hirschau, weil sie selbst bei bestem Wetter nicht überfüllt und angenehm übersichtlich ist. Hier kann man mit Kindern locker einen halben Tag verbringen. (Andrea mit L.)

Aumeister (Schwabing)

aumeister.de

089 / 18 93 14 20

Sondermeier Str. 1 * 80939 München

🕐 täglich ab 11.00

Der AUMEISTER steht bei Familien hoch im Kurs, denn er liegt am nördlichen Ende des Englischen Gartens und ist eine gute Anlaufstelle, um einen schönen Sommertag perfekt ausklingen zu lassen. Der eingezäunte Spielplatz bietet schon für die Kleinsten etwas und hat einen Kletterturm, von dem eine Rutsche nach unten führt. Im Anschluss ist eine Runde auf dem Nostalgiekarussell Pflichtprogramm. Sonntags verzaubert entweder der Magier Pepino seine kleinen Gäste oder eine Kinderschminkerin malt lustige Gesichter, beides sorgt für extra gute Unterhaltung bei den Kindern.

St. Emmeramsmühle (Oberföhring)

emmeramsmuehle.de

089 / 95 39 71

St. Emmeran 41 * 81925 München

🕐 MO-SA ab 11.00

SO und Feiertags ab 10.00

An der ST. EMMERAMSMÜHLE liegt dieser Biergarten inmitten einer malerischen Umgebung. Zur Isar und zum Englischen Garten ist es nicht weit, so dass sich ein Besuch im Biergarten gut mit einem Spaziergang oder einer Radtour verbinden lässt. Direkt an den Biergarten angrenzend gibt es einen kleinen Spielplatz. Ein weiterer schöner Spielplatz (Spielplatz Isarinsel im nördlichen Teil, St.-Emmeram-Brücke) mit Wackelspielauto liegt etwa 500 m entfernt an einem kleinen Teich.

UNSER TIPP

PICKNICK

Bei der ST. EMMERAMSMÜHLE lassen sich Picknickkörbe ab 40 Euro für zwei Erwachsene bestellen, mit denen man ein gemütliches Picknick in der Umgebung machen kann.

Biergarten an der Muffathalle (Haidhausen)

muffatwerk.de

089 / 45 87 50 00

Zellstr. 4 * 81667 München

🕐 täglich ab 12.00

Der kleine BIERGARTEN AN DER MUFFATHALLE bietet eine legere Atmosphäre und hochwertige Bio-Speisen. Außerdem besticht er durch eine vielfältige Bierauswahl, z.B. das naturtrübe Ökobier von Lammsbräu. Gut für Familien ist die überschaubare Größe des Biergartens und für die Kleinen ganz besonders der Sandkasten.

 Den Biergarten an der Muffathalle mag ich mit Kindern besonders gerne. Er ist kleiner als die typischen Münchner Biergärten und daher entspannt und gemütlich. Man hat seine Kinder immer im Blick. Außerdem geht es weniger traditionell, sondern eher urban zu. (Janna mit A. und L.)

Michaeligarten (Neuperlach-Ostpark)

michaeligarten.de

089 / 43 55 24 24

Feicht Str. 10 * 81735 München

🕐 MO-FR ab 11.00 * SA-SO ab 10.00

Der MICHAELIGARTEN liegt mitten im Ostpark und während die Kleinen auf dem Spielplatz beschäftigt sind, relaxt du im Biergarten und lässt den Tag entspannt ausklingen. Gut zu verbinden mit einer Runde Planschen im MICHAELI-FREIBAD.

Bootshaus (Thalkirchen)

089 / 78 01 77 61

Zentralländstr. 16 * 81379 München

🕐 MO-FR ab 14.00 * SA-SO ab 12.00

Das BOOTSHAUS ist ein kleiner, idyllischer und relativ unbekannter Biergarten in Thalkirchen, unweit vom Tierpark Hellabrunn entfernt. Das Grundstück wird von der Stadt

München an die Naturfreunde verpachtet, daher ist der Biergarten auch als „Naturfreundehaus" bekannt. Da der Biergarten komplett von einem Zaun eingegrenzt ist und nur einen Ein- bzw. Ausgang hat, können die Kinder entspannt herumtollen und das große Grundstück erkunden. Der Eingang zum Biergarten macht einen unscheinbaren Eindruck. Da ein offizielles Biergartenschild fehlt, kann man ihn leicht übersehen. Inzwischen ist er aber durch Mundpropaganda bekannt geworden und an sonnigen Tagen füllt sich das BOOTSHAUS mit vielen Familien.

Das Naturfreundehaus ist ein kleiner entspannter Biergarten. Es gibt einen Spielplatz, genug Platz zum Fußballspielen und viel Spielzeug wie Bagger, Tretautos oder Dreiräder für die Kinder. Praktisch, denn man muss nichts mitnehmen und trotzdem sind die Kinder gut beschäftigt. (Markus mit M. und H.)

Das Bootshaus ist ideal für eine Biergarteneinkehr nach einem Besuch im Maria Einsiedel oder dem Zoo. Die Biergartenküche ist ausgezeichnet und im Sommer gibt es selbst gebackenen Kuchen. (Eva mit H. und C.)

Alter Wirt (Thalkirchen)
alterwirt-thalkirchen.com
089 / 74 21 99 77
Fraunbergstr. 8 * 81379 München
🕐 täglich ab 9.oo

Zu dem Gasthaus ALTER WIRT gehört ein großer, etwas zurückliegender Biergarten. An ihn grenzt ein großer Spielplatz an, den Eltern von jedem Platz im Biergarten gut im Blick haben. Die Küche ist gut bürgerlich. Es gibt eine extra Kinderkarte und kleine Snacks wie Bratkartoffeln oder Pommes. Das Gasthaus ist im Inneren rustikal eingerichtet.

Selbst nach einem schweißtreibenden Zoobesuch kann man sich im Biergarten Alter Wirt gut sehen lassen. (Alex mit C.)

Menterschwaige (Harlaching)
menterschwaige.de
089 / 64 07 32
Menterschwaig Str. 4 * 81545 München
🕐 täglich ab 11.oo

Die MENTERSCHWAIGE ist ein beliebter Ausflugsbiergarten hoch über der Isar. Die Kinder schätzen den großen Spielplatz, denn in welchem Biergarten sonst findet man ein spannendes Piratenschiff zum Klettern oder ein nostalgisches Karussell, um einige Runden zu drehen? Für die Eltern gibt es bei schönem Wetter leckeren Steckerlfisch von der Fischer Vroni und Nürnberger Bratwurst vom Glöckl am Dom. Jeden Sonntag wird im Restaurant unter professioneller Anleitung gebastelt, damit die Eltern in Ruhe ein spätes Frühstück oder Mittagessen genießen können. Für Kinder gibt es ein besonderes Angebot: alle Kinder bis zu 1,50 Meter Körpergröße bekommen eine Portion Pommes mit Wiener für 1,50 Euro.

MENTERSCHWAIGE

* Für die kleinen Gästen des Restaurants bietet die MENTERSCHWAIGE jeden Sonntag von 13.00 bis 17.00 Uhr betreutes Kinderbasteln an. Um Reservierung wird gebeten.

* Im Frühling und Herbst findet ein beliebter Kinderflohmarkt statt, die genauen Daten findet man auf der Webseite.

* Im Winter gibt es einige Eisstockbahnen, die bei den Kindern hoch im Kurs stehen.

Taxis Biergarten (Neuhausen)

taxisgarten.de

089 / 15 68 27

Taxisstr. 12 * 80637 München

🕐 täglich ab 10.oo

Der TAXISBIERGARTEN lädt ein, an heißen Sommertagen im Schatten alter Kastanien und Eschen gemütlich etwas zu trinken und eine Brotzeit zu machen. Währenddessen tollen die Kleinen auf dem Spielplatz oder drehen ihre Runden auf dem kleinen Kinderkarussell. Neben Maß oder Schorle locken Biergartenschmankerl, besonders lecker sind die stadtbekannten Spareribs oder die Country-Potatoes mit Avocadocreme.

Zwischen dem Spielplatz und dem Karussell stehen viele Tische und Bierbänke, von denen aus man die Kleinen gut im Blick hat. Der große Sandkasten ist bereits für Krabbelkinder spannend. Die Hecken sind bei älteren Kindern beliebt, da sie sich super zum Versteckspielen eignen. (Janna mit A. und L.)

Hirschgarten (Nymphenburg)

hirschgarten.de

089 / 17 99 91 19

Hirschgarten 1 * 80639 München

🕐 täglich ab 11.oo

Das besondere Highlight des Biergartens im HIRSCHGARTEN ist das Gehege mit Damwild, welches sich neben dem Biergarten befindet. Während die Eltern gemütlich an Bierbänken sitzen und sich unterhalten, sind die Kinder in Sichtweite der Eltern damit beschäftigt, Rehe zu beobachten und mit trockenem Brot an den Zaun zu locken.

Wirtshaus am Bavariapark (Westend)

wirtshaus-am-bavariapark.com

089 / 45 21 16 91

Theresienhöhe 15 * 80339 München

🕐 täglich ab 11.oo

Der Biergarten des WIRTSHAUSES AM BAVARIAPARK liegt etwas versteckt auf dem ehemaligen Messegelände München, zwischen dem Verkehrsmuseum und dem Bavariapark. Kindern bietet er einen kleinen eingezäunten Spielplatzbereich mit allerlei Spielgeräten. Für die Eltern gibt es neben den traditionellen Biergartengerichten auch feine Schmankerl aus der Wirtshausküche und Steckerlfisch von der Fischer Vroni. Gut zu verbinden mit einem Besuch im Verkehrsmuseum, dessen Ausstellungsstücke bereits Kleinkinder faszinieren.

Forst Kasten (Gauting)

forst-kasten.de

089 / 85 00 36 0

82131 Gauting

🕐 MO-SA ab 11.oo

SO und Feiertags ab 10.oo

Der Biergarten FORST KASTEN liegt zwischen München und Gauting direkt am Forstenrieder Park und hat einen großen Spielplatz mit Sitzgelegenheiten für die ganze Familie. Außerdem gibt es Hüpfburgen und Trampoline. Unmittelbar neben dem Spielplatz liegt ein Tiergehege mit Ziegen, Schafen und Eseln. Als wäre das noch nicht genug Kinderprogramm, gibt es im Sommer zusätzlich ein beliebtes Maislabyrinth und an manchen Tagen auch Ponyreiten.

Das Forsthaus Kasten ist im Sommer ideal mit Kindern. Die an das Forsthaus angrenzenden Wiesen und Wälder bieten sich für einen Spaziergang an. (Björn mit J. und M.)

SOMMERZEIT

München und Umgebung bieten Familien neben bekannten Ausflugszielen wie dem Tierpark Hellabrunn oder den nahegelegenen Seen viele weitere Geheimtipps, an denen man mit den Kleinen relaxte Stunden verbringen kann. In diesem Kapitel geben wir dir einen Überblick über die Orte, die besonders bei Sonnenschein mit Kindern ganz viel Spaß machen. Kleinkindgerechte Spielplätze, lauschige Parks, Ausflüge in die Umgebung oder wunderschöne Badeseen. Alles Plätze an denen sich Kinder austoben und ihrer Neugierde freien Lauf lassen können.

Kleinkind-Spielplätze

In München können sich Kinder auf etwa 700 Spielplätzen austoben und weit mehr machen, als nur im Sandkasten zu buddeln. Wenn du genau schaust, findest du in jedem Stadtteil Spielplätze zum Schaukeln, Klettern, Balancieren oder Wippen. Bereits für kleine Kinder sind viele Spielplätze interessant. Wir stellen dir in diesem Kapitel eine Auswahl besonders **kleinkindfreundlicher Spielplätze** mit Babyschaukeln & Co. vor, echte Paradiese also für kleine Sandkastenräuber.

Die Adressen und Informationen zu weiteren Spielplätzen in München findest du über die Homepage der Stadt München **muenchen.de** unter „Freizeit – mit Kindern". Für einen guten Eindruck der Spielplätze eignet sich auch die Webseite **spielplaetze-in-muenchen.de**, auf der eine Initiative aus engagierten Münchner Eltern viele Spielplätze innerhalb des Mittleren Rings bewertet hat.

UNSER TIPP

MÜNCHNER FAMILIENPASS

* Der MÜNCHNER FAMILIENPASS bietet Gutscheine, Ermäßigungen und exklusive Angebote für die ganze Familie für einen Unkostenbeitrag von 6 Euro. Jeder Familienpass gilt für zwei Erwachsene und bis zu vier Kinder. Im Familienpass sind viele Vergünstigen, z.B. von den M-Bädern, Münchner Sportvereinen, Museen, Theatern, Biergärten oder Restaurants enthalten. Auch ein Viertel Brotlaib der Hofpfisterei bekommt man einmal gratis.

* Der Familienpass ist ein Kalenderjahr gültig. Er regt neben den Vergünstigungen mit vielen Tipps zu Unternehmungen an und ist auch als Geschenk für Freunde mit Kindern eine gute Idee. Man bekommt ihn z.B. in Kinder- und Jugendzentren oder bei vielen Sparda-Bank-Filialen. Eine Übersicht aller Verkaufsstellen bekommst du auf der Webseite **muenchen.de/familienpass**. Neuerdings kann man ihn dort auch online bestellen.

 TOP TIPP

Spielplatz am alten Südlichen Friedhof (Isarvorstadt)

Alter Südlicher Friedhof
80337 München

Der komplett eingezäunte Spielplatz gefällt bereits Kindern ab etwa einem Jahr. Er bietet Babyschaukeln, eine extra breite Rutsche und Spielhäuschen auf Augenhöhe der Eltern. Der Spielplatz liegt zwischen den zwei Teilen des alten Südfriedhofs und ist sehr sonnig. Außerdem ist er übersichtlich, so dass du die Kleinen gut im Blick hast.

Der alte südliche Friedhof ist für mich besonders während der Woche eine Oase der Ruhe. Er ist für alle Eltern ideal, die es etwas beschaulicher mit Kindern haben möchten. (Christine mit F. und F.)

Spielplatz im Maßmannpark (Maxvorstadt)

Maßmannstraße / Ecke Schleißheimer Straße * 80333 München

Der MASSMANNPARK trumpft mit mehreren Spielbereichen für verschiedene Altersgruppen auf. Im angenehm ruhigen, älteren Spielplatz-Teil gibt es eine Rutsche und eine Wippe für ganz kleine Kinder. Im neueren Teil findest du einen Holzspielbereich für jüngere Kinder und einen Bereich mit hohem und verschachteltem Holz-Seil-Kletter-Gerüst für größere Kinder. Die Eltern sitzen entweder beim Spielplatz oder machen es sich auf der herrlichen Wiese daneben bequem. Im Winter dient sie als perfekter Rodelhügel, im Sommer als Picknickwiese mit Gänseblümchen und Löwenzahnpracht.

Spielplatz Königsplatz (Maxvorstadt)
Luisenstr. 35 * 80333 München

Den Wasserspielbereich dieses kleinen, gemütlichen SPIELPLATZES AM KÖNIGSPLATZ mögen die Kinder besonders wegen der kleinen Dämme zum Auf- und Zuklappen. Neben einem Holzspielgerüst mit Rutsche, Kletterwand, Wackelbrücke und Seilen gibt es einen kleinen Berg zum Toben, der im Winter zum Rodeln einlädt.

Spielplatz am Milchhäusl (Schwabing)
Königinstr. 6 * 80539 München

Der Spielplatz mit angrenzendem Bio-Mini-Biergarten im Englischen Garten ist ideal, um entspannte Stunden mit Kindern zu genießen. Die Kleinen spielen auf dem großen, eingezäunten Spielplatz, während du gemütlich im Gras oder auf einer der Bierbänke am Spielplatz sitzt. Dann heißt es nur noch, eine Bio-Kleinigkeit zu essen, ein Eis zu schlecken und als Krönung in einer der Hängematten die Seele baumeln zu lassen. Die Kinder klettern derweil auf dem kleinen Holzhäuschen, spielen im Sand oder schaukeln in die Lüfte. Praktisch bei diesem Spielplatz ist die öffentliche Toilette, die ca. 50 m entfernt liegt.

Spielplatz am Pündterplatz (Schwabing)
Pündterplatz / Ecke Clemensstraße
80803 München

Auf diesem eingezäunten Spielplatz mitten auf dem Pündterplatz trifft man besonders Mütter kleinerer Kinder. Die beiden Klettergerüste sind auf Augenhöhe, zwei Wipptiere schaukeln lustig hin und her und jede Menge Sand lädt zum Sandkuchenbacken ein. Es gibt genügend Bäume und eine Wiese, so dass du immer ein schattiges Plätzchen für eine Picknickdecke findest.

Spielplatz am Johannisplatz (Haidhausen)
Johannisplatz * 81675 München

Der Spielplatz für Kleinkinder am Johannisplatz rechts hinter der Kirche punktet mit Spielgeräten, die genau auf die Größe der kleinen Knirpse angepasst sind. Es gibt beispielsweise eine kleine Rutsche und eine Mini-Wippe, die tagsüber häufig von Krippenkindern der Umgebung ausgetestet werden.

Spielplatz am Maximilianeum (Haidhausen)
Sckellstraße * 81675 München

Als Haidhausener triffst du auf diesem Spielplatz häufig jemanden, den du kennst. Er liegt unterhalb des Wiener Platzes Richtung Isar und besticht durch allerlei Klettermöglichkeiten, mehrere Babyschaukeln und eine Rutsche. Der Spielplatz mit großer Wiese ist eingezäunt und bietet Abwechslung für kleinere und größere Kinder. Im Sommer lockt als Tagesausklang die Eisdiele Amarino mit köstlichen Eissorten auf dem Wiener Platz.

Spielplatz Kronepark (Au)
Erhardtstraße * 80469 München

Der SPIELPLATZ KRONEPARK ist ein großer Spielplatz mit Wasserpumpe, Spielhäusern, Sand und großer Wiese. Er ist bereits bei Eltern mit kleinen Kindern beliebt und daher oft recht voll. Gut kombinierbar mit der Auer Dult, die drei Mal pro Jahr um die Ecke am Mariahilfplatz stattfindet.

Spielplatz Reichenbachbrücke (Au)
Ohlmüllerstraße * 81541 München

Schattiger, großzügiger Spielplatz direkt an der Isar. Für die Kleinsten gibt es eine Babyschaukel und eine kleine Rutsche. Für größere Geschwisterkinder bietet der Spielplatz verschiedene Klettermöglichkeiten und ein Minikarussell.

Spielplatz Böhmerwaldplatz (Bogenhausen)
Böhmerwaldplatz 20 * 81679 München

Der SPIELPLATZ BÖHMERWALDPLATZ eignet sich für kleine und größere Kinder gleichermaßen und ist praktischerweise direkt mit der U4 erreichbar. Es gibt einen Kletterturm, eine Wippe und Spielhäuschen.

Spielplatz Isarinsel nahe St. Emmeran Brücke (Bogenhausen)
Mittlere-Isar-Straße * 81925 München

Das Wackelauto ist das Highlight dieses Spielplatzes, auf dem die Kinder begeistert herumklettern. Ansonsten gibt es viel Sand und die normale Spielplatzausstattung. Schön ist die Nähe zu einem kleinen Teich, auf dem man viele Enten beobachten kann.

Spielplatz Am Glockenbach (Glockenbach)
Am Glockenbach 2 * 80469 München

Der Spielplatz unter Bäumen wird auch KROKODIL-SPIEL-PLATZ genannt, denn aus dem Sandkasten ragen der steinerne Kopf, Rücken und Schwanz eines Krokodils heraus. Auf dem eingezäunten Spielplatz treffen sich nicht nur Kinder zum Spielen, er ist auch ein guter Treffpunkt für Glockenbacher Eltern. Auf den Bänken rundherum werden die neusten Informationen ausgetauscht, während sich die Kleinen beim Wasserspiel, an den Hängebrücken oder dem Fliegerturm vergnügen. Viele Flyer am Stamm des Regenunterstandes geben dir einen guten Überblick, welche Kurse im Viertel freie Plätze haben, wer seine Babysitter-Dienste anbietet und wann der nächste Flohmarkt stattfindet. Der Kiosk um die Ecke liefert im Sommer das Eis. Wer eine Kuchenpause einlegen möchte, kann einen Abstecher in das nahe gelegene Café Maria (Klenzestr. 97, 089 / 20 23 27 45) machen.

Spielplatz am Roecklplatz (Isarvorstadt)
Ehrengutstraße * 80469 München

Der mediterran angehauchte Roecklplatz ist das Zentrum des Dreimühlenviertels in der Isarvorstadt. Der mitten auf dem Platz gelegene Spielplatz ist ein beliebter Treffpunkt für Eltern aus dem Stadtviertel. Der Spielplatz ist besonders etwas für Kleinkinder, denn die Klettergerüste und Rutschen sind auf Augenhöhe und es gibt viel Sand zum Buddeln. Klassiker im Sommer am Roecklplatz ist der Aperol Spritz vom Eiscafé Italia (Ehrengutstr. 23, 089 / 76 32 19), auf den man trotz Kind nicht verzichten will. Für die Kleinen ist ein Eis nach getaner Spielplatzarbeit Pflicht. Nur fünf Minuten entfernt - in der Ehrengutstraße 10 - befindet sich das Kindercafé Zuckertag (s. TEIL 5, S. 48).

Fliegerspielplatz (Sendling)
Brudermühlstraße * 81371 München

Der FLIEGERSPIELPLATZ hat seinen Namen wegen des kleinen Flugzeugs, in dem die Kinder zu begeisterten Mini-Piloten werden. Etwas Besonderes ist außerdem das große Kletternetz für ältere Kinder. Der Spielplatz befindet sich zwischen Isar und Mittlerem Ring. Er bietet viel Platz und liegt inmitten schöner, angrenzender Wiesen.

Valley-/ Implerplatz (Sendling)
Wackersberger Straße * 81371 München

Der VALLEY SPIELPLATZ ist ein Highlight unter den Sendlinger Kleinkind-Spielplätzen. Er ist lange sonnig und es gibt mehrere aneinandergrenzende Spielflächen. Der umzäunte Bereich mit Spielplatz-Klassikern wie einer kleinen Kletteranlage, Rutsche und Wippen ist für kleine Kinder gedacht. In einem anderen Bereich lockt ein im Boden eingelassenes Trampolin, auf dem die Kinder begeistert in die Lüfte springen.

Osram Spielplatz (Untergiesing)
Hellabrunner Straße * 81543 München

Ein großer Spiel-Jeep zum Herumklettern ist eine der Besonderheiten dieses sonnigen Spielplatzes an der Isar. Er besticht durch eine große angrenzende Wiese, viele Bäume und Bänke. Außerdem gibt es eine tolle Kletterwand, Eimer zum Hochziehen und Balancierbalken, alles ausgefallene Spielmöglichkeiten für die Kleinen. Ein Kiosk befindet sich in unmittelbarer Nähe.

Spielplatz Grünwaldpark (Neuhausen)
Südliche Auffahrtsallee * 80637 München

Dieser schöne SPIELPLATZ IM GRÜNWALDPARK ist einer der besten Spielplätze im Viertel und ein beliebter Treffpunkt für Nymphenburger und Neuhausener Eltern. Er ist bereits für kleine Kinder geeignet, denn es gibt viel Sand, zwei Rutschen, Häuschen, Wipptiere, eine Kletter-Spinne und im Winter einen kleinen Rodelhügel. Man kann sich entweder auf eine der Bänke oder in die Wiese setzen und den Kleinen beim Spielen zusehen. Wer sich nach dem Spielplatz ein leckeres Eis gönnen will, läuft Richtung Rotkreuzplatz bis zum Sarcletti (Nymphenburger Str. 155, 089 / 15 53 14) vor, yummy!

Spielplatz Thorwaldsen-/ Lazarettstraße (Neuhausen)
Lazarettstraße * 80636 München

Der bei Kindern jeden Alters beliebte THORWALDSEN SPIELPLATZ ist groß und komplett umzäunt. Für die Kleinsten bietet er einen Wasserlauf, eine Rutsche und mehrere Schaukeln. Ein Hügel lädt im Sommer zum Runterkugeln und im Winter zum Rodeln ein. Auf der großzügigen Spielplatzfläche finden die Mütter immer einen Platz für ihre Picknickdecke.

Spielplätze Hirschgarten (Nymphenburg)
Im Hirschgarten * 80639 München

Im ganzen Hirschgarten sind Spielgeräte verteilt und in der Nähe des Parkplatzes lockt ein größerer Spielplatz mit Palmentürmen, Rutsche, Schaukeln, einem Klettergerüst und Hängebrücken. An der etwas abseits gelegenen Babyschaukel herrscht an sonnigen Tagen Hochbetrieb.

Spielplatz im Pasinger Stadtpark (Pasing)
Hugo-Fey-Weg * 81241 München

Ein schöner Spielplatz inmitten des Pasinger Stadtparks. Er besticht durch ein niedriges Holzklettergerüst, das bereits für kleine Klettermaxe geeignet ist. Ansonsten gibt es viel Sand und die klassischen Spielplatzgeräte.

Spielplatz Alter Messepark (Westend)
Hans-Dürrmeier-Weg 10 * 80339 München

Angenehm schattiger Spielplatz, der besonders von Müttern mit kleinen Kindern gern besucht wird. Er grenzt unmittelbar an die große Wiese im Bavariapark. Es gibt Schaukeln, Wipptiere und ein Kletterhaus mit Rutsche, eben alles was die Kleinen mögen. Der großzügige Sandbereich wird regelmäßig gereinigt. Die Wiese nebenan lädt zum Ballspielen ein.

Parks und Grünflächen

München ist voller Parks, Grünanlagen und Wiesen. Bei gutem Wetter scheint es, als ob jeder zweite Münchner draußen an einem der grünen Fleckchen zu finden ist. Für die Kinder gibt es in den Parkanlagen ausreichend Platz zum Ballspielen, Toben und Planschen, echte Relaxzonen also für Familien. Jede Wiese und jeden Park musst du nicht kennen. Es reicht, wenn du weißt, wo deine Kinder am meisten Spaß haben und die besten Spielmöglichkeiten vorfinden.

Stemmerwiese (Sendling)
Plinganserstraße * 81369 München

Direkt hinter dem Stemmerhof in Sendling liegt diese unberührte Wiese, ein echter Geheimtipp für Eltern mit ihren Kleinkindern.

Jedes Jahr aufs Neue freue ich mich auf diese idyllische Wiese, auf der ich die Hängematte zwischen die Apfelbäume hänge und die Seele baumeln lasse. Na ja, ganz so relaxt ist es nicht immer, wenn man mit Kindern da ist, aber auch sie lieben dieses ruhige Fleckchen Erde, mit grünem Gras, leckeren Äpfeln und Picknickmöglichkeiten. Zur Apfelerntezeit können die Kleinen die Äpfel frisch vom Baum pflücken. Man kommt sich fast vor wie auf dem Land. (Eva mit H. und C.)

Englischer Garten (Lehel, Schwabing, Freimann)
Gyßlingstraße * 80805 München

Der ENGLISCHE GARTEN mitten im Zentrum von München zählt zu den größten innerstädtischen Parks weltweit und ist mit Kindern ein Traum. Er liegt zentral, bietet mehrere Spielplätze, vier Biergärten und den gemütlich dahin fließenden Eisbach, in dem Mutige im Sommer gerne planschen. Der Isarring teilt den ENGLISCHEN GARTEN seit den 60er Jahren in einen Süd- und einen Nordteil, die Hirschau. Während der an den Odeonsplatz angrenzende Südteil gerade am Wochenende relativ voll ist, findest du im Nordteil immer ein Plätzchen für ein gemütliches Picknick oder eine ruhige Wiese zum Fußballspielen. Auf dem Kleinhesseloher See kannst du mit Kindern im Sommer gut Tretbootfahren und im Winter Schlittschuhlaufen, beides ist ein großer Spaß für die Kleinen.

Beliebt bei Kindern ist der Brunnen bei der Thiemestraße / Ecke Königinstraße in der Nähe der Reitschule. Aus einem großen Stein läuft Wasser heraus und Kinder haben einen großen Spaß, dort in Unterhose durchzuflitzen. (Barbara mit M.)

Olympiapark (Milbertshofen)
Spiridon-Louis-Ring * 80809 München

Seit 1972 bietet der OLYMPIAPARK Klein und Groß ein abwechslungsreiches Programm. Bei gutem Wetter fährt eine kleine Bimmelbahn durch den Park. Der Olympiasee lockt bei wärmeren Temperaturen mit Tretbooten.

Besonders hoch im Kurs steht das Schwanenboot und entsprechend stolz sind die Kleinen, wenn sie dieses Boot ergattern. Alternativ können etwas ältere Kinder ihr Glück in einem der Riesenbälle versuchen, in dessen Inneren sie lustig auf dem Wasser schweben. Weiteres Highlight ist die Fahrt hoch auf den Olympiaturm und der Rundumblick von ganz oben. Wenn die Kleinen noch nicht genug haben, geht es zum Minigolf oder auf einen der Spielplätze zum Toben. Regelmäßig finden im OLYMPIAPARK Veranstaltungen statt, die auch für Familien interessant sind, z.B. das Sommertollwood oder die Babyfachmesse (s. TEIL 1, S. 90). Bei schlechterem Wetter lockt das Aquarium SEA LIFE (s. TEIL 5, S. 217).

Ostpark (Berg am Laim, Neuperlach)

Heinrich-Wieland-Straße
81735 München

Spielplätze, Wiesen, eine Kletterwand und ein See mit Restaurant und Biergarten laden Familien in den OSTPARK ein. Im Sommer lockt darüber hinaus das angrenzende Michaeli-Freibad und im Winter das Eislaufstadium. Ein idealer Ort also für einen Nachmittag mit Kindern an der frischen Luft.

Westpark (Sendling)

Preßburger Straße * 81377 München

Der WESTPARK bietet Eltern und Kindern zu jeder Jahreszeit ein abwechslungsreiches Programm. Im Frühling bewundern Kinder die Blumenpracht und im Sommer gibt es den Wasserspielplatz, um sich auszutoben. Der an den Spielplatz angrenzende Kiosk lädt Eltern auf ein kühles Getränk ein. Im Herbst eignet sich die Weite des Westparks zum Drachen steigen lassen und im Winter besticht er durch viele Schlittenhügel. Ein Highlight sind die drei mega langen Rutschen in der Nähe des PAULANER BIERGARTENS, auf denen bereits Kleinkinder auf dem Schoß der Eltern großen Spaß haben. Als „best of Munich" finden sie auch unter Eltern begeisterte Anhänger.

Rosengarten (Untergiesing)

Sachsenstraße * 81543 München

Der ROSENGARTEN ist eine Oase der Ruhe mitten in München, in der du herrliche Sommertage verbringen kannst. Im Sommer blühen auf etwa 5000 m² mehr als 8000 Rosen in voller Pracht. Ein Nebenarm der Isar fließt gemütlich an der idyllischen Wiese entlang. Er lädt kleine Baumeister ein, einen Staudamm aus Steinen und Stöcken zu bauen oder im seichten Wasser zu planschen. Die großzügige Wiese ist ideal, um eine Decke auszubreiten und ein Picknick zu machen. Um einen guten Platz mit Blick auf den Bach zu bekommen, sei besser etwas früher dran. Gut für Eltern mit kleineren Kindern: im ROSENGARTEN herrscht absolutes Hundeverbot. Zu finden ist der ROSENGARTEN hinter dem Schyrenbad am Isarufer in Richtung Flaucher.

Forstenrieder Park (Forstenried)

82131 Gauting

Der FORSTENRIEDER PARK ist ein wunderschöner Wald, um spazieren zu gehen, Laufrad zu fahren oder zu picknicken. Wer möchte, kann leckere Walderdbeeren und Pilze sammeln. Der nahe gelegene Biergarten FORSTHAUS KASTEN (s. TEIL 5, S. 197) lädt mit einem umzäunten Kinderspielplatz und einem Kleintiergehege zum Verweilen ein. Im Winter können Familien beim Karolinengeräumt / Obertal den Tieren bei der Fütterung im Wildschweingehege zusehen. Den Wald erreicht man über die südlich gelegenen Stadtteile Forstenried, Fürstenried, Neuried, Buchenhain, Solln, Pullach und Baierbrunn.

Hirschgarten (Nymphenburg)

Hirschgarten 1 * 80639 München

Das Highlight des HIRSCHGARTENS ist das Gehege mit Damwild, das sich mit trockenem Brot schnell an den Zaun locken lässt. Daneben liegt ein beliebter Biergarten. Weiterer Anziehungspunkt für die Kinder sind mehrere Spielplätze, die sich über den ganzen HIRSCHGARTEN verteilen und im Winter bereits für Kleinkinder Rodelmöglichkeiten bieten.

Freibäder und Seen

Nach langen Wintermonaten wird die Freibadsaison von vielen Münchnern sehnsüchtig erwartet. Die Landeshauptstadt wartet mit einer Fülle von Freibädern und Badeseen auf. Welche der Bäder und Seen mit Kindern am schönsten sind, ist wie oft Geschmackssache. Unsere Lieblingsbäder und Seen, insbesondere mit Kleinkindern, stellen wir dir auf den folgenden Seiten vor. Weitere Freibäder findest du auf der Webseite der Stadtwerke München swm.de und mehr Seen auf muenchen.de in der Rubrik FREIZEIT. Den besonders kinderfreundlichen Hallenbädern haben wir bei den SCHLECHTWETTER IDEEN ein eigenes Kapitel gewidmet (s. TEIL 5, S. 216).

GUT ZU WISSEN

SWM FREIBÄDER

* Alle städtischen Freibäder haben in München ab 1. Mai bis 15. September geöffnet.

* Sie sind während der Freibadsaison **täglich von 9.00 bis 18.00 Uhr** geöffnet, an heißen Tagen bis 20.00 Uhr.

* Kinder bis sechs Jahre schwimmen umsonst in Münchner Freibädern, Eltern bezahlen 3,50 Euro.

* Unter der Nummer 089 / 23 61 50 50 oder swm.de bekommst du Auskunft über alle Münchner Bäder.

Freibäder

TOP TIPP

Das Dantebad (Neuhausen)

Postillonstr. 17 * 80637 München
s. GUT ZU WISSEN: SWM BÄDER, S.205

Den kleinen Badegästen garantiert das DANTEBAD einen abwechslungsreichen Badetag, an dem Kinder verschiedener Altersgruppen nach Herzenslust planschen und toben können. Der Kleinkinderbereich überzeugt durch sein Kinderbecken mit fußtiefem Wasser. Ein Teil des Beckens ist durch ein Sonnensegel geschützt, das an sonnigen Tagen angenehmen Schatten spendet. Ein Leuchtturm im Wasser lädt zum Klettern und Herunterrutschen ein, es gibt einen Babystrudel und lustige Wassertiere. In das daneben liegende Becken für die etwas älteren Kinder führt eine Breitwasserrutsche, auf der auch Kleinkinder mit ihren Eltern bereits begeistert rutschen. Wem das Wasser zu viel wird, kann auf einem kleinen Kinderspielplatz weiterspielen. Da das DANTEBAD für alle Altersstufen ein attraktives Freibad ist, ist es unter den Münchnern entsprechend beliebt.

Das Dantebad hat einen großen Kinderbereich, in dem sich sowohl unsere Einjährige als auch der Fünfjährige sofort in die Fluten stürzen. (Björn mit J. und M.)

Gut sind die vielen Bäume dort, es gibt genügend schattige Plätze. Außerdem ist das Bad sehr weitläufig, man sitzt nicht Handtuch an Handtuch. (Tina mit L. und T.)

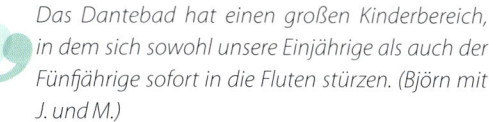

DANTEBAD

UNSER TIPP

* Am Haupteingang gibt es einen Kassenautomaten, an dem man Eintritts-Chips ziehen kann. Das geht oft schneller als sich in die Kassenschlange einzureihen.
* Ein „Zuckerl" ist das Restaurant Hechtsprung (Homerstr. 3, 089 / 15 70 49 30) oberhalb des Dantebads, in dem man den Schwimmbadtag bei guten Speisen und mit Blick auf das Bad wunderbar ausklingen lassen kann.

Bad Georgenschwaige (Schwabing)

Belgradstr. 195 * 80804 München
🕐 s. GUT ZU WISSEN: SWM-BÄDER * S.205

Die Kinder freuen sich im GEORGENSCHWAIG-BAD vor allem über das Planschbecken und zwei kleine Wasserrutschen. Schön für die Kleinsten ist der separate Mutter-Kind-Bereich mit großem Sonnensegel, der den familienfreundlichen Charakter dieses Freibads unterstreicht. Etwas ältere Kinder kühlen sich gern im 25m-Nichtschwimmerbecken ab. Mit seiner zentralen Lage zwischen Luitpoldpark und Mittlerem Ring und einem entspannten Ambiente bietet das GEORGENSCHWAIG-BAD alles, was Familien brauchen, um heiße Sommertage in München zu genießen – Erfrischung, Spaß und gutes Essen.

Das Georgenschwaige-Bad empfehle ich besonders Eltern mit Kleinkindern, weil das Kleinkindbecken top ist. (Jan mit H. und L.)

Prinzregentenbad (Bogenhausen)

Prinzregentenstr. 80 * 81675 München
🕐 s. GUT ZU WISSEN: SWM-BÄDER * S.205

Im Kleinkinderbecken mit Wasserspielbereich können sich Kleinkinder herrlich austoben, die Babyrutsche ausprobieren und mit Wasser spritzen. Drumherum gibt es eine Wiese mit alten, Schatten spendenden Bäumen. Das ist an heißen Tagen ein echter Pluspunkt des PRINZREGENTENBADES. In einem anderen Becken sausen etwas ältere Kinder auf einer langen Wasserrutsche ins kühle Nass oder wagen den Sprung vom 3-Meter-Brett.

Im Prinze ist es im Sommer immer schön. Mit den Kindern sind wir besonders häufig im hinteren Bereich der Liegewiese, wo fast nur Familien ihre Handtücher ausbreiten. Am Kiosk bekommt man gutes Essen. (Karo mit C.)

Michaeli-Freibad (Berg am Laim)

Heinrich-Wieland-Str. 24
81735 München
🕐 s. GUT ZU WISSEN: SWM-BÄDER * S.205

Im MICHAELI-FREIBAD toben sich die Kleinen nach Herzenslust im Planschbecken oder im Kinderspielbereich mit Sand- und Wasserpumpe aus. Auch im Nichtschwimmerbecken mit Rutsche in Elefanten-Form fühlen sich die kleinen Badegäste wie zu Hause. Auf den weitläufigen Liegewiesen mit vielen Bäumen findest du leicht ein schattiges Plätzchen. Der Kiosk mit Biergarten lädt zu einer gemütlichen Brotzeit ein. Als Besonderheit bietet das MICHAELI-FREIBAD einen Familien-FKK-Bereich.

Schyrenbad (Untergiesing)

Claude-Lorrain-Str. 24 * 81543 München
🕐 s. GUT ZU WISSEN: SWM-BÄDER * S.205

Ein großer Kinderplanschbereich und die zentrale Lage des SCHYRENBADS lassen Familien mit Kindern aller Altersgruppen in das älteste Bad Münchens strömen. Große Liegewiesen bieten genug Platz für alle. Die Kleinen lieben die große, bunte Schildkröte und den Pelikan im Kinderbecken. Wem die Erfrischung im Wasser nicht reicht, dem empfehlen wir den original bayerischen Biergarten im Bad. Dort gibt es für Groß und Klein die richtige Stärkung für einen Sommertag im Freibad.

Maria Einsiedel Naturbad (Thalkirchen)

Zentralländstr. 28 * 81379 München
🕐 s. GUT ZU WISSEN: SWM-BÄDER * S.205

Das MARIA EINSIEDEL ist ein idyllisch gelegenes Natur-Freibad an der Isar. Ein Highlight ist der Isarkanal, der fast 400 Meter durch das Bad fließt und in dem man schwimmen kann. Gerade mit Kindern überzeugt uns die Tatsache, dass kein Chlor zur Reinigung des Wasser genutzt wird, sondern Mikroorganismen das Wasser sauber halten. Stelle dich allerdings auf kälteres Wasser als in einem klassischen Freibad ein. Direkt neben dem Freibad gibt es einen kleinen Kiosk. Er gehört zu dem Restaurant Flosslände und hat entsprechend gute Speisen. Das MARIA EINSIEDEL ist an sonnigen Tagen aufgrund seiner Beliebtheit und der guten Erreichbarkeit mit der U-Bahn gut besucht.

> *Das Maria Einsiedel ist eines unserer Lieblingsbäder in München. In dem Bad kommt nicht das klassische Freibadfeeling auf, sondern es ist mit seinem alten Baumbestand eine wahre Naturoase in den Isarauen. (Eva mit H. und C.)*

Naturbad Further Bad (Oberhaching)
furtherbad.de
089 / 61 30 50 53
Badstr. 5 * 82041 Oberhaching
🕐 MO-FR 12.oo-20.oo * SA-SO,Ferien und Feiertage 10.oo-20.oo

Wie der Name verrät, ist das NATURBAD FURTHER BAD ein natürliches und sehr entspanntes Freibad. Für Kinder gibt es mehrere Becken, eine Wasserrutsche und eine Art Matschspielplatz. Das Bad erreichst du am besten mit dem Auto. Aber Achtung, stelle dich darauf ein, auf einen der wenigen Parkplätze länger zu warten.

> *Im Naturbad Further Bad geht es nicht um „sehen und gesehen werden", sondern um Entspannung in einer natürlich schönen Umgebung. Meine Tochter mag besonders das kleine Becken, in das von oben Wasser plätschert. (Alex mit C.)*

UNSER TIPP

ABKÜHLUNG IM SOMMER

* Bei schönem Wetter sind die Freibäder und Seen oft überfüllt. Eine gute Alternative, um die Füße ins Wasser baumeln zu lassen, sind der EISBACH im Englischen Garten oder die ISAR.
* Mit dem Münchner Familienpass (s. TEIL 5, S. 199) haben die Eltern einmal freien Eintritt in ein Münchner Freibad.

Badeseen

TOP TIPP

Fasaneriesee (Lerchenau)
Feldmochinger Str. 320 * 80992 München

Ehemals ein Baggersee, ist der FASANERIESEE heute ein schöner Badesee mit viel Grün im Nordwesten von München. Es gibt dort extra Seebereiche für Kinder und Nichtschwimmer, von denen aus die Kleinen langsam ins Wasser laufen können. In der Gaststätte am Parkplatz bekommt man Eis und Getränke. Der Fasaneriesee ist mit der S-Bahn bequem zu erreichen, von der Haltestelle Fasanerie sind es nur wenige Gehminuten bis zum Ufer.

> *Am Wochenende sind wir mit unseren Kindern regelmäßig am Fasaneriesee, da er weniger frequentiert ist als der benachbarte Feldmochinger See. Es gibt dort selbst am Wochenende immer ein ruhiges Plätzchen. (Björn mit J. und M.)*

Starnberger See – Naherholungsgebiet Ambach (Ambach)
Buchscharn * 82541 Münsing

Nur 30 Minuten von München entfernt liegt der idyllische STARNBERGER SEE. Das große, am Ufer liegende Naherholungsgebiet AMBACH ist für Familien mit Kindern ideal. Gut für die Kleinen: es geht ganz lange flach ins Wasser und nach ein paar Kieseln am Uferrand kommt angenehmer Seegrund. Eine kleine Imbissbude und ein Eisverkäufer sorgen für das leibliche Wohl. Außerdem gibt es ein gutes Restaurant, den **Buchscharner Seewirt** (buchscharner-seewirt.com, 08801 / 24 09), bei dem man den Tag relaxt ausklingen lassen kann. Gerade an schönen Tagen sollte man beim Seewirt reservieren, um einen Platz zu bekommen.

> *Wir sind oft am Starnberger See, denn er bietet traumhaftes Seepanorama und ist immer einen Ausflug wert. Unsere Kinder spielen gerne am*

flachen Ufer und die ganze Familie genießt die schöne Wiese und eine rundherum gute Aussicht. (Doris mit T. und L.)

Langwieder See (Untermenzing)

Kreuzkapellenstr. 89 * 81249 München

Der LANGWIEDER SEE ist für kleine Kinder ideal, denn es geht flach ins Wasser hinein. Entsprechend viele Familien mit Kindern tummeln sich an dem See, dessen Wasser türkisblau und klar ist. Da der See Kiesstrand hat, sind Badeschuhe für die Kinder empfehlenswert. Zum Verweilen lädt neben den Liegewiesen ein kleiner Kiosk ein, der im Sommer kräftig genutzt wird. Grillen ist in bestimmten Grillzonen gestattet und einige Schritte vom See entfernt gibt es ein Restaurant mit Biergarten. Der LANGWIEDER SEE ist mit dem Auto gut erreichbar. Bei Badewetter fährt außerdem ein Badebus ab dem S-Bahnhof Lochhausen.

Im Sommer ist der Langwieder See mit seinem klaren Wasser und den flachen Einstiegen sehr beliebt bei Familien. Für die Kinder gibt es am See zwei schöne Spielplätze, einer davon mit einem großen Holzboot zum Klettern und Lossegeln. Beliebt sind auch die breiten Hängematten, in die sich die Kinder gern zu mehreren reinlegen. (Linda mit A.)

Feringasee (Unterföhring)

Am Feringasee 1 * 85774 Unterföhring

Rund um München locken nur wenige Seen mit Sandstränden. Der beliebte FERINGASEE ist einer von ihnen und bietet gleich an mehreren Stellen feinen Buddelsand. Mit dem Fahrrad ist der See gut zu erreichen. Am Ministrand beim Restaurant mit Biergarten bekommt man leckeren Steckerlfisch.

Wenn die Kleinen im Sand sitzen und buddeln kommt richtig Strandfeeling auf. (Stephi mit A. und S.)

Germeringer See (Germering)

Burgweg * 82110 Germering

Der schön gelegene GERMERINGER SEE am Fuße des Parsbergs wurde Anfang der 70er Jahre als Baggersee angelegt. Er hat mehrere ausgedehnte Liegewiesen mit schönem Baumbestand. Nahe des großzügigen Spielplatzes gibt es für die Kinder eine große Flachwasserzone. Der See erwärmt sich, aufgrund der geringen Wassertiefe von nur sechs Metern, bereits im Frühling sehr schnell. Der Kiosk nahe des Sees punktet mit einem kleinen Biergarten.

Ein ruhiger, etwas kleinerer See, der nicht so überlaufen ist. Im Sommer ideal für Familien mit Kindern. Es führt ein asphaltierter Weg um den See, der sich das ganze Jahr für Spaziergänge mit Kinderwagen eignet. (Kerstin mit L.)

Karlsfelder See (Karlsfeld)

Hochstraße * 85757 Karlsfeld

Der KARLSFELDER SEE ist eine grüne Oase im Nordwesten von München. An seinem Ufer befinden sich für Kinder mehrere Einstiegsstellen ins Wasser, das blau schimmernd langsam tiefer wird. Praktisch ist, dass mehrere Biergärten, Restaurants und Kioske direkt am See liegen, in denen man sich einen Snack holen oder den Tag ausklingen lassen kann. Am Ostufer des Sees, in der Nähe des griechischen Restaurants Seehaus Poseidon (Hochstr. 67, 08131 / 29 73 70 0) gibt es einen großen Spielplatz mit Kletterhaus, Wippe, Wellenrutsche und viel Sand zum Buddeln. Auf mehreren Parkplätzen findest du auch im Sommer einen Parkplatz.

Am Karlsfelder See gefällt uns besonders gut, dass er ruhig gelegen und herrlich grün ist. Viele Bäume spenden Schatten, so dass es auch an heißen Tagen immer ein kühles Plätzchen für Familien gibt. (Björn mit J. und M.)

Kinder-Aktivitäten in München♥

In München gibt es im Sommer viel zu entdecken! Die warme Jahreszeit ist perfekt für Familien, die es genießen draußen zu sein, etwas zu erleben und die Natur zu entdecken. Hier findest du Ideen und Anregungen zur Freizeitgestaltung in München für die ganze Familie. 🥨

TOP TIPP

Beerencafé
⊃mehrere Standorte
erdbeer.de

WÄHLE DEINEN STANDORT:
Lochhausener Straße/ Purpurweidenweg
81249 München-Lochhausen
Savitstraße / Stegmühlstr.
84381 München-Johanneskirchen
Feldmochingerstr. 435
80995 München-Feldmoching
🕐 Mitte Mai bis Mitte September
SO-DO 10.oo-19.3o * FR-SA 10.oo-20.oo

Von Juni bis September öffnen die Hofreiter-Frucht-Plantagen ihre Pforten in Lochhausen, Johanneskirchen und Feldmoching. Ab Juni kannst du leckere Erdbeeren gefolgt von Himbeeren und Heidelbeeren pflücken. Die Höfe sind ganz auf Familien mit Kindern ausgelegt. Die Kleinen werden dort zu begeisterten Beerensammlern, nicht ohne zwischendurch von den Früchten zu naschen. Nach erfolgreichem Pflücken können die Eltern relaxt in den BEERENCAFÉS sitzen, Kaffee trinken und den saftigen Heidelbeerkuchen essen. Währenddessen flitzen die Kleinen durch das Maisfeldlabyrinth, spielen im Sand oder besteigen mit Hilfe der Eltern eines der großen Holzkletterpferde. Für noch mehr Spielvergnügen gibt es ein Kleintiergehege in Lochhausen oder einen Wasserspielplatz in Johanneskirchen. Auf der Homepage werden Specials wie Brunch oder Grillabende angekündigt, zu denen man sich im Vorfeld anmelden sollte. Der Eintritt ist frei, du bezahlst was du verzehrst oder kaufst.

In den Beerencafés haben wir schon angenehme Nachmittage verbracht, kiloweise Heidel- und Himbeeren gepflückt, Ziegen gestreichelt, Stockbrot geröstet und Kaffee getrunken. Kurzum, eine tolle Zeit dort verbracht. (Alex mit C.)

Die Beerencafés sind ideal, sobald die Kinder laufen können. Während die Eltern den leckeren Beerenkuchen essen, flitzen die Kinder zwischen den Heuballen umher. (Kerstin mit L.)

Beach-Feeling im Open-Air-Kino im Viehhof (Isarvorstadt)
viehhof-kino.de
089 / 64 94 36 0
Tumblingerstr. 29 * 80337 München
🕐 SA-SO 14.oo-18.oo

Die Sommer-Familientage am Samstag- und Sonntagnachmittag im VIEHHOF-KINO sind „noch" ein Geheimtipp für viele Münchner Eltern. Kaum betritt man den Innenhof des Open-Air-Kinos, wird man von einer entspannten Oase mit vielen Liegestühlen, Sand und Planschbecken empfangen. Außerdem gibt es eine Hüpfburg und eine Eisenbahn, die ihre Runden dreht. Überall verteilt stehen Essensstände, bei denen du Grill-Schmankerl, vegetarische Köstlichkeiten, Eis, fränkischen Wein und leckeres Bier erstehen kannst. Da ist für jeden was geboten! Der Eintritt ist frei.

Eine perfekte Auszeit für die ganze Familie. Sympathisch und leicht alternativ angehaucht. (Eva mit H. und C.)

Wochenmarkt in der Klenzeschule (Glockenbach)

Klenzestr. 48 * 80469 München
🕐 SA 8.oo–14.oo

Seit Herbst 2013 gibt es einen Bauernmarkt mitten im Glockenbachviertel. Er findet auf dem Hof der Grundschule Klenzestraße 48 ganzjährig und immer samstags statt. Die Produkte an den etwa zehn Marktständen stammen weitgehend von regionalen Klein- und Biobetrieben. Der Klenzemarkt zieht gerade junge Familien an und ist samstags so etwas wie ein relaxter Treffpunkt geworden. Die Kinder können ungestört auf dem großen Schulhof toben oder in dem kleinen Sandkasten spielen. Einige Bänke laden ein, gemütlich einen Kaffee zu trinken oder das leckere Warenangebot von Obst bis Biofleisch direkt vor Ort zu testen. Als kleine Snacks zwischendurch gibt es Suppen und frisch gepresste Säfte.

Tierpark Hellabrunn (Thalkirchen)

tierpark-hellabrunn.de
089 / 62 50 80
Tierparkstr. 30 * 81543 München
🕐 April–Nov 9.oo–18.oo
Nov–März 9.oo–17.oo

Das Areal des TIERPARKS HELLABRUNN liegt direkt an der Isar und ist mit schönen Tiergehegen großzügig gestaltet. Im Streichelgehege am Isareingang und im speziellen Kinderzoo mit Ponys, Hühnern und Ziegen können die Kinder die Tiere streicheln und füttern. Die Eintrittspreise liegen bei 12 Euro für Erwachsene und 5 Euro für Kinder ab vier Jahren. Es gibt auch Familienkarten, die günstiger sind.

> *Mein Sohn mag die Kaiserpinguine im Pinguinhaus am meisten. Er findet es super, wenn sie auf Augenhöhe vorbeischwimmen und teilweise direkt vor den Kindern stoppen. (Jan mit H. und L.)*

UNSER TIPP

TIERPARK HELLABRUNN

* Für mehrmalige Besuche des Tierparks pro Jahr lohnt sich die Jahreskarte für 49 Euro für Erwachsene und 25 Euro für Kinder.

* Man sollte Bargeld dabei haben, da an den Tierpark-Kassen die Zahlung mit ec-Karte erst ab 20 Euro möglich ist. In den Restaurants und an den Kiosken im Tierpark kann man gar nicht bargeldlos bezahlen.

> *Ich habe die Jahreskarte und gehe auch bei schlechtem Wetter gern in den Zoo. Die Tierhäuser, allen voran das Affenhaus, bieten bei jedem Wetter etwas für die Kleinen. (Karo mit C.)*

Spaziergang am Hinterbrühler See (Thalkirchen)

Hinterbrühl 2 * 81479 München

Eine schöne und an Wochentagen ruhige Oase ist der HINTERBRÜHLER SEE, der etwas versteckt zwischen dem Naturbad Maria Einsiedel und dem Isarkanal liegt. Ein wahres Idyll ist dieser kleine See mit vielen Wasservögeln, Schwänen und gemächlich dahin rudernden Booten. Man fühlt sich fast wie in ein bayrisches Idyll nahe der Berge versetzt. Man kann den See mit Kinderwagen ohne Probleme umrunden, sich auf einer der Bänke niederlassen und im etwas zurückliegenden Gasthof Hinterbrühl (Hinterbrühl 2, 089 / 79 44 94) einkehren. Zum Abschluss des Tages geht es auf den kleinen Spielplatz in der Nähe des Sees.

> *Die Umrundung des Hinterbrühler Sees ist ein schöner Spaziergang, der mit Kinderwagen in etwa 20 bis 30 Minuten zu schaffen ist. Die Isar fließt direkt am Weg entlang, teilweise läuft man sogar auf einem Weg zwischen Isar und dem See. Mit etwas Glück begegnet einem ein Isarfloß, das ist der Renner für die Kinder! (Doris mit T. und L.)*

Ausflüge ins Münchner Umland

Das Münchner Umland bietet Familien viele interessante Ausflugsziele an. Wir haben für dich die kinderwagen-freundlichsten Wanderungen und Almen rund um München getestet. Außerdem stellen wir einen Märchenwald und zwei Tierparks für einen entspannten Tag vor.

TOP TIPP

Denkalm bei Lenggries (Lenggries)

lenggries.de/de/denkalm

08042 / 27 70

Bachmaiergasse * 83661 Lenggries

🕐 FR-DI ganzjährig geöffnet * ab 10.00

Die Wanderung auf die DENKALM ist eine leichte Wanderung, genau das Richtige für Familien mit Kindern. Die kurze Tour ist mit einem geländegängigen Kinderwagen gut machbar. Los geht es in der Bachmaiergasse in Lenggries, die über Wiesen aus dem Ort heraus zu dem bewaldeten Berg führt. Man überquert eine kleine Brücke über den Tratenbach und wählt mit dem Kinderwagen am besten den kürzeren Weg mit etwa 30 Minuten Aufstieg zur Denkalm. Auf der Sonnenterrasse des Berggasthofs kann man die Wanderung mit Traumblick auf das Bergpanorama ausklingen lassen. Es gibt warme und kalte Speisen und die Kinder können sich auf den Wiesen austoben.

Der Weg auf die Denkalm ist mein Lieblingsausflugsziel mit Kindern bei Lenggries! (Daniela mit L. und E.)

Wildpark Poing (Poing)

wildpark-poing.de

08121 / 80 61 7

Osterfeldweg 20 * 85586 Poing

🕐 April-Nov täglich 9.00-17.00

Nov-März täglich 11.00-16.00

Auf langen Wegen durch Wälder und Felder bietet der WILDPARK POING unmittelbaren Kontakt zu den heimischen Wildtieren. Oft steht man inmitten von Rehen, Schafen und Ziegen, die sich frei im Park bewegen. Im Frühling ist es besonders schön, weil es dann viele Jungtiere zu sehen gibt. Nahe des großen Spielbereichs stehen Bierbänke, auf denen die Eltern in der Sonne sitzen und relaxen können, während die Kleinen spielen. An einem Kiosk kann man sich zu moderaten Preisen Getränke und Snacks kaufen. Die Eintrittspreise liegen für Erwachsene bei 6,50 Euro und für Kinder ab drei Jahren bei 4 Euro. Am Ausgang des Parks befindet sich eine Drehtür durch die man den Park bis zur Dunkelheit verlassen kann. Du solltest mindestens drei Stunden für einen Besuch einplanen. Je nach Spielausdauer der Kinder können das aber locker mehr werden. Hunde dürfen nicht in den Park (auch nicht an der Leine), sondern müssen zu Hause bleiben.

Unseren Sohn beeindrucken besonders die Wölfe und Bären im Wildpark Poing. Außerdem ist das Füttern der Rehe und Kaninchen Pflichtprogramm. (Björn mit J. und M.)

Wir gehen gern auf den Riesenspielplatz. Am Kiosk dort gibt es leckeren Kuchen und man sitzt schön in der Sonne. (Karo mit C.)

Bergtierpark Blindham (Aying)

bergtierpark.de

08063 / 20 76 38

Blindham 3 * 85653 Aying

🕐 Sommerzeit täglich 10.00-20.00

Winterzeit täglich 10.00-18.00

Im BERGTIERPARK BLINDHAM leben zahlreiche einheimische Tiere wie Hirsche, Wildschweine und Esel in freier Wildbahn. Traumhaft schön ist die Lage am Waldrand und der Blick auf die Berge des Alpenvorlandes vom Bergcafé aus. Zum Spielen, Springen, Rumrennen und Toben lädt der großzügige Spielplatz mit zwei großen Hüpfflächen, mehreren Trampolins und Klettergerüsten ein. Für hautnahen Tierkontakt gibt es einen eingezäunten Streichelzoo mit vielen Ziegen. Praktisch ist, dass das Restaurant oberhalb des Spielplatzes und vieler Tiergehege liegt. Während die Eltern dort einkehren, spielen die Kinder oder sind bei den Tieren und man hat sie gut im Blick. Der Rundweg durch Wiesen und Wälder startet unterhalb des Spielplatzes und ist in etwa 30 Minuten gut zu schaffen. Der Eintritt kostet 5 Euro für Erwachsene und 4 Euro für Kinder ab 85 cm.

> *Stell dich darauf ein, dass der Spielplatz mit Spielgeräten direkt am Anfang des Parks liegt und die Kleinen oft so begeistert davon sind, dass man sie fast nicht mehr davon weg und zu den Tieren bekommt. (Linda mit A.)*

> *Der Park wirkt auf mich kleiner als der Wildpark Poing und ist im Spielplatzbereich schön übersichtlich. Außer ein paar Bergzicklein hatte ich allerdings nicht das Gefühl, viele ‚Bergtiere' gesehen zu haben. (Björn mit J. und M.)*

UNSER TIPP

BERGTIERPARK BLINDHAM

* Ab Mitte November ist es ein wunderschönes Familienerlebnis, im BERGTIERPARK seinen eigenen Christbaum für Weihnachten zu schlagen. Werkzeug kann kostenlos ausgeliehen werden.

Berggasthof Taubenberg (Warngau)
taubenberg.de
08020 / 17 05
Taubenberg 1 * 83627 Warngau
⏱ März-Nov SA-SO und Feiertags ab 10.00

Der BERGGASTHOF TAUBENBERG hat im Volksmund den Spitznamen KINDERALM. Er befindet sich auf halbem Weg zwischen Holzkirchen und dem Tegernsee und ist ein schönes Ausflugsziel mit Kindern. Du erreichst den Berggasthof nach einer kleinen Wanderung auf einer Forststraße, die auch mit Kinderwagen gut machbar ist. Im Sommer lockt der Biergarten mit herrlichem Bergpanorama und

direktem Blick auf den Spielplatz. Auf dem Taubenberg leben Ponys zum Streicheln, Schweine und Kaninchen.

Wer Lust hat, kann eine Wanderung ohne Schuhe auf dem Barfußweg unternehmen und auf Gras, Kies und Waldboden seine Sinne trainieren. Bei schlechtem Wetter findest du ein warmes Plätzchen in der Stube. Die Anfahrt ist am einfachsten über Warngau. In der Ortsmitte Warngau geht es Richtung Wall - Miesbach vorbei an der Kirche Allerheiligen. Nach etwa 1 km gibt es links ein grünes Wegschild zum Taubenberg. Der liegt Parkplatz rechts im Wald. Wer nicht hinauf wandern möchte, kann mit dem Auto direkt vor den Gasthof fahren.

> *Die Kinderalm ist an sonnigen Tagen und am Wochenende ziemlich voll. Trotzdem ist es mit Kleinkindern ein schöner Ausflug. (Daniela mit L. und E.)*

Schliersbergalm (Schliersberg)
schliersbergalm.de
08026 / 20 94 52
⏱ ganzjährig geöffnet
täglich ab 9.00 * Sommerrodelbahn nur bei Trockenheit in Betrieb.

Der Ausflug auf die SCHLIERSBERGALM mit anschließender Sommerrodelbahn-Abfahrt ist mit Kleinkindern ein schöner Tagesausflug. Hoch geht es zu Fuß oder mit der Gondel, beides ist mit Kinderwagen gut machbar. Auf der SCHLIERSBERGALM angekommen, genießt du einen Traumblick über den See, während sich die Kinder auf dem Spielplatz mit Trampolin oder im Bällebad vergnügen.

Wer mit dem Kinderwagen unterwegs ist, nimmt hinab wieder die Gondel oder wandert über Forstwege zurück ins Tal. Wer ohne Kinderwagen unterwegs ist, macht sich nach einer Rast zur Sommerrodelbahn auf, die über eine Länge von 950 m und in 63 Kurven von der SCHLIERSBERGALM hinunter zur Talstation führt. Kinder können bereits ab einem Alter von ein bis zwei Jahren auf dem Schoß der Eltern mitfahren.

 Die Sommerrodelbahn ist komfortabel über die Seilbahn zu erreichen und das Rodeln macht nicht nur den Kindern Spaß. (Udo mit A. und L.)

Siebenhüttenalm in Wildbad Kreuth (Kreuth)

siebenhuetten.de

08022 / 29 99

83708 Kreuth

🕐 Mai-Okt täglich 10.oo-18.oo

Ein beliebtes Ausflugsziel bei Münchner Familien ist die bewirtete SIEBENHÜTTENALM in Wildbad Kreuth am Tegernsee. Es führen mehrere Wege zur Siebenhüttenalm, mit Kinderwagen eignet sich die kurze Tour am besten. Man startet auf dem Wanderparkplatz an der B 307 kurz nach Kreuth und läuft in etwa 30 Minuten zu Fuß auf die Alm. Der Weg ist angenehm flach und kinderwagengeeignet.

Ein Highlight ist, dass der Weg über lange Strecken direkt an dem kleinen Bach Weissach entlang führt. Die Kinder können stundenlang Steine suchen und sie ins Wasser werfen. Bei warmem Wetter planschen sie barfuß im Bach, während sich die Eltern auf den Steinen niederlassen, die Sonne genießen oder picknicken. Wechselkleidung ist ratsam. Ziel der Wanderung ist die idyllische SIEBENHÜTTENALM mit einem Biergarten im Wald. Sie bietet Kuchen und zünftige Speisen.

Märchenwald Wolfratshausen (Wolfratshausen)

maerchenwald-isartal.de

08171 / 29 09 6

Kräuterstr. 39 * 82515 Wolfratshausen

🕐 täglich 9.oo-18.oo

Einlass bis 16.oo

Im Winter (bis etwa Mitte April) und bei Regen geschlossen

Ein kleiner Zug, mehrere Karussells, ein Bällebad oder die lustige Wildsaubahn warten im MÄRCHENWALD auf ihre kleinen Besucher. Daneben gibt es die Märchenhäuschen, die dem Kinderfreizeitpark seinen Namen gegeben haben. Wenn die Kinder die Attraktionen aufgrund ihres jungen Alters noch nicht alleine fahren können, freuen sie sich auf begleitende Mamas und Papas – strahlende Kinder- und Elternaugen garantiert. Der Eintritt kostet 13 Euro für Erwachsene und 12 Euro für Kinder über 85 cm Körpergröße, kleinere Kinder dürfen umsonst im MÄRCHENWALD spielen. Es gibt mehrere Snack-Möglichkeiten im Park.

 *Der Märchenwald ist zwar nicht ganz günstig, aber definitiv sein Geld wert. Man kann dort locker den ganzen Tag verbringen und es gibt für jedes Alter die passenden Attraktionen. (Alex mit C.)*

UNSER TIPP · MÄRCHENWALD

* Für Kinder bis 14 Jahren ist der Eintritt an ihrem Geburtstag gegen Vorlage des Ausweises frei. Alle Winter-Geburtstagskinder können den Geburtstag samt freiem Eintritt zwischen Palmsamstag und Gründonnerstag gegen Vorlegung des Ausweises „nachfeiern".

* Hunde sind im Park nicht erlaubt.

Maisinger Schlucht (Starnberg)

⮑ Ausgangspunkt: Bahnhofsplatz 5 in Starnberg
⮑ Einkehr: Gasthaus Georg Ludwig
gasthaus-georg-ludwig.de
08151 / 34 45
Ortsstr. 16 * 82343 Maising/Pöcking
🕐 DO-MO 11.oo-23.oo

Die abwechslungsreiche Tour führt von der S-Bahn-Station STARNBERG am Maisinger Bach entlang nach Maising. Der Weg ist etwa 5 km lang, gut befestigt und ist auch mit Kinderwagen zu bewältigen. Anfangs läuft man über offene Wiesen und später in die MAISINGER SCHLUCHT hinein. Die Kinder lockt der gemächlich dahinfließende Bach zum Spielen und Planschen, daher Gummistiefel nicht vergessen. Das Tal verengt sich weiter und man wandert zwischen großen Bäumen, die angenehmen Schatten spenden. Die Schlucht endet am Ortsrand von Maising.

In der Ortsmitte lädt der Gasthof GEORG LUDWIG zur Einkehr ein. Im Anschluss kann man durch die Wiesen weiter zum Maisinger See wandern und dort ein erfrischendes Bad nehmen. Alternativ läuft man auf dem gleichen Weg wieder zurück Richtung Ausgangspunkt.

Wanderung zur Röthelmoosalm (Ruhpolding)

⮑ Ausgangspunkt: Wanderparkplatz in Urschlau
⮑ Einkehr: Langenbauer-Alm
langenbauer-hof.de
08663 / 30 94 58
Obergschwendt 5 * 83324 Ruhpolding
🕐 Mitte Mai bis Mitte / Ende Oktober

Die RÖTHELMOOSALM ist eine Hochalm mit wunderschönem Bergpanorama und liegt etwa eine Autostunde von München entfernt. Man parkt auf dem Wanderparkplatz von Ruhpolding Urschlau und folgt der Beschilderung RÖTHELMOOSALM. Zunächst läuft man ein Stück auf einer geteerten Straße und an einem Bach entlang, später geht es auf einem breiten Forstweg weiter. Kurz vor dem Aussichtspunkt mit Blick auf die Röthelmoos-Schlucht und einen Wasserfall, wird es etwas steiler, aber keine Sorge, der ganze Weg ist mit Kinderwagen gut machbar. Auf der Hochalm angekommen orientiert man sich Richtung Langenbauer-Alm. Das gemütliche Gasthaus lädt zu einer Rast ein. Während die Eltern ein kühles Radler und regionale Köstlichkeiten genießen, bestaunen die Kinder das Mini-Pony, die Ziegen und das zahme Hausschwein.

SCHLECHTWETTER IDEEN

Regenwetter ist Mistwetter, doch in München muss Familien an einem regnerischen Tag nicht die Decke auf den Kopf fallen. Mit den folgenden Unternehmungen wird es mit Kleinkindern in München garantiert nicht langweilig. Ob Indoor-Spielplätze, Hallenbäder oder für die kalten Wintermonate Rodelhügel, da ist für die ganze Familie etwas dabei.

Wir haben die besten Schlechtwetter-Orte in München ausfindig gemacht und getestet – auch die Eltern kommen dabei auf ihre Kosten.

Indoor-Aktivitäten

Indoor-Spielplätze sind bei Regenwetter eine gute Alternative zu einem normalen Spielplatz, denn sie machen den Kindern riesig Spaß und haben Aus-power-Potenzial. Dort können die Kleinen toben bis zum Umfallen. Der Geräuschpegel in den Indoor-Hallen ist oft hoch, das stört die Kinder wenig, aber die Eltern sollten sich darauf einstellen. Ruhigere Münchner Indoor-Alternativen für Kleinkinder sind das Aquarium SEA LIFE oder die Kreativwerkstatt KINDERKUNSTHAUS.

TOP TIPP

Indoor-Winterspielplatz (Glockenbach)
winterspielplatz-muenchen.de
089 / 44 49 97 20
Holzstr. 9 * 80469 München
🕐 Nov–März * DI–MI 15.oo–17.oo und MI–DO 9.3o–12.oo

Die Idee des Winterspielplatzes entstand auf einem Spielplatz im Sommer, als einige Eltern eine Alternative für kältere Tage suchten. Der WINTERSPIELPLATZ in der Holzstraße ist bei regnerischem Wetter oder im Winter perfekt für Eltern mit Kindern unter drei Jahren. Auf über 400 m² gibt es verschiedene Spielzeuge und Spielzonen, z.B. eine Krabbellandschaft, einen Sinnes- und Koordinationsbereich, eine Puppenecke und eine Ruhelandschaft. Für die Eltern gibt es Kaffee und Tee, auch Flaschenwärmer und Mikrowellen zum Erwärmen der Kindermahlzeiten stehen bereit. Da dieses Angebot etwas Besonderes und sogar gratis ist (du kannst freiwillig etwas spenden), ist der Andrang entsprechend groß. Bei Überfüllung schließt der WINTERSPIELPLATZ, daher sollte man zur Öffnungszeit pünktlich da sein um hineinzukommen.

Ein tolles Angebot für Kinder ab dem Krabbelalter. Alles wimmelt umher, weil die Kinder alle ähnlich „jung" sind. Die Spielzeuge sind

hochwertig und bunt, das gefällt meinen Kleinen. (Doris mit T. und L.)

Kinderkunsthaus (Schwabing)
kinderkunsthaus.de
089 / 33 03 57 70
Siegesstr. 23 * 80802 München

Das KINDERKUNSTHAUS ist eine Kreativwerkstatt, in der Kinder mit traditionellen und modernen Gestaltungstechniken aktiv werden können. Das Kernstück des KINDERKUNSTHAUSES ist ein offenes Kreativprogramm, das nachmittags und am Wochenende ganztägig seine Pforten für die kleinen Künstler zwischen zwei und 14 Jahren öffnet. Bereits Kleinkinder können sich beim Malen, Drucken und Bauen austoben. Dabei entscheiden die Kinder selbst, was sie tun wollen. Jeder kann sich die Zeit nehmen, die er braucht und bekommt Hilfestellungen durch Betreuer oder Begleitpersonen. Die Preise pro Person und Tag liegen bei 5 Euro. Das KINDERKUNSTHAUS befindet sich an der Münchner Freiheit, daher ist die Anfahrt mit öffentlichen Verkehrsmitteln ratsam.

Unser Zweijähriger mag besonders die einfache Drucktechnik und das Malen aus den Riesenfarbtöpfen. (Janna mit A. und L.)

Sea Life (Milbertshofen)
visitsealife.com/munchen
089 / 45 00 00
Willi-Daume-Platz 1 * 80809 München
🕐 täglich 10.oo–17.oo

Bei schlechtem Wetter ist die Unterwasserwelt des SEA LIFES perfekt, um mit kleinen Kindern etwas Schönes zu erleben. Die bunten Fische begeistern bereits Kleinkinder. Da das SEA LIFE nicht allzu groß ist, bist du normalerweise in etwa ein bis zwei Stunden wieder draußen. Erwachsene bezahlen 16,50 Euro und Kinder ab drei Jahren 11,50 Euro. Der letzte Einlass ist eine Stunde vor Schließung. Ab

13.00 Uhr finden Fütterungen statt – Details zu den Fütterungszeiten gibt es unter der Info-Nummer 089 / 45 00 00. Wenn es das Wetter zulässt, lohnt danach ein Abstecher zur **Olympiaalm** (Martin-Luther-King-Weg 8, 089 / 30 09 92 4), einem kleinen Biergarten mitten im Olympiapark.

UNSER TIPP

SEA LIFE

* Es lohnt sich die Karten online zu kaufen, da sie im Internet etwa 3 Euro günstiger sind als an der Kasse. Außerdem spart man sich insbesondere bei schlechtem Wetter lange Warteschlangen.

Erlebniskraftwerk Kulti-Kids (Berg am Laim)

kulti-kids.org
089 / 62 83 44 50
Grafinger Str. 6 * 81671 München
🕐 FR 13.00–18.00 * SA–SO 11.00–18.00

Eine Eisenbahn begrüßt die Kinder mit lustigem Geschnaufe, wenn sie den KULTI-KIDS-Indoor- und Outdoor-Spielplatz betreten. KULTI-KIDS liegt auf dem Gelände der ehemaligen Pfannifabrik und ist eine willkommene Abwechslung bei Regenwetter. In der ehemaligen Fabrikhalle können die Kinder auf über 800 m² bei jedem Wetter spielen, toben, rutschen und klettern. Es gibt ein

Hexenhäuschen zum Hineinklettern, große Röhrenrutschen, eine Kletterwand und Bobbycars für die Kleinen. Im Cafébereich bekommt man Kaffee und Kuchen. Bei gutem Wetter lockt der Außenbereich mit einem Abenteuerspielplatz. Bei Regen kann man gegen eine Parkgebühr direkt vor den Toren des Erlebniskraftwerks KULTI-KIDS parken.

Die Halle ist unkommerziell und kostet mit 2,50 Euro erstaunlich wenig Eintritt. Auch die Preise für Essen und Trinken sind human. Kulti-Kids schafft einen Ort für alle. (Björn mit J. und M.)

Coco Loco (Grünwald)

cocoloco-gruenwald.de
089 / 64 91 19 38
Südliche Münchner Str. 35
82031 Grünwald
🕐 DI–FR 14.00–19.00
SA–SO und Feiertags 10.00–19.00

Im Indoor-Spielplatz COCO LOCO, einer ehemaligen Badmintonhalle, begrüßt der Affe Coco freundlich seine Besucher. Wegen des großen Kleinkinderbereichs ist der Indoor-Spielplatz bereits für Krabbelkinder interessant. Größere Kinder können sich im Kletterpark, auf den Rutschen oder den Trampolinen austoben. Im Gastrobereich kann man zwischendurch bei einer Tasse Kaffee oder

UNSER TIPP COCO LOCO

* Jeden ersten Dienstag im Monat von 9.30 bis 12.00 Uhr bietet das COCO LOCO Eltern mit Kleinkindern bis drei Jahre eine exklusive Nutzung des Spiele-paradieses an. Für 8 Euro können die Mamis in Ruhe einen Kaffee trinken und die Kleinen ohne großen Trubel das COCO LOCO entdecken.

Hallenbäder

München und Umgebung besitzt eine ganze Reihe schöner Hallenbäder, die Schwimmspaß bei jedem Wetter garantieren. Eine Auswahl unserer Lieblings-Familienbäder mit Spiellandschaften und Planschbecken findest du in diesem Kapitel.

einem Snack entspannen. Besonders im Winter oder bei Schmuddelwetter für Kindern interessant.

Jux und Tollerei (Parsdorf)

juxundtollerei.com

089 / 99 27 58 90

Posthalterring 7 * 85599 Parsdorf

🕐 MO, MI-FR 14.00-19.00

SA-SO und Feiertags 10.00-19.00

JUX UND TOLLEREI ist ein großer Indoor-Kinderspiel-park, in dem sich die Kinder auch bei schlechtem Wetter verausgaben können. Es gibt für jedes Alter spannende Spielgeräte. Kleinere Kinder lieben die Ecke voller Bälle, in die sie sich selbst hineinwerfen können. Gemeinsam mit den Eltern dürfen sie auf dem Klettergerüst klettern und rutschen. Für die älteren Kinder sind z.B. der Klettervulkan, die Trampoline oder die Kartbahn spannend. Im Restaurant Gämsle werden die Familien kulinarisch versorgt. Der reguläre Eintritt beträgt für Kinder ab einem Jahr 5 Euro und für Kinder ab drei Jahre 9 Euro. Der Eintrittspreis für Erwachsene liegt bei 5,50 Euro. In der Happy Hour ab 17.00 Uhr bezahlen alle Gäste nur 4 Euro.

GUT ZU WISSEN

MÜNCHNER M-BÄDER

* Kinder bis sechs Jahre schwimmen in allen Münchner M-Bädern kostenlos.

* Sparen kann man mit der M-Bäderkarte. Man erhält sie an der Schwimmbadkasse und kann sie mit Guthaben aufladen. Je nach Höhe des Guthabens gibt es bis zu 20% Rabatt auf den Eintrittspreis.

* Bei Fragen erreicht man die Münchner M-Bäder unter 089 / 23 61 50 50. Über eine Telefonzentrale wird man zu dem jeweiligen Bad durchgestellt.

* Auf der Seite der Münchner Stadtwerke swm.de gibt es zudem zu allen Bädern Münchens ausführliche Informationen.

Therme Erding (Erding)

therme-erding.de

Details s. TEIL 1 * S. 43

In der THERME ERDING kommt sogar beim größten Schmuddelwetter ein Urlaubsgefühl auf. Unter einer riesigen Glaskuppel wiegt ein Meer aus Palmen und es ist angenehm warm. In einem großen Becken mit Innen- und Außenbereich können sich die Kleinen mit den Eltern treiben lassen. Im separaten Kinderpool amüsieren sich Kinder bis etwa fünf Jahre, während die Eltern nebenan im Restaurant etwas trinken oder es sich in einem der Strandkörbe bequem machen. Die etwas größeren Kinder lockt der GALAXY RUTSCHENPARK, der auch für kleine Kinder einige Rutschen im Programm hat. Zwei Stunden kosten 16 Euro, vier Stunden 21 Euro und die Tageskarte 29 Euro pro Person plus einem Wochenend-Zuschlag von 4 Euro. Kinder bis drei Jahre bezahlen keinen Eintritt.

Unter der Woche fahren mein Mann und ich regelmäßig mit den Kindern in die Erdinger Therme, um bei jedem Wetter ein Stück Tropen nach Bayern zu holen. Am Wochenende ist es uns oft zu voll. (Janna mit A. und L.)

Nordbad (Schwabing)

089 / 23 61 50 50

Schleißheimer Str. 142 * 80797 München

🕐 täglich 7.3o-23.oo

Die jüngsten Besucher des NORDBADS lockt der Kinderplanschbereich mit einer kleinen Rutsche und Badespielzeug. Im warmen Außenbecken auf dem Arm der Eltern fühlen sich die Kleinen ebenfalls wohl. Drei Stunden Badezeit kosten 4,30 Euro pro Erwachsener.

Südbad (Sendling)

089 / 23 61 50 50

Valleystr. 37 * 81371 München

🕐 täglich 7.3o-23.oo

Das SÜDBAD ist nach seiner Renovierung moderner und schöner geworden. Bei gutem Wetter fahren die neuen Glaswände nach unten und das Schwimmbad öffnet sich zur Liegewiese hin. Der Planschbeckenbereich ist zwar klein, lockt Kinder aber mit Wasserspielfiguren wie einer Schildkröte ins Wasser. Außerdem macht es mit dem Nachwuchs Spaß, im großen Thermalbecken rein und raus zu schwimmen. Drei Stunden Badezeit kosten 4,30 Euro pro Erwachsener.

Westbad (Pasing)

089 / 23 61 50 50

Weinbergerstr. 11 * 81241 München

🕐 täglich 7.30-23.00

Das WESTBAD in Pasing hat eine große Glaskuppel, ein von Palmen umsäumtes Erlebnisbecken, einen beheizten Außenpool und eine große Rutsche. Du kannst bei angenehmen Temperaturen baden, dich im Strömungskanal treiben lassen und zwischendurch etwas essen. Für die Kleinen gibt es ein schönes Kinderbecken. Wenn du mit anderen Erwachsenen dort bist, probiere die offene Saunalandschaft ohne Aufpreis aus. Die Badezeit bis zu vier Stunden kostet 11,30 Euro pro Person. Die Tageskarte kostet 14,90 Euro und die Familientageskarte 27,40 Euro.

Das Westbad ist für mich das beste Hallenbad innerhalb Münchens. Der Kleinkindbereich ist groß und abgetrennt. Eltern können gut sich hineinsetzen und müssen keine Angst haben, dass die Kinder stiften gehen. (Alex mit C.)

KLEINKIND SAUNA

* Die Saunainsel im WESTBAD bietet Eltern das **Saunieren mit Babys und Kleinkindern zwischen vier Monaten und drei Jahren** an. Nach medizinischen Erkenntnissen soll Saunieren für die Kleinsten sehr gesund sein. Es soll Schutz vor Erkältungen bieten, das Immunsystem kräftigen und gut für die Haut sein. In Finnland, dem Ursprungsland der Sauna, üben sich bereits die Babys im Schwitzen. In kindgerechter Atmosphäre vermittelt das Fachpersonal des Westbads worauf es beim Saunieren bei 60 Grad „Niedrigtemperatur" mit Babys und Kleinkindern ankommt. Die Teilnahme ist jederzeit ohne Voranmeldung möglich. Die Babys und Kinder müssen gesund sein und dürfen keinen Infekt haben. Die letzte Vorsorgeuntersuchung U4/U5 muss ohne Befund sein, dies muss man schriftlich vor Ort bestätigen. Neben den üblichen Sauna- und Badeutensilien sind für Kinder eine Schwimmwindel und Badeschuhe sinnvoll. Möglich ist das Baby- und Kleinkind-Saunieren jeden Donnerstag von 7.30 bis 12.00 Uhr. In dieser Zeit ist die Saunainsel ausschließlich für Familien reserviert.

 Das Westbad geht fast in Richtung Spaßbad. Ein Highlight ist die große Rutsche, in der größere Kinder alleine und kleinere mit uns gemeinsam rutschen können. Einmal angekommen, kann man im Westbad locker einen halben Tag verbringen. Aufgrund seiner Beliebtheit ist es an typischen Badetagen, besonders bei schlechtem Wetter, sehr voll. (Doris mit T. und L.)

Phönix-Bad Ottobrunn (Ottobrunn)
phoenixbad.de
089 / 66 07 87 0
Haidgraben 121 * 85521 Ottobrunn
⏱ täglich 7.3o-22.3o * DI ab 6.3o

Das PHÖNIX-BAD ist sehr familienfreundlich. Es gibt mehrere Kinderplanschbecken mit 34 Grad Wassertemperatur, zwei Rutschen und die Möglichkeit, innen und außen zu schwimmen. Die Eltern lädt ein großer Sauna- und Dampfbadbereich ein. Es werden verschiedene Baby- und Kinderschwimmkurse angeboten. Erwachsene und Kinder ab vier Jahren zahlen für die Tageskarte 9 bzw. 6,50 Euro und für die 4-Stundenkarte 7,50 bzw. 5 Euro.

Das Phönix-Bad bietet für Kinder einen ausgesprochen schönen Kinderbereich und für die Eltern eine abwechslungsreiche Saunalandschaft. (Christine mit F. und F.)

Rodelhügel und Winterspaziergänge

Wenn es kalt wird und die Tage kürzer, neigt man dazu, mehr zu Hause zu bleiben. Allerdings bietet München auch im Winter Familien ein buntes Programm. In fast jedem Münchner Park gibt es kleinere oder größere Hügel, die sich im Winter gut zum Rodeln eignen. Zusätzlich haben viele Spielplätze Rodelbuckel, die schon für kleinere Kinder interessant sind. Auch Toben im Schneegestöber macht in jedem Alter Spaß – da kommt garantiert keine Langeweile auf.

In diesem Kapitel beschreiben wir schöne Routen für Winterspaziergänge mit Kinderwagen und die kleinkinderfreundlichsten Schlittenabfahrten der Stadt – also Schlitten, Bob oder Popo-Rutscher eingepackt und los geht's!

Rodelhügel

Hirschgarten (Nymphenburg)

Die vielen kleinen Hügel des HIRSCHGARTENS sind bereits für Kleinkinder ideal, um auf dem Schlitten oder dem Popo-Rutscher die Hügel herunterzurodeln. Die Hirsche in der Nähe des Biergartens haben dort ganzjährig ihr Quartier und sind eine weitere Attraktion des Hirschgartens.

Englischer Garten (Lehel, Schwabing, Freimann)

Eine schöne Rodelpiste für Kleinkinder führt vom Monopteros am Chinesischen Turm hinab in eine Wiese des ENGLISCHEN GARTENS. Der Hügel ist relativ flach und somit für jedes Alter gut machbar. Da es an sonnigen Winterwochenenden am Monopteros sehr voll ist, ist der Rodelhang eher etwas für unter der Woche.

KUTSCHENFAHRT (SCHWABING)

* kutschen-muenchen.de * 089 / 18 06 08
  Schwere-Reiter-Str. 22 * 80797 München

* Auf einem Pferdeschlitten durch die verschneite Winterlandschaft fahren? Warm angezogen und in Decken eingepackt ist dieser besondere Ausflug mitten in München möglich und gefällt Eltern und Kindern gleichermaßen. Die Kutschenfahrt ist perfekt, um die winterliche Stimmung einzufangen und zu genießen. Das Kutschereiunternehmen in der Münchner Innenstadt hat das Privileg, den Englischen Garten zu durchqueren. Am Standplatz am Chinesischen Turm stehen die Kutschen täglich ab Mittag für Fahrten durch den Englischen Garten zur Verfügung.

Westpark (Sendling)

In den WESTPARK zieht es an schönen Winterwochenenden viele Familien, die dort gemeinsam die Berge herunterflitzen. Es gibt flache Hügel für die ganz Kleinen und steile Pisten, auf denen größere Kinder mit ihren Schlitten richtig schnell werden.

BuGa-Gelände / Riemer Park (Riem)

Die vielen kleinen Hügel des BUGA-GELÄNDES sind schon für Kleinkinder gut machbar. Der offizielle Rodelhügel am Ostrand des Riemer Parks ist auch für größere Kinder spannend und bietet einen herrlichen Ausblick auf den Münchner Osten.

Olympiapark (Milbertshofen)

Der OLYMPIAPARK bietet Klein und Groß abwechslungsreiche Rodelpisten. Der Biergarten Olympia-Alm lädt zu einer Pause mit leckerem Kakao oder Glühwein ein, während die Kinder die Hügel hinuntersausen.

Bavaria Hügel an der Theresienwiese (Westend)

Diese relativ kurze Piste nördlich der Bavaria bietet Rodeln mitten in der Stadt. Oberhalb des Hügels führt der Fahrradweg entlang und dahinter liegt das Westend – noch städtischer geht es fast nicht. Der breite Hang macht bereits kleineren Kindern viel Spaß. Zum Aufwärmen bietet sich im Anschluss eines der vielen Cafés im Westend an.

Winterspaziergänge mit Kinderwagen

Spaziergang im Hofgarten und Englischen Garten (Altstadt)
Hofgarten / Odeonsplatz

Der HOFGARTEN mit seinem runden Pavillon lädt Familien zu jeder Jahreszeit zu einem Ausflug ein. Über die gekiesten Wege kann man im Winter mit Kinderwagen gut spazieren gehen und mit etwas Glück ertönen vom Pavillon her Violinen-, Klarinetten- oder Cello-Klänge von ein paar Musikern, die sich dort niedergelassen haben. Im Starbucks am Odeonsplatz kann man sich ein heißes Getränk holen und von dort aus direkt in den HOFGARTEN starten. Wer eine größere Runde machen möchte, läuft weiter Richtung Seehaus in den ENGLISCHEN GARTEN hinein.

Spaziergang an der Floßlände (Thalkirchen)
Zentralländstraße / Ecke Floßlände

Die FLOSSLÄNDE eignet sich gut für einen abwechslungsreichen Spaziergang mit Kinderwagen. Am einfachsten parkst du auf dem großen Parkplatz MARIA EINSIEDEL und läufst entlang der FLOSSLÄNDE, die bei kaltem Wetter zugefroren ist und zum „Rutschen" einlädt. Linkerhand liegen zwei Eisstockbahnen, die gerade am Wochenende gut besucht sind. Weiter geht es zum Isar-Werkkanal. Wer die kleine Runde wählt, biegt kurz nach der Marienklausenbrücke links wieder Richtung Floßlände ab. Wer weiter laufen möchte, läuft weiter am Kanal entlang oder überquert die Brücke. Über die Tierparkstraße am Tierpark Hellabrunn geht es wieder zurück Richtung Maria Einsiedel. Für einen heißen Kakao oder gute Speisen nach dem Spaziergang bietet sich das **Restaurant Floßlände** (Zentralländstr. 30, 089 / 54 04 36 06) an.

Spaziergang am Nymphenburger Schlosskanal mit Rodeln im Grünwaldpark (Nymphenburg)

Der NYMPHENBURGER SCHLOSSKANAL eignet sich an kalten, sonnigen Tagen perfekt für einen Spaziergang mit Kinderwagen oder Schlitten. Wenn es richtig kalt ist, ist der Kanal zugefroren und von der Stadt zum Betreten frei gegeben. Dann können Mutige sogar mit dem Schlitten aufs Eis. Mit Kleinkindern bietet sich ein Abstecher in den Grünwaldpark an, in dem es neben einem Spielplatz auch einen kleinen Rodelhügel gibt.

URLAUB MIT BABY

Die erste Reise mit Baby ist etwas ganz Besonderes. Außerhalb des gewohnten Rhythmus warten Überraschungen auf euch als junge Familie und es ist verständlich, dass du dich fragst, wohin es gehen soll und was das Richtige ist. Aus eigener Erfahrung sagen wir dir, dass es wahrscheinlich problemlos klappen und sehr entspannt sein wird. Deinem Baby ist egal wo es hingeht, Hauptsache seine Eltern sind dabei. Also durchatmen, einen Gang zurückschalten und alles auf dich zukommen lassen.

Viele Eltern entscheiden sich, bei der ersten Reise mit Baby nicht so weit zu fahren bzw. zu fliegen. Außerdem sind für viele Familien spezielle Babyhotels attraktiv, um langsam auszuprobieren, wie sich der Tagesablauf in einer neuen Umgebung gestaltet. Daher gibt dieses Kapitel einen guten Überblick über Familienhotel-Anbieter sowie einige Bauernhöfe rund um München, die mit dem Auto gut erreichbar sind. Außerdem hat uns Kerstin Hofbauer, Spezialistin in Sachen Babyurlaub, die wichtigsten Fragen zum Urlaub mit Baby beantwortet.

 Unsere Checkliste KINDERKOFFER zeigt detailliert, was du für das Baby einpacken solltest. Das beinhaltet Reisedokumente, Kinderkleidung für Sommer und Winter und weiteres wichtiges Babyzubehör. Du findest die Checkliste zum Ausdrucken unter mycitybaby-muenchen.de/Baby-im-Urlaub.

Einige weitere „Baby-Must-Haves" für einen gelungenen Urlaub mit Baby und Kleinkind stellen wir dir auf der nächsten Seite vor. Du solltest sie entweder im Gepäck haben bzw. im Vorfeld klären, ob die Unterkunft entsprechendes Equipment zur Verfügung stellt.

CHECKLISTE

WORAN MUSS ICH VOR DEM URLAUB DENKEN?

○ Seit 2012 brauchen alle Kinder einen eigenen Reisepass, wenn sie mit ihren Eltern ins Ausland fahren. Den **KINDERREISEPASS** gibt es für 13 Euro, sein Foto kann gegen eine Gebühr von 6 Euro aktualisiert werden. Der Kinderreisepass kann beim Kreisverwaltungsreferat beantragt und direkt mitgenommen werden. Einziger Nachteil ist, dass man in einigen Ländern, z.B. den USA, statt des Kinderausweises einen normalen Reisepass benötigt. Daher sollte man sich rechtzeitig zu erkundigen, welche Einreisebedingungen das jeweilige Reiseland hat.

....

○ Stellt das Hotel ein **BABYBETT** zur Verfügung? Praktischerweise ist das der Fall, ansonsten solltest du ein Reisebett mitnehmen.

....

○ Endlich schlafen die Kinder und du möchtest mit deinem Partner in Ruhe auf der Hotelterrasse einen Wein trinken? Dann solltest du ein **BABYPHONE** einpacken, das die Eltern alarmiert, falls der Nachwuchs aufwacht. Eine populäre Alternative zum klassischen Babyphone ist, sich eine Babyphone-App fürs Smartphone herunterzuladen.

....

○ Da es im Urlaub nicht überall einen Kinderstuhl gibt, ist der „**MOBILE" KINDERSITZ** von Mobiseat (*mobiseat.de*) eine clevere Lösung, um das Kind sicher am Tisch sitzen zu lassen. Er passt in jede Handtasche und verwandelt einen normalen Stuhl mit wenigen Handgriffen in einen Kinderstuhl.

....

○ Wenn das Baby noch **BABYMILCH ODER GLÄSCHENNAHRUNG** bekommt, solltest du dich erkundigen, ob es am Urlaubsort die gleiche Nahrung gibt oder ob du besser einen Vorrat an Kinderspeisen mitnimmst.

....

Familienreisean-bieter

Viele junge Eltern wissen nicht, dass es spezielle Kinderreiseanbieter und Hotels gibt, in denen sie mit ihrem Nachwuchs bereits ab dem Babyalter entspannte Urlaube verbringen können. Daher haben wir die bekanntesten Kinderhotelanbieter sowie auf Kinder spezialisierte Reisebüros zusammengestellt, die auch Hotels rund um München vermitteln. Das Praktische an Familienhotels ist, dass sie sich ganz auf ihre kleinen Gäste und ihre Eltern eingestellt haben. Vom Kinderwagen bis zum Babyphone wird alles vom Hotel gestellt und du brauchst nichts mitzunehmen außer der normalen Wechselkleidung und das Lieblingskuscheltier deines Kindes.

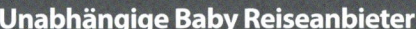
Unabhängige Baby Reiseanbieter

TOP TIPP

Hofbauer Babyreisen
hofbauer-babyreisen.de
089 / 21 89 71 78

Als junge Familie wird der Urlaub anders als vorher und oft ist man unsicher, wie die erste Reise mit Baby aussehen soll. Kerstin Hofbauer, selbst Mutter, hat ihr Angebot darauf abgestimmt und bietet individuelle Familienreisen an. Das Gute ist, dass sie als „mobile Reiseagentur" nicht klassisch aus einem Reisebüro heraus berät, sondern zu dir nach Hause, ins Büro oder in ein Café kommt, ganz wie es in deinen Zeitplan passt. Außerdem ist die Beratung und Buchung auch telefonisch oder per E-Mail möglich.

INTERVIEW

MIT KERSTIN HOFBAUER * HOFBAUER BABYREISEN

Kerstin Hofbauer hat ein Touristik-Studium absolviert und danach über zehn Jahre für verschiedene internationale Hotelketten im Bereich Marketing und Vertrieb gearbeitet. In ihrer Elternzeit hat sie den Sprung in die Selbstständigkeit gewagt und betreibt seitdem erfolgreich vom Homeoffice aus ihre Reiseagentur HOFBAUER BABYREISEN.

WIE SIND SIE AUF DIE IDEE GEKOMMEN, HOFBAUER BABYREISEN ZU GRÜNDEN?

Die Idee ein kleines, charmantes Reisebüro zu besitzen fand ich schon lange reizvoll. In der Elternzeit hatte ich endlich genug Zeit, meinen Traum in die Tat umzusetzen. Zunächst habe ich mehr als Hobby meine Freunde, Familie und Nachbarn bei der Reiseplanung mit Kindern unterstützt. Durch Mund-zu-Mund-Propaganda bekam ich immer mehr Anfragen und entschied mich, offiziell als „mobile Reiseberaterin" mit Spezialisierung auf Familienurlaub tätig zu werden und HOFBAUER BABYREISEN zu gründen.

WELCHE ERFAHRUNGEN HABEN SIE SEIT DER GRÜNDUNG GEMACHT?

Ich erlebe, dass viele Eltern bei der ersten Reise mit Baby unsicher sind. Das Internet hilft ihnen nicht wirklich weiter, denn das Angebot ist zwar riesengroß, aber man bekommt eben keine Antworten auf Fragen wie „Wohin soll es gehen? Gibt es ein Babybett? Wo koche ich die Fläschchen aus?" usw. Auch der Gang ins Reisebüro kann mit Baby anstrengend sein. Mit meinem flexiblen Angebot reagiere ich darauf und gebe persönlichen Rat, egal ob es die kindersichere Finca auf Mallorca oder die Organisation eines Wohnmobils in den USA ist. Das nehmen die Eltern besonders beim ersten Urlaub zu dritt gut an und sind dankbar über meine baby-spezifischen Erfahrungen und Tipps.

KinderReiseWelt
kinderreisewelt.de
0221 / 94 22 15 0

Das Angebot des Kinderreisewelt Portals besteht hauptsächlich aus Hotels, die durch die KINDERREISEWELT-Mitarbeiter als familienfreundlich eingestuft wurden. Alle positiv qualifizierten Hotels erhalten das „KINDERREISE-WELT-Gütesiegel".

familyaustria.at

Für ein schönes Kinderhotel in Österreich lohnt ein Besuch der FAMILY-AUSTRIA-Webseite. Dort findest du familienfreundliche Hotels und Appartements in allen Preisklassen über ganz Österreich verteilt. Anhand von Freddys, die

Hotelsternen entsprechen, bewertet familyaustria.at die Hotels in Sachen Kinderfreundlichkeit und Ausstattung.

Familienhotel Gruppen

fam-hotels.com

Wer kennt das nicht? Schlafmangel, Hektik und zu wenig Zeit für die Kinder, den Partner und sich selbst. Die Antwort der vier FAM-FAMILIENHOTELS darauf ist ein Ausschlafservice für die Eltern. Zweimal die Woche bieten die Hotels eine Kinderbetreuung ab 7.00 Uhr morgens inklusive eines Kinderfrühstücksbuffets an. Daneben gibt es die normale Kinderbetreuung und viel Action über den Tag verteilt.

WAS IST DAS BESONDERE BEI HOFBAUER BABYREISEN?

Ich biete persönliche Beratung an sieben Tagen in der Woche. Unabhängig von Öffnungszeiten beantworte ich Anfragen und E-Mails flexibel, gern auch mal am Wochenende. Damit komme ich jungen Familien entgegen, die oft erst abends Zeit haben, wenn die Kinder im Bett.

WAS SIND DIE BELIEBTESTEN REISEZIELE BEI FAMILIEN MIT KLEINKINDERN?

Etwa 80% meiner Kunden verreisen mit Baby innerhalb von Europa. Die beliebtesten Familienreiseziele mit dem Auto sind Deutschland, Österreich und Italien. Mit dem Flieger ist Mallorca ein attraktives Reiseziel, gefolgt von Griechenland und der Türkei. Im Winter sind die Kanaren sehr gefragt. Als Fernreiseziele stehen Amerika, Thailand, Mauritius und Südafrika hoch im Kurs.

WORAUF SOLLTEN ELTERN ACHTEN, WENN SIE MIT KLEINKINDERN VERREISEN?

Ganz wichtig finde ich ein separates Schlafzimmer für die Kinder, damit sich die Eltern abends in Ruhe unterhalten und noch einen Wein trinken können. Gut eignen sich

KERSTIN HOFBAUER

Familienzimmer oder Appartements mit separatem Wohn- und Schlafbereich. Außerdem rate ich zu Direktflügen mit kinderfreundlichen Flugzeiten, um nicht mitten in der Nacht mit Baby und Gepäck zum Flughafen fahren zu müssen. Bei einer Fernreise sollte man außerdem Faktoren wie niedrige Kriminalität, gute medizinische Versorgung und Malariafreiheit berücksichtigen. Wichtig ist außerdem eine Reiserücktrittsversicherung abzuschließen, um im Krankheitsfall zumindest den finanziellen Verlust gering zu halten.

MIT WIE VIEL VORLAUF SOLLTE MAN DEN FAMILIENURLAUB BUCHEN?

Attraktive Familien-Angebote sind begrenzt und entsprechend schnell ausgebucht. Das gilt nicht nur für die Sommermonate, da Familien mit kleinen Kindern auch außerhalb der Schulferien gerne in Urlaub fahren. Mein Rat an Familien ist, lieber den Frühbucherrabatt mitzunehmen, anstatt sich über ausgebuchte Familienzimmer zu ärgern.

KINDER UND FLIEGEN, WIE PASST DAS FÜR SIE ZUSAMMEN?

Das kommt ganz aufs Kind an, häufig sind aber gerade weiter weg liegende Ziele mit Flugzeug einfacher zu meistern als eine lange Autofahrt. Daher rate ich, das Fliegen mit Baby einfach mal auszuprobieren. Starten kann man gut mit einem kürzeren Flug, um zu sehen wie das Kind auf das Fliegen reagiert. Klappt alles problemlos, kann man sich auch an Fernreisen wagen. Häufig sitzen die Eltern mit kleinen Kindern in den Familienreihen mit etwas mehr Beinfreiheit. Kinder bis zu etwa einen Jahr können in ein sogenanntes „Bassinet" zum Schlafen gelegt werden. Das ist gerade bei längeren Strecken praktisch. Die Anzahl der Babybettchen im Flieger ist aber begrenzt. Eine frühzeitige Reservierung bei der Airline ist hier notwendig. Außerdem fliegen Kinder bis zum Alter von zwei Jahren oft kostenlos, allerdings ohne eigenen Sitzplatzanspruch.

HABEN SIE EINEN LETZTEN URLAUBS-TIPP FÜR UNSERE FAMILIEN?

Schön ist es, mit anderen befreundeten Familien mit Kindern im gleichen Alter zu verreisen, z.B. in ein gemeinsames Ferienhaus. Die Kinder beschäftigen sich ab einem Alter von etwa zwei Jahren gut miteinander und die Eltern können sich beim Aufpassen abwechseln.

Ein Familienprogramm lockt mit Wanderungen, Schatzsuchen oder Schneeabenteuern. Als Standardprogramm haben alle FAM-HOTELS außerdem gut ausgestattete Familienzimmer, Spielzimmer und Outdoor-Spielplätze.

Familotel.com

FAMILOTEL ist eine große Kinderhotelgruppe, die etwa 60 Familienhotels in Deutschland, Österreich, Italien, der Schweiz und Ungarn betreibt. Die FAMILOTELS bieten ein Maximum an Kinderfreundlichkeit. Die Baby- und Kinderausstattung, z.B. Babyphones, Kinderwagen, Hochstühle oder Rückentragen, sind in allen Hotels inklusive. Außerdem sind die Familienzimmer großzügig geschnitten und bieten die Möglichkeit zur Verdunklung, damit die Kinder gut schlafen. Die familotels zeichnen sich durch eine gute Kinderbetreuung, häufig schon ab dem Babyalter, aus. Die Kinder schätzen die vielfältigen Spielmöglichkeiten, den „Happy Club" oder die großzügigen Spielplätze und Pools.

kinderhotels.com

Der Urlaub in den KINDERHOTELS in Österreich, Deutschland, Italien und Kroatien macht großen und kleinen Gästen Spaß. Während die Kinder mit der Kinderbetreuung unterwegs sind, genießen die Eltern einige Stunden zu zweit, z.B. am Pool, beim Sport, im Wellnessbereich oder bei einem Ausflug zu den Sehenswürdigkeiten der jeweiligen Urlaubsregion. Je nach Hotel gibt es über die normale Kinderbetreuung hinaus eine Babybetreuung und für die älteren Kinder eine Zauberschule, ein Kinderkino, Fred's Schwimmakademie oder die Smiley-Windel-Skischulen.

vamos-reisen.de

Der Reiseanbieter VAMOS hat sich auf Familien spezialisiert und bietet Eltern-Kind-Reisen mit dem Motto „Zeit für mich – Zeit für dich" in ganz Europa an. VAMOS beschreibt sein Angebot als „die gelungene Balance aus Aktivitäten für Eltern und Kinder sowie gemeinsamen Unternehmungen für die ganze Familie". VAMOS bietet fünf unterschiedliche Reisetypen an:

* Zeit für mich – Zeit für dich: Reisen mit Kinderbetreuung durch qualifizierte Mitarbeiter
* VAMOS Kleine Abenteuer: Aktivreisen für die ganze Familie
* VAMOS Geheimtipps: Reisen ohne Kinderbetreuung
* Kleine Fluchten – Refugien für kleine Auszeiten
* Skireisen – Perfekt für den Winter

Urlaub auf bayrischen Bauernhöfen

Urlaub auf dem Bauernhof ist für junge Familien ideal, denn selbst Kleinkinder streicheln schon begeistert Schafe, helfen beim Füttern oder spielen in der Scheune. Rund um München gibt es eine ganze Reihe schöner Höfe, die gut mit dem Auto erreichbar sind. Für Kleinkinder gibt es spezielle „Babyhöfe", die die komplette Babyausstattung anbieten, sogar Gläschennahrung ist im Programm.

TOP TIPP ....
Bauernhof-Urlaub.com

Auf der Webseite Bauernhof-Urlaub.com findet man Bayerns schönste Bauernhöfe und Land-Urlaubsbetriebe. Für jeden Geschmack gibt es die richtigen Höfe, z.B. Kinderhöfe, Reiterhöfe oder Mitmachhöfe. Über die Bauernhofsuche werden genau die Betriebe angezeigt, die zu deiner Familie passen. Dort kann man, neben den Standardkriterien wie Zeitraum und Personenanzahl der Reise, auch die gewünschte Art des Hofes, Anzahl der Sterne oder die Bewirtungsart auswählen. Wenn du nach einem besser ausgestatteten Hof suchst, selektiere nach drei Sternen aufwärts.

Blaslhof (Schöffau)
blaslhof.de
08846 / 22 4
Kalkofen 10 * 82449 Schöffau

Bauer Sepps Hof ist nur eine Stunde von München entfernt und liegt bei Schöffau. Es gibt mehrere Pferde, auf denen die Kinder reiten können. Bauer Sepp ist außerdem ein einmaliger Märchenerzähler und führt von Zeit zu Zeit lustige Theaterstücke auf. Am einfachsten ist es, sich bei ihm direkt zu erkundigen, wann eine Aufführung ansteht. Ein großer Spielplatz rundet das kinderfreundliche Programm ab.

Auf diesem Hof sollte das Wetter passen. Die meisten Angebote sind für draußen ausgelegt und der Aufenthaltsraum ist relativ klein. (Sonja mit J. und M.)

Esterer Hof (Seeon)
estererhof.de
08621 / 12 07
Esterer 1 * 83370 Seeon

Die Ferienwohnungen auf dem ESTERER HOF passen perfekt in das idyllische Voralpenland. Sie haben eine gehobene Ausstattung mit Galerie, Kamin und hochwertigen Küchen. Die meisten Kinderschlafzimmer sind mit Stockbetten ausgestattet.

Bauer Hans nimmt seine Gäste freundlich in Empfang und lässt die Kinder aktiv auf dem Bauernhof mithelfen. Es gibt Ponys, Hühner und Kühe und die Kinder dürfen Ponyreiten, auf dem Traktor mitfahren und beim Füttern helfen. Im Laufe des Urlaubs können sie „Punkte" fürs Füttern und Mithelfen sammeln und bekommen am Schluss eine kleine Urkunde ausgehändigt. Unsere Kinder fanden das toll und waren super stolz. (Anna Lena mit J.)

Moierhof (Truchtlaching)
moierhof.de
08667 / 21 9
Stöffling 1 * 83376 Truchtlaching

Der MOIERHOF hat eine Top-Lage am Chiemsee mit schönem Bergpanorama. Dieser Hof ist besonders für größere Familien oder Gruppen ausgelegt, denn in den Wohnungen gibt es große Tische, perfekt für gemütliche Familienabende. Da der MOIERHOF bei Familien sehr beliebt ist, solltet ihr lange im Voraus buchen.

Der Moierhof ist bewirtschaftet und die Kinder genießen es, nah an den Tieren zu sein, beim Melken

zuzuschauen und auf dem Traktor mitzufahren. Es gibt viele Tiere und bei schlechtem Wetter lockt eine extra Spielscheune mit Trampolin und jeder Menge Spielzeug. (Björn mit M. und J.)

Seppenbauernhof (Jachenau)
seppenbauernhof.de
08851 / 254
Sachenbach 2 * 83676 Jachenau

Der SEPPENBAUERNHOF liegt direkt am Walchensee. Es gibt viele Tiere und die Kinder können dem Bauern beim Melken oder Butter herstellen zusehen. Wenn die Kinder nach einem erlebnisreichen Tag schlafen, haben die Eltern Zeit, in der Sauna oder dem Kräuterdampfbad zu entspannen.

 Die Wanderung zur hauseigenen Alm am Jochberg ist ein Muss. Dort wird die ganze Familie mit leckeren hausgemachten Produkten verwöhnt. (Anna Lena mit J.)

Seeleitenhof (Sindelsdorf)
seeleitenhof.de
08856 / 57 23
Auf der Seeleite 2 * 82404 Sindelsdorf

Nur etwa 45 Minuten von München entfernt liegt dieser gemütliche Bio-Bauernhof zum Wohlfühlen, Spielen oder Nichtstun im schönsten Einklang mit der Natur am Fuße der Oberbayerischen Alpen. Die Kinder freunden sich schnell mit den Kühen und Hühnern des Hofes an, entdecken die Scheune oder fahren auf dem Kindertraktor. Ältere Kinder versuchen sich auf der Slackline, schnuppern Höhenluft auf dem Riesen-Trampolin oder probieren die Kettcars aus.

 Bei Seeleitenhof fand ich den Ausblick und die Einrichtung der Apartments sehr schön. Der Hof ist komplett von einer Veranda umgeben und man hat von überall Bergblick. Er ist mit nur drei Apartments angenehm klein, entspannt und familiär. Wir haben mit der Bäuerin zusammen Kräuter gesammelt, unsere Tochter durfte Kühe füttern und jeden Abend kam pünktlich der Andechser Milchwagen vorbei, um gute Bio-Milch zur Weiterverarbeitung abzuholen. (Linda mit A.)

Ferienhof Bauer (Zwiesel)
ferienhof-bauer.de
09922 / 15 83
Griesbach 5 * 95227 Zwiesel

Der FERIENHOF BAUER ist mit vielen Tieren für Kinder ideal. Außerdem gibt es viele Spielmöglichkeiten in der Spielscheune, auf dem Spielplatz oder in dem großen Spielzimmer. Die Ponys und Pferde im Stall sind an die kleinen Besucher gewöhnt. Die Gäste können die Pferde selbst satteln und in die herrliche Natur des Bayerwaldes losreiten.

 Die Spielscheune mit Kletterturm, Rutsche und Co. war der Lieblingsort unserer Tochter, wenn sie nicht gerade auf einem der Ponys geritten ist. (Linda mit A.)

kolumne

· ·

MEIN ERSTER URLAUB
MIT BABY♥

KOLUMNISTIN
KAROLINA SCHNEIDER

Seit das Baby auf der Welt ist, habe ich nur noch eine Sehnsucht: Urlaub! Ich träume von einer Liege am Meer, einer Flasche eiskalter Cola light in meiner rechten und einem guten Buch in meiner linken Hand. Und Schlaf, ganz viel Schlaf …

Um diesen Traum in die Tat umzusetzen, brauchen wir als erstes ein Urlaubsziel. Unsere bisherigen Kriterien dafür: Sonnenstunden und Außentemperatur. Jetzt denken wir über Folgendes nach: weitgehende Keimfreiheit beim Trinkwasser, ein Krankenhaus mit europäischem Standard in der Nähe, Flugzeiten vor oder nach dem Mittagsschlaf, Autovermietung mit Kindersitz, quallenfreies Wasser, Supermarkt mit Babygläschen …

Wir fliegen nach Schweden. Dort haben wir ein rotes Ferienhaus gemietet, einsam gelegen an einem See mit eigenem Steg und Ruderboot. Ein Traum von Natur, Bullerbü und Pippi Langstrumpf. Der Vermieter gibt uns den Tipp, auf dem Grundstück lieber nur den gemähten Bereich zu betreten. Im hohen Gras gäbe es Schlangen. Die Zäune ums Grundstück seien wegen der Wildschweine, die sich gestern Abend noch in Sichtweite befunden hätten.

Ich frage mich, ob Kinder in Schweden gut aufgehoben sind. Mir fehlt die Hotelbar. Dem kleinen Mann fehlt es offenbar an Dunkelheit, denn er krabbelt den ganzen langen schwedischen Sommerabend im Garten herum. Das weckt bei mir die Hoffnung auf Ausschlafen. Diese wird um sechs Uhr in der Früh zerstört. Das Kind ist wach und will bespaßt werden. Ich fotografiere den Sonnenaufgang. Bis zum Ende des Urlaubs wird eine ganze Serie daraus entstehen, denn offenbar kommt mein Sohn im Urlaub mit nur acht Stunden Schlaf aus.

Überhaupt ist Urlaub ohne Baby etwas ganz anderes als Urlaub mit Baby. Wir haben Freunde, die ehemals überzeugte Rucksacktouristen waren und mittlerweile nur noch in 5 Sterne Hotels ihre Urlaube verbringen (ihre Argumente: Hotelbar! Pool! Kinderanimation!). Die Rucksäcke sind den Rimowa-Koffern gewichen, das Essen der Garküchen dem Frühstücksbuffet. Wenn ihnen das einer vor zehn Jahren erzählt hätte.

Die Schlangen haben wir übrigens nicht zu Gesicht bekommen. Genauso wenig die Wildschweine. Was uns ein wenig gefehlt hat, war Gesellschaft. Für den nächsten Urlaub planen wir deshalb gemeinsam mit Freunden und deren Kindern zu verreisen. Ich bin gespannt. Schlimmstenfalls hat der Mann der Freundin einen mir bisher unbekannten Putzfimmel. Oder die Kinder dürfen alles, was mein Sohn nicht darf. Oder … wir werden sehen. Auf den nächsten Baby-Urlaub! ♥

bildnachweis

index

· · · · · · · · · · · · · · · ·

impressum

HERAUSGEBER

CITY KIDS VERLAG
Waisenhaussstraße 34 * 80637 München
info@mycitybaby-muenchen.de
089 / 45 47 471 8
Amtsgerichtsitz: München

FAKTEN ZUM BUCH

ISBN: 978-3-9816923-0-3

1. AUFLAGE

ERSCHEINUNGSDATUM: 30.09.2014

DRUCK: Griebsch & Rochol Druck GmbH & Co.KG, Hamm

BESTELLUNG: erhältlich unter www.mycitybaby-muenchen.de sowie im Handel

MITWIRKENDE AM BUCH

TEXT: Sonja Eickholz, München

GRAFIK: Sarah Zeidler, München

FOTOGRAFIE: Irena Maucher, München (www.babymemories.de)

COVER-GESTALTUNG: Sarah Zeidler, München

LEKTORAT: Jennifer Stock-Gollub, München

WEBSEITE. Markus Keller, München (www.mycitybaby-muenchen.de)